ANAQAM

Die Schamanin

Ein Roman von Cengiz Erbektas

Alle Charaktere, Handlungen und Dialoge im Roman sind frei erfunden. Sämtliche Ähnlichkeiten sind rein zufällig.

Am Wolfsgraben 23, 67547 Worms
cengizerbektas@outlook.com
Korrektorat: Rafaela Wolf
Umschlaggestaltung: Gizem Akkaya

Imprint: Independently published
ISBN: 9798645588090

Prolog

Es war Mittag, als mein Onkel Purtas das Auto am Fuß des Berghanges infolge durchdrehender Räder in einen Graben parkte und andeutete, den restlichen Weg zu Fuß gehen zu müssen. Als wir aus dem Auto ausstiegen, kam uns eine windige Brise entgegen. Ich nahm meine Jacke und wickelte einen dicken Schal um meinen Hals. Gegen all meinen Protest hatte er die verrückte Idee, mich zu einem Schamanen zu bringen. Ein Aufsuchen, das hier, in der äußersten Bergregion durchaus üblich war; vorausgesetzt natürlich, man kannte einen. Obzwar er humorvoll meinte, man müsse mir die bösen Geister austreiben, war es ihm ernst damit. Er war überzeugt, dass nur ein Schamane mir helfen könne. Seit geraumer Zeit war mein Onkel mein notgedrungener Gastgeber. Als ich bei ihm eingetroffen war, hatte ich ihm von meiner Lage berichtet, genauer gesagt, von meinem finanziellen Ruin und wie mir mittlerweile zumute war. Mein Selbstbewusstsein und mein Glaube an mich waren verflogen, ich fühlte nur noch schmerzliche Leere. Es war offenkundig, dass ich nicht nur eine finanzielle Krise, sondern auch eine Existenzkrise durchlebte. Jahre zuvor hatte ich bereits Ähnliches durchgemacht. Damals war ich so verzweifelt, dass ich kurz davor war, mir das Leben zu nehmen. Seitdem lavierte ich mit einer latenten Todes-sehnsucht durchs Leben. Oft dachte ich daran, dass ich vielleicht all meine Probleme nicht hätte, wenn es mir finanziell besser gehen würde. Zumindest dachte ich zu diesem Zeitpunkt, dass dies ein Grund sei, denn mein ganzes Leben lang lebte ich in Armut, genauso wie meine Eltern und deren Eltern davor. Von Generation zu Generation ging die Armut an den nächsten über, wie eine Krankheit - ein Fluch, der an den nächsten vererbt wurde. Und egal, wie sehr ich mich bemühte, etwas dagegen zu tun, kehrte ich genau dahin zurück, wo ich nicht sein wollte. Es gab eine unsichtbare Wand, die ich nicht durchbrechen konnte. Doch niemals hätte ich daran gedacht, für mein Heil einen Schamanen aufzusuchen. Ich war kein gläubiger Mensch und versuchte, alles, was mir widerfuhr, innerhalb meines intellektuellen Verständnisses zu begreifen. Letzten Endes gab ich dem Drängen meines Onkels nach, weil seine Argumente entweder eine ungewöhnliche Suggestivkraft hatten oder mein Zustand in mir das Bedürfnis weckte, etwas gegen meine scheinbar unlösbaren Probleme zu unternehmen, auch wenn dies durch Praktiken erfolgen sollte, die mir suspekt erschienen.

»Vielleicht hätten wir doch lieber die Pferde genommen«, äußerte Purtas kritisch, nachdem er sich prüfend umgeschaut hatte.

»Wie weit ist es denn, Onkel?«

»Bis zu diesem Berg dort drüben«, antwortete er und zeigte mitten durch die Bäume auf eine entfernte Bergspitze. »Wir müssen uns beeilen, sonst wird es zu dunkel, um zurückzu-kehren.«

Er nahm eine Tüte mit Geschenken aus dem Auto und überreichte sie mir. Es waren je eine Packung Zucker, Milch und Gebäckstücke, die für den Schamanen bestimmt waren. Dann ging er voraus und ich folgte ihm auf einem matschigen Feldweg, der einen Hügel hinaufführte. Oberhalb des Hügels folgten wir einem schmalen Feldweg, welcher geradewegs in den dichten Bergwald führte. Die Nacht zuvor hatte es geregnet, so dass unser Pfad mit Pfützen und Matsch übersät war. Beim Gehen vermutete ich, dass Purtas schon früher hier in der Gegend gewesen war, denn der Pfad war kaum sichtbar, sodass man ihn nur erkannte, wenn man unmittelbar davorstand. Im dichten Wald stiegen wir entlang eines sich abwärts schlängelnden Baches in die höheren Berge. Nach einer gewissen Zeit schaute ich auf meine Uhr und fragte Purtas, wie lange wir brauchen würden. Er meinte, dass wir am Nachmittag unser Ziel erreichen würden. Um die Zeit zu vertreiben, fragte ich, ob er mir etwas über den Schamanen erzählen könne. Er erklärte, dass die einheimische Bezeichnung für Schamane »Qam« sei und der Schamane, den wir aufsuchten, »Anaqam« genannt werde. Er erzählte, dass dieser manchmal so geheimnisvoll sprach, als würde er mit jemand anderem reden oder sich über ein anderes Thema unterhalten. Aus diesem Grund solle ich gut zuhören, wenn der Schamane mit mir sprach. Ich fragte, ob Anaqam sein richtiger Name sei. Er sagte, dass niemand seinen richtigen Namen kenne. Dann fing er an, erstaunliche Geschichten über den Schamanen zu berichten, über sein Wissen, seine Fähigkeiten und seine Wundertaten. So sollte er in der Lage sein, sich mit Tieren zu unterhalten oder mit Geistern zu sprechen.

»Dieser Schamane, von dem du sprichst, Onkel«, wandte ich ein und versuchte, nicht belustigend zu wirken, »er kann mit Geistern sprechen?«

Doch mein Unglaube war ihm nicht entgangen.

»Ich weiß, du glaubst nicht daran«, sagte er beschwichtigend. »Das verstehe ich. Es gibt einige Personen, auch welche, die ich persönlich kenne, die mit eigenen Augen

Anaqams Kräfte gesehen haben. Nun, ich gebe zu, solche Phänomene sind ungewöhnlich für uns, darum wird der eine oder andere nicht recht wissen, wie er sie erklären soll und etwas Eigeninterpretation mit einfließen lassen. Ich denke aber, ein gewisses Maß Wahrheit steckt in diesen Erzäh-lungen.«

»Du glaubst doch nicht etwa wirklich daran, Onkel?«, wiederholte ich skeptisch. Diese Seite an meinem Onkel überraschte mich. Ich persönlich hielt abergläubische Menschen generell für ungebildet. Mich verwunderte es nur, dass mein Onkel daran glaubte. Ihn hielt ich immer für einen Intellektuellen; jemand, der sonst alles hinterfragte und niemand, der an abwegige Geschichten glaubte. Immerhin war er pensionierter Lehrer. Für mich selbst waren das erfun-dene Märchen; mehr Fabeln als etwas Tatsächliches.

»Spätestens, wenn du den Qam triffst wirst du deine Meinung ändern«, fuhr er fort. »Ich bin mir sicher, dass dir geholfen wird.«

Er grinste verschmitzt. Ich bemerkte, dass er mich überzeugen wollte, aber ich ließ mich nicht darauf ein.

»Findest du nicht, dass das Geschichten sind, um leichtgläubige Menschen wie dich an der Nase herumzuführen, Onkel?«

Es war mehr eine Behauptung meinerseits als eine tatsäch-liche Frage. Der Gedanke amüsierte mich so sehr, dass ich lachen musste und mit weiteren Bemerkungen darüber scherzte. Aber er ließ sich von mir nicht anstecken. Im Gegenteil, es gefiel ihm in keiner Weise, was ich gesagt hatte. Ich bemerkte, wie er das Gesicht zu einer ernsten Miene verzog.

»Hör auf, dich darüber lustig zu machen«, sagte er streng. »Viele Menschen, die es praktizierten oder daran glaubten, wurden als Heiden und Ungläubige verfolgt, nur, weil andere sie eines Besseren belehren wollten. Diese Zeiten sind zwar vorüber, aber ein echter Qam ist nach wie vor selten anzutreffen. Du solltest es zu schätzen wissen, dass wir für dich einen besuchen werden.«

Er war verstimmt. Es war nicht meine Absicht gewesen, ihn zu beleidigen und so entschuldigte ich mich für meine geringschätzige Bemerkung.

»Hey«, sagte ich versöhnend. »Ich wollte mich wirklich nicht lustig machen, Onkel. Ich war nur etwas verstört, weil ich gar nicht wusste, dass du an solche Dinge glaubst.«

»Ich versuche, dir zu helfen, aber ich warne dich. Wenn du nicht den nötigen Respekt zeigst, wird das ein kurzer Aufenthalt. Vielleicht wäre es besser, wenn du nicht so viel redest. Ja, genau, überlasse das reden lieber mir. Bald werden wir sehen, entweder hilft dir Anaqam oder nicht.«

»Was willst du mir damit sagen, Onkel?«

Er sagte, dass Schamanen Personen, denen sie abgeneigt seien, nicht empfangen würden und für Personen, die sie überhaupt nicht mochten, sogar der Schrecken selbst sein konnten. Sie würden diese Personen in ihren Träumen aufsuchen und quälen oder sie durch ihre Hilfsgeister peinigen lassen. Er meinte auch, dass, wenn der Schamane, den wir aufsuchten, mich nicht möge, mich ebenfalls nicht empfangen würde.

»Warum sollte er mich nicht mögen?«, unterbrach ich verdutzt. »Er kennt mich doch nicht einmal.«

»Das ist nicht wichtig«, bemerkte er kopfschüttelnd. »Ein Qam braucht niemanden zu kennen, um zu wissen, ob er die Person mag oder nicht. Es ist jetzt schwer, dir das zu erklären, aber sie sehen die Welt nicht so, wie wir es tun. Sie wissen über Dinge Bescheid, bevor sie sie überhaupt sehen.«

»Warum nimmst du mich dann mit, wenn du dir nicht einmal sicher bist, dass er mir helfen wird?«

»Nun, du kommst weit her, deshalb dachte ich, der Qam könnte Mitgefühl mit dir haben und sich Zeit für dich nehmen. Immerhin ist es ein Gebot, hilfebedürftigen Menschen zu helfen und du brauchst dringend Hilfe. Sie haben besondere Gaben. Ich bin sicher, dass sie dir helfen können, aber halte das nicht für selbstverständlich. So hilfreich sie sind, so selten sind sie auch. Vielleicht wird dir jetzt so eine Ansicht unverständlich vorkommen, aber wenn du selbst versuchen würdest, einen Qam aufzusuchen, könnte es sein, dass du keinen von ihnen auffindest, es sei denn, sie würden wollen, dass du sie findest.«

Ich verstand nicht, was er zu erklären versuchte, aber ich wusste auch nichts mehr zu sagen. Mein anfänglicher Widerwillen verschwand und ich empfand nun eine ungewöhnliche Neugier. Es war eindeutig, dass mein Wunsch nach seelischer Genesung größer war als meine rationalen Einwände. Ein weiterer Grund meiner Neugier war auch die Tatsache, dass ich nie zuvor in meinem Leben einem Schamanen begegnet war, obgleich ich bis zu diesem Moment nie das Verlangen danach gehabt hatte. Im nächsten Augenblick bemerkte ich, wie Purtas mir einen verstohlenen Blick zuwarf und schelmisch lachte. Es war ihm tatsächlich gelungen, mich mit seiner Welt von Fabeln und Märchen in Berührung zu bringen.

Stunden später, gegen Nachmittag, führte unser Pfad auf den von Purtas gezeigten Berghügel. Dem Pfad folgend überquerten wir den Hügel und als wir den Rand erreichten, erblickten wir von der Anhöhe aus ein langgezogenes Tal, auf dem feine Nebelbänke lagen. Es lag in einer Hochebene, die von zwei niedrigen Bergen flankiert und von Wäldern geschützt wurde. Von den Bergspitzen floss ein Bach mitten durch die Ebene. Herden von Schafen und Pferden sowie vereinzelte Gruppen von Rentieren und Yaks weideten zerstreut auf den nassgrünen und feuchten Wiesen, deren Laute sich miteinander vermischten. Mein Blick wanderte zu einer kleinen Ansammlung von beigen Zelten in ovaler Form, die auf einer grünen Vegetation am westlichen Hang lagen und eine harmonische Eintracht mit der umgebenden Natur ausstrahlten, so, als würden sie der ganzen Landschaft etwas von natürlicher Friedlichkeit geben.

Dies sei die Siedlung der Nomaden, sagte Purtas und erzählte, dass die Zelte ihre traditionellen Behausungen seien und Jurten genannt wurden. Ich zählte etwas mehr als zwanzig davon. Als wir gerade dabei waren, den Trampelpfad, der vom Berg hinab ins Tal führte, hinunterzugehen, fasste Purtas mich am Arm und sagte in einem ungewöhnlich ernsten Tonfall:

»Du darfst niemals diesen Ort, an dem sich Anaqam aufhält, weitergeben. Niemals! Verstehst du? Das ist wirklich wichtig.«

»Wem soll ich das denn erzählen, Purtas?« entgegnete ich irritiert. Was mich aber noch mehr verwirrte, war die Geheimnistuerei.

»Sie wollen das nicht und wir müssen es respektieren. Die Menschen hier in den Bergen wissen, wo sich der Qam aufhält, aber niemand spricht darüber und niemand würde es je verraten.«

Ich versicherte ihm, dass ich seinem Wunsch folgen würde und dass er mir diesbezüglich vertrauen könne. Zufrieden nickte er. Meine Neugier gegenüber dem Schamanen wurde immer größer, zugleich jedoch wurde ich von einer unerklärlichen Beunruhigung getrieben. Etwas lag in der Luft, etwas Besorgniserregendes, was ich nicht fassen konnte. Es war wie ein unmerklicher Ruf, so als würde, ja, als würde eine leise Stimme mich rufen. Es mag verrückt klingen, aber wenn man dieses Gefühl kennt, versteht man, was ich meine. Und je näher wir der Siedlung kamen, umso stärker wurde dieses Gefühl. Purtas musste meine Stimmung erkannt haben und fragte mich, ob mir etwas fehle.

»Ich kann es nicht sagen, Onkel, aber ich glaube, ich fürchte mich.«

Er fing an zu lachen.

»Was ist los? Ich dachte, du glaubst nicht daran.«

»Das tue ich auch nicht, aber in mir ist eine unerklärliche Beunruhigung. Ich verstehe es selbst nicht. Ich glaube, ich habe kein gutes Gefühl bei dieser Sache, Onkel.«

Er riet mir, mich zu beruhigen und sagte, dass er den Schamanen seit seiner Jugend kenne und dass mir, solange ich sein Gast sei, nichts passieren würde. Seine Worte hatten in diesem Moment eine beruhigende Wirkung auf mich.

Kapitel 1 - Nomadendorf

Als wir die Siedlung erreichten, kam uns eine Frau mit asiatischen Gesichtszügen entgegen. Sie trug einen gefütterten Mantel mit spitzer Wollmütze. Ihr Teint war von rötlichbrauner Farbe, sie hatte einen kräftigen Körperbau und schien mittleren Alters. Sie lächelte freundlich und grüßte herzlich. Sie unterhielt sich mit meinem Onkel. Ihre Erscheinung war friedlich und dem Anschein nach kannten sie sich. Sie lächelte andauernd und wirkte recht mitteilsam, aber ich verstand aufgrund des starken Dialekts nicht, was sie sagte. Eine andere Frau mit bunter Wollmütze, die inmitten einer Gruppe arbeitender junger Frauen und Mädchen saß, stand auf und brachte uns dicke Wollkleidung zum Überziehen. Ihre kantigen Gesichtszüge und ihre Hautfarbe unterschieden sich von den anderen. Sie war blond, von bleicher und schmaler Natur und war jünger als die andere Frau. Ihrem Aussehen nach schien sie eher europäischer als asiatischer Herkunft. Sie schien ebenfalls recht freundlich. Der Wollmantel war weich und warm. Die Kälte des Windes war im Tal stärker spürbar, deshalb bedankte ich mich für ihre Freundlichkeit. Sie kicherte leise und wirkte dadurch recht scheu, dann ging sie zurück zu ihrer Gruppe. Während Purtas sich weiterhin unterhielt, ging ich ein wenig umher, um mich umzuschauen. Einige der kleinen Kinder rannten um mich herum und starrten mich mit neugierigen Blicken an. Eine Hühnerschar, die nach Futter wühlte, schreckte bei meinen Schritten auf und rannte wild gackernd fort. Ich betrachtete eine der Jurten, aus deren Dach Rauchwolken qualmte.

Äußerlich war die Jurte mit Strohmatten abgedeckt, was ihr die beige-braune Farbe ver-lieh. Eine dicke Lage aus Wollfilz lag darunter, die anschei-nend zur Wärmedämmung benutzt wurde. Irgendwie taten mir die Menschen hier leid. Es war offensichtlich, dass sie ein Leben in Bescheidenheit führten und obwohl es mir niemand gesagt hatte, konnte ich mir vorstellen, dass sie im Geheimen hier lebten. Die kräftige Frau, die uns zuerst begrüßt hatte, zeigte auf eine der vorderen Jurten und bedeutete uns, ihr zu folgen. Wir gingen ihr nach und betraten durch eine hölzerne Tür die Jurte, an deren Zarge getrocknete Zweige und Pflanzen hingen. Als ich gerade hineingehen wollte, gebot mir Purtas, mit dem rechten Fuß zuerst einzutreten, ohne die Schwelle zu berühren, begründete aber dieses Gebot nicht weiter. Die Jurte war ein ungefähr fünf Quadratmeter großer, einräumiger Bau. Im Inneren war es bedrückend heiß. Ein kleiner Herd stand mittig, dessen Ofenrohr durch eine kreisförmige Eisenstange in der Dachöffnung herausragte. Westlich befand sich etwas wie eine Küche, umgeben von Regalen mit Geschirr, einem Milcheimer und mehreren Fässern aus Metall. Es machte den Anschein, dass die Jurte mit allen notwendigen Dingen ausgestattet war. Die Frau ließ uns verteilt auf zwei provisorisch anmutenden Betten Platz nehmen, die getrennt durch eine rustikale Kommode standen und offensichtlich tagsüber als Sitzgelegenheit dienten. Aus einer metallischen Schöpfkelle schenkte sie uns ein milchiges Getränk in eine Trinkschale ein und stellte es dann auf einen niedrigen Esstisch. Sie wechselte auf dieselbe freundliche Art einige Worte mit Purtas und verließ darauf die Jurte.

»Wohin geht sie?«, fragte ich meinen Onkel, während ich einen Schluck von dem Getränk nahm.

»Sie geht zum Qam und will Bescheid geben, dass wir gekommen sind.«

Das Getränk, das ich trank, schmeckte ziemlich säuerlich und hatte einen eigenartig prickelnden Nachgeschmack. »Ist da Alkohol drin?«, fragte ich erstaunt. Milch mit Alkohol war eine recht eigenartige Mischung, dachte ich. Purtas bestätige meine Vermutung und erklärte, dass das Getränk aus vergorener Stutenmilch hergestellt werde und es sich dabei um eine Alltagsnahrung der Nomaden handle. Er sagte, es heiße Kumys. Der Geschmack war ungewöhnlich, dennoch leerte ich die Schale. Irgendwie hatte es eine sättigende Wirkung.

»Wie lange wird es wohl noch dauern?«, wollte ich nach einer Weile des Wartens wissen.

»Nicht mehr lange, denke ich«, antwortete Purtas gelassen.

Ungeduldig schaute ich mich um. Etwas an der Wand fiel mir ins Auge. Es war zum einen eine Holzschnitzerei, die wohl einen Vogel darstellen sollte. Das andere war ein aus getrockneten Samen gefädeltes Gehänge, eine Art dreieckiges Dekor, dessen Mitte aus rautenartigen Verflechtungen bestand und horizontal durch mehrere Schnurren und Stofffetzen verziert war. Purtas erklärte, die Holzschnitzerei sei eine Andacht an die Ahnen und wurde bei den Nomaden Ungun genannt. Sie symbolisiere entweder den Hausgeist oder die Ahnen und als er gerade erklären wollte, was es mit dem Gehänge auf sich hatte, trat die kräftige Frau in die Jurte. Sie sprach mit Purtas und machte ein bedauerndes Gesicht. Sie unterhielten sich ein wenig und mehrmals zuckte sie mit ihren Schultern auf und ab. Nun formte sich auch bei Purtas ein enttäuschender Gesichts-ausdruck. Kurz darauf wandte er sich zu mir und sagte, der Qam lehne es ab, mich zu empfangen. Die Begründung war, dass ich ohnehin nicht daran glauben würde und es somit nur Zeitverschwendung sei. Für einen Augenblick war ich verwirrt und wusste nichts zu sagen. Überraschenderweise traf mich die Ablehnung mehr als ich erwartet hatte. Es war ja nicht so, dass es nicht zutraf, die Frage war aber, woher der Schamane es überhaupt wissen sollte. Ich war enttäuscht, auch wegen meiner Neugierde, die ich nun nicht befriedigen konnte. Die ganzen Strapazen, die ich durch die lange Wanderung auf mich genommen hatte, um hierherzu-kommen, waren nun umsonst gewesen. Mich beschlich der Verdacht, dass Purtas der Frau bezüglich meiner Zweifel Andeutungen gemacht haben musste. Anders konnte ich mir das nicht erklären. Jedenfalls hatte es keinen Sinn, weiterhin hier zu bleiben. Wir gingen hinaus und als ich schon dabei war, in Richtung Hügel zu gehen, sagte Purtas, er wolle selbst mit Anaqam reden. Wieder wechselte er einige Worte mit der Frau, die uns daraufhin zur Jurte des Schamanen geleitete. Mit einem Handzeichen gab er mir zu verstehen, ihnen zu folgen. Wir gingen an den äußersten Rand der Siedlung. Dort deutete die Frau auf eine schwarze Jurte, welche abge-schieden stand. Über der Tür hing ein knochiger Stierschädel mit gewundenen Hörnern. Purtas gab mir ein Zeichen zu warten und ging mit der Frau hinein. Ich begann, unweit der Jurte umherzugehen und ließ dabei meinen Blick über die Umgebung gleiten, ohne etwas Bestimmtes auszumachen. Die winterliche Sonne stand bereits am westlichen Horizont. Ich überprüfte meine Uhr. Es war bereits später Mittag. Nicht mehr lange, dann würde es dunkel werden. Ich vernahm plötzlich das ferne Bellen von Hunden und drehte mich in die entsprechende Richtung. Undeutlich machte ich die Umrisse einiger Männer aus, die von den Bergen herabkamen und vor sich eine Herde Schafe trieben. Wie die Personen näherkamen bemerkte ich, dass sie ein lebhaftes Gespräch führten. Ich horchte aufmerksam, aber ich konnte nur wenige mir bekannte Wörter vernehmen. Ich betrachtete sie ein wenig. Sie waren nicht besonders groß gewachsen, besaßen ebenfalls eine runde Gesichtsform und einen rötlich-braunen Teint. Sie trugen alle dicke Jacken aus Pelz. Ihre Pferde waren wie sie ebenfalls klein, kaum größer als ein Pony. Sie schienen recht freundlich und lächelten, als sie an mir vorbeigingen. Einer von ihnen, ein kleiner kräftiger Mann im mittleren Alter, schaute mich kurz an und sagte etwas, aber ich verstand nichts von dem, was er gesagt hatte. Ich zuckte hilflos mit den Schultern und lächelte zurück. Dann gingen sie weiter. Ich ging zurück in die Nähe der Jurte, um dort weiter zu warten. Das seltsame Gefühl von anfangs stieg erneut in mir hervor. Es war weder negativ noch angenehm, sondern mehr, als würde ich eine unbestimmbare Kraft spüren, welche ich nicht näher erklären konnte. Von Neugier getrieben näherte ich mich der offenstehenden Holztür, um zu horchen, konnte aber nichts Bestimmtes hören. Ich versuchte, in den Innenraum der Jurte zu spähen, aber von außen blickend war das Innere des Zeltes ziemlich dunkel und ich konnte auf diese Weise nur den halben Umriss eines Körpers sehen. Es war jemand, der ein langes Gewand trug. Ich beugte mich vor, um eine bessere Perspektive zu erhalten. Das Gesicht des mir fremden Mannes war durch einen Kopfschmuck verhüllt, so dass ich nicht die genauen Umrisse, sondern nur ein wenig des seitlichen Profils erkennen konnte. Er hatte ein bartloses und feminines Gesicht. Plötzlich bemerkte ich, dass es gar kein Mann war, sondern eine Frau. Eine ziemlich alte Frau sogar.

»Du hast mir nicht gesagt, dass es eine Frau ist!«, überrumpelte ich Purtas, als der aus der Jurte herauskam. Er schaute mich verwundert an.

»Ich sprach nicht davon, dass es ein Mann sei«, rechtfertigte er sich. »Du warst das, daher benutzte ich ebenfalls die männliche Form. Außerdem macht das kein Unterschied. Ein Qam ist ein Qam, egal ob Mann oder Frau.«

Dann berichtete er, dass er mit Anaqam über mich gesprochen und sie über meine Situation informiert hätte, aber trotzdem nicht hatte umstimmen können. Die einzige Möglichkeit, die ich hätte, sei, dass ich ihr Glauben schenke, sonst wolle sie mich nicht empfangen.

»Die Entscheidung liegt ganz bei dir«, sagte er betroffen.

»Wenn du das nicht willst, können wir nach Hause zurückkehren. Dann müssten wir aber jetzt los. Es wird bereits dunkel und wir haben einen langen Weg vor uns.«

»Dann sind wir den ganzen weiten Weg umsonst gekommen?«, wandte ich enttäuscht ein.

»Ja, oder du glaubst ihr und daran, was sie dir mitteilen wird.«

»Einfach so? Ich soll einfach glauben oder muss ich etwas tun?«

Ich dachte, ich müsse vielleicht ein rituelles Bekenntnis ablegen, vielleicht einen Schwur, so wie es in vielen Religionen üblich war.

»Hier tut niemand etwas einfach so«, meinte Purtas.

»Wenn du ihre Hilfe und ihren Rat willst, musst du überzeugt sein. Verstehst du, was ich meine? Falls du in ihre Jurte eintrittst, ist es das Zeichen dafür, dass du ihr glauben schenkst, über das, was sie dir sagen wird. Es ist wichtig, dass du von dir aus diese Entscheidung fällst. Falls du zweifelst, solltest du nicht hineingehen.«

Dann riet er mir, sobald sich die Möglichkeit ergebe, Anaqam zu bitten, mir bei der Lösung meiner Probleme zu helfen. Ich war eigenartig nervös und beunruhigt, und dennoch neugierig und erregt. Ich stand vor einer seltsamen Situation. Ich war der Meinung, so dachte ich zumindest bis dahin, dass ich nicht daran glaubte, dennoch spürte ich, dass in diesem Moment und an diesem Ort etwas Besonderes vor sich ging.

Kapitel 2 - Die Schamanin

Ich gab mein Einverständnis und folgte Purtas in die Jurte. Ich betrat sie so wie zuvor die andere, ohne die Schwelle zu berühren. Das Licht des Ofenfeuers hatte das Innere der Jurte in ein Zwielicht getaucht. Noch bevor ich mich umschauen konnte, deutete Purtas mit der Hand auf einen Fellteppich auf dem Boden, und forderte mich mit einer Geste auf, mich darauf zu setzen. Er setzte sich hinter mir zu meiner Linken. Ich folgte seiner Anweisung und ließ kurz meinen Blick umherwandern. An den Wänden und Decken hingen unzählige Ornamente, merkwürdig anzusehende Knochen, diverse Zupfinstrumente und mehrere kreisrunde Trommeln sowie seltsame, beinahe gruselig anmutende Masken, die verziert und unterschiedlich groß waren. Die magische Atmosphäre versetzte mich in eine seltsame Erregung. Mein ganzer Körper kribbelte vor Aufregung und ich fühlte mich wie ein Jugendlicher, der zum ersten Mal etwas Neues erlebte.

Die Schamanin saß mit einer zwanglosen Körperhaltung nur wenige Schritte von mir entfernt. Sie war von schlanker, mittelgroßer Statur und trug eine bodenlange schwarze Robe mit Schnüren voller Amulette, kleinen Figuren, Federn und sonstigen Anhängern. Auf ihrer Brust hing eine runde, verspiegelte Metallplatte. Sie hatte dieselbe Hautfarbe wie die meisten Menschen im Dorf und ein ebenso rundliches Gesicht. Auf ihrem Kopf verband ein breites, schwarzes Stirnband, unzählige lange, schwarze Vogelfedern zu einer Art Kopfschmuck. Ihre grauschwarzen Haare lagen unter dem Stirnband gescheitelt auf ihren Schultern. Ihre Augen waren schmal und knopfartig, und ihre kleine, leicht gebogene Nase verlieh ihr ein vogelähnliches Aussehen. Aus ihrem Mundwinkel hing eine qualmende Pfeife, woran sie einen Stoß zog und den Rauch aus ihrem Mund entweichen ließ, was ihr im rötlichen Zwielicht ein fast geisterhaftes Aussehen gab. Im Schein des gedämpften Lichtes schätzte ich ihr Alter auf Ende sechzig. Sie schien sich nicht unbedingt um meine Gegenwart zu kümmern, doch die Art und Weise, wie sie mit halb geschlossenen Augen dasaß und desinteressiert ihre Pfeife rauchte – es war unleugbar, sie hatte etwas Beson-deres an sich. Es war nichts Bedrohliches, es war mehr eine Präsenz von Selbstsicherheit, wie ich sie nie zuvor an einem Menschen gesehen hatte. In diesem Augenblick fielen mir Purtas Worte ein; er hielt sie für gefährlich für Menschen, die sie nicht mochte. Vielleicht bildete ich es mir auch nur ein, aber ich vermutete, dass sie mich vielleicht nicht besonders mochte.

Die Frau, die uns begleitet hatte, trat zu mir und goss Wasser in eine der Schalen, die neben mir auf einem runden Blechtisch standen. Dann trat eine weitere, ältere Frau in die Jurte. Sie war etwa im gleichen Alter wie die Schamanin. Sie trat hinter der Schamanin an einen Altar, auf dem sich abgebrannte Kerzen, Holzfiguren, Steine mit eingravierten Zeichen, Federn und weitere Ornamente befanden. In diesem Moment fiel mir der schwarze Tuchvorhang mit dem Bild eines riesigen, goldenen Stierschädels auf, der an der Wand hinter dem Altar hing. Die alte Frau zündete einige der Kerzen an und setzte sich dann neben die Schamanin. Währenddessen sagte die Schamanin der kräftigen Frau mit einer abgehackten Stimme etwas

Unverständliches, worauf diese die Jurte verließ. Dann hob die Schamanin langsam ihren Kopf und musterte mich mit einem bohrenden Blick. Ihre Augenlieder sahen müde aus, aber der stechende Blick darin drang tief in mein Inneres, so dass ich mich scheute, ihrem Blick zu begegnen. Mit derselben abgehackten Stimme forderte sie mich auf, ihr mein Anliegen vorzubringen.

Der Höflichkeit halber überreichte ich ihr zunächst die Tüte mit den Geschenken. Dann stellte ich mich vor und wollte wissen, warum mich das Unglück verfolge, ich von Krisen gepeinigt sei und ein Leben führe, das ich nicht wolle. Dann fügte ich hinzu, dass ich seit Monaten nicht schlafen könne, unter Atemschwierigkeiten und wiederkehrenden Kopf- und Nackenschmerzen leide. Sie kniff ihre Augen zu zwei Schlitzen und lehnte sich zurück.

»Dein … ist nicht da«, sagte sie wie selbstverständlich, als sei das, was sie sagte, etwas Gewöhnliches. Sie sagte noch etwas anderes, aber ich verstand nicht genau, was sie sagte, denn ihr Dialekt war deutlich stärker als der von Purtas, den ich immer gut verstehen konnte.

»Dein Tyn ist abgewandt«, wiederholte sie, diesmal in einem verständlicheren Ton. Ich drehte mich fragend zu Purtas.

»Dein Geist«, übersetzte Purtas flüsternd.

»Wenn ich dich ansehe, erkenne ich große Leere in dir«, fuhr die Schamanin fort, »Du bist mehr als nur unzufrieden, du denkst zu viel nach. Du grübelst über sämtliche Dinge. Warum tust du das? Du bewirkst, dass die Dinge dich beeinflussen. Dinge, die eigentlich fern von dir sind und sich von selbst lösen werden. Mache dir nicht über alles Sorgen. Überlasse es dem Lauf des Lebens.«

Sie machte eine kurze Pause und blickte mich prüfend an.

»Die Wahrheit ist, du bist eine verzweifelte Person, schwach und ängstlich. An sich ist daran nichts Verwerflich-es, doch du hast zugelassen, dass die Angst dich wie eine Krankheit überfällt. Es ist wie Gift und dieses Gift hat dich befallen. Das passiert, wenn der Geist eines Menschen sich von der eigenen Person abwendet. Das ist es, was mit dir geschehen ist. Du bist schwach, leer und hast all die Schwierigkeiten, weil dein Geist sich abgewendet hat. Das ist auch der Grund, warum du eine innere Leere fühlst und diese nicht füllen kannst. Wenn du dich nicht von der Welt da draußen verwirren lassen würdest, dann könntest du die Gründe für das Abwenden deines Geistes ergründen und auf diese Weise deine Leere wieder mit Bedeutung füllen. Stattdessen versuchst du es mit vergänglichen Dingen, aber es ist Zeitverschwendung, seinem Leben mit falschen Dingen Bedeutung zu geben. Mach dich frei von solchen Gedanken. Gib dem Unbedeutenden keine Bedeutung. Das ist wichtig. Daher kommen auch deine Krankheiten wie Kopfschmerzen, weil du dich durch die vielen Dinge ablenken lässt, anstatt deine Aufmerksamkeit deinem Geist zu schenken. Eines führt zum anderen. Denke immer daran, alles hängt miteinander zusammen.«

Um ein besseres Verständnis für ihre Erklärung zu erhalten, bat ich sie, mir den Grund zu erklären, inwiefern mein Geist sich von mir abgewendet hätte. Sie antwortete, dass der Geist eines jeden Menschen dazu neige, sich abzuwenden, insbesondere, wenn das Leben des Menschen voll von traumatischen Ereignissen sei oder falls der Mensch in Gleichgültigkeit dem Leben gegenüber geriet. Wenn allerdings der Geist nicht zurückkäme, so habe die

Person ein ernstes Problem. Das Leben würde dann einfach geschehen, ohne dass die Person wirken könne, da ihm die Kraft seines Geistes fehle. Sie betonte, dass Selbstzweifel und mangelndes Selbstbewusstsein diesen Effekt weiter verstärkten. Weiterhin erklärte sie, dass sich die Abwendung des Geistes als ein kränkliches Gefühl äußere, ein Gefühl von Antriebs- und Lustlosigkeit, was zur Folge hätte, dass die Person sich unglücklich fühle und darunter leide.

»Sobald meine Helferin zurück ist, werde ich den Geistern dein Anliegen vortragen, um die genaue Ursache zu erfahren«, verkündete sie.

»Dann sage ich dir, auf welche Weise ich dir helfen kann.« Ich fragte, ob sie mir sonst noch etwas sagen könne.

»Die Wahrheit ist, ich sehe viel Trauer und Schmerz in dir. Sie verursachen Qualen. Ich sehe noch etwas anderes; es ist eine Dunkelheit, die dich umgibt und auch auf dich einwirkt. Diese Dunkelheit hat seine Wurzeln um dich geschlagen.«

»Wie meinst du das, mich umgibt eine Dunkelheit?«, fragte ich beunruhigt.

»Es ist ein dunkler Zauber«, sagte sie, die Stimme zu einem Flüstern gesenkt. »Es offenbart sich mir nicht. Vielleicht stammte es einmal von einem Zauberer in deiner Familie…«

Sie führte ihre Vermutung weiter aus und meinte, dass es wohl irgendwelche Leute in meiner Familie gebe, die sich mit Zauberkünsten beschäftigt hätten. Mir waren keine bekannt. Ich wandte mich zu meinem Onkel, auch er machte eine unwissende Mimik.

Da weder mir noch meinem Onkel solche bekannt waren, nahm die Schamanin an, dass es womöglich einige Generationen vor uns gewesen sein könne.

»Was hat das für mich zu bedeuten, Anaqam?«, wollte ich wissen.

»Wenn meine Vermutung stimmt, dann ist die Last, welche du schon eine lange Zeit mit dir schleppst, die Last deiner Ahnen. Sie sind durch deine Knochen mit dir verbunden. Es ist also ihr Schmerz, der in dir fortbesteht. Es ist ein tiefer Schmerz, der verursacht wurde. Gewiss, diesen hast nicht du verursacht, aber er gehört zu dir, wie das Blut deiner Ahnen zu dir gehört. Vielleicht verstehst du momentan nicht, was ich dir damit sagen will. Vielleicht denkst du, es trifft nur auf dich zu. Wir alle tragen Kräfte, Flüche oder Schicksale unserer Ahnen. Manche stärker, andere schwächer. Du schenkst diesen Kräften keine Beachtung, aber diese Kräfte existieren und beeinflussen dich auf einer tieferen Ebene, einer Ebene, die du nicht wahrnimmst. Ich kann dir nur eines raten: Heile die Wunden deiner Ahnen und deiner Vergang-enheit, und es wird dir ein gewisses Maß besser gehen.«

Nicht nur, dass ich einer solchen Ansicht nicht folgen konnten, ich bekam auch den Eindruck, als versuche sie, meine Probleme herunterzuspielen. Ich sagte ihr, dass meine Probleme echt seien und nicht von meinen Vorfahren her-rührten. Sie ignorierte meine Einwände und musterte mich mit ihren Blicken.

»Ich spiele deine Probleme nicht herunter«, sagte sie nach einer Weile. »Ich versuche, dir etwas klar zu machen. Du siehst dein Leben als ein Problem, du denkst, dein Leben sei erbärmlich und dir widerfahre nur Unglück. Das kommt daher, dass du dir wichtig vorkommst. Nun, das soll dein gutes Recht sein. Was ich versuche, dir zu sagen, ist: Es gibt Dinge im Leben, die sind den meisten Menschen unbegreiflich, beziehungsweise wissen sie nicht einmal darum, und eines davon ist, dass Entscheidungen, die unser Leben betreffen, dem Bereich unseres Geistes gehören. Wenn dir im Leben viele Probleme widerfahren, dann hat das nichts mit dem Leben an sich, sondern mit etwas in dir, genauer gesagt, mit deinem Geist zu tun.«

Ich ließ nicht locker und erwähnte meine Zweifel, inwiefern es mir helfen sollte, ein Leben anzunehmen, welches Leid und Unglück verursachte, eine Bürde, die ich nicht tragen wollte. Sie zog unberührt an ihrer Pfeife, bevor sie etwas sagte.

»Du verstehst nicht, was ich dir sagen möchte, denn du erkennst nicht, was ich erkenne«, meinte sie. »Was ich versuche dir zu sagen, ist: es liegt nicht in deiner persönlichen Wahl, welche Bürde und Bestimmung dir widerfährt und welche nicht. Hinter den Dingen in unserem Leben steckt unser Geist als treibende Kraft. Akzeptiere dein Leben, ohne dass deine Entscheidungen dir Schaden zufügen. Wenn du das tust, wird dein Leben beginnen, sich zu ändern.«

Sie mochte wissen, wovon sie sprach, aber ich selbst war durch ihre Worte verwirrt.

»Ich verstehe, dass du momentan Schwierigkeiten hast, meine Worte vollends zu verstehen«, bemerkte sie, meine Verwirrung erkennend. »Mach dir nichts daraus. Lass meine Worte auf dich wirken. Momentan kommen dir die Probleme wie eine leidvolle Bürde vor, doch es könnte auch eine Gnade sein, daher ist mein Rat an dich: Sei geduldig, bis du die Kraft dazu hast, es zu ändern. Alles unter dem Himmel ist der Zeit unterworfen und nichts kann geschehen, ohne dass die Zeit reift. Wie du siehst: Nicht einmal der Versuch deiner Selbsttötung konnte verhindern, dass du deine Bürde trägst.«

Ich staunte über die Deutlichkeit, mit der sie dies sagte. Anscheinend schien sie über meine prekäre Lage informiert zu sein. Ich dachte, dass Purtas ihr von meiner Situation berichtet haben musste, und davon, wie ich vor einigen Jahren versucht hatte, mir das Leben zu nehmen. Ich wusste nicht, was ich weiter sagen sollte. Auch wenn ich ihre Worte nicht vollends verstehen konnte, wusste ich, dass ich aufgrund meines Lebens oft haderte und grollte. Tatsächlich war ich ein emotionales Wrack. Ich dachte an meine Therapeutin, die mir diesbezüglich oft Ratschläge gab, die ich zwar beherzigte, aber irgendwie nicht in die Tat umsetzte.

Die Stille wurde durch das Knirschen der Holztür unterbrochen. Die kräftige Frau trat erneut in die Jurte. Diesmal brachte sie mehrere Holzscheite mit, wovon sie einige in den Ofen legte. Augenblicklich fing das Feuer an zu knistern. Anschließend streute sie den Zucker, welchen ich mitgebracht hatte, ins Feuer und warf die Gebäckstücke hinterher. Daraufhin wandte sie sich zur Wand, nahm drei Trommeln herunter und legte sie ums Ofenfeuer. Die Schamanin zog mehrmals hintereinander an ihrer Pfeife und forderte mich auf, näher zu kommen, um ihr in die Augen zu schauen. Ich gehorchte und setzte mich, so wie sie es angeordnet hatte, circa eine Armlänge entfernt ihr gegenüber auf den Boden. Jetzt, da ich ihr nahe war, erkannte ich die tiefen Falten in ihrem Gesicht, welche nochmals ihr voran-geschrittenes Alter betonten. Auch fielen mir ihre merk-würdigen Schuhe mit Vogelkrallen auf. Sie nahm einen Schluck aus einem kleinen Krug und schüttete ein wenig davon um mich. Die beiden anderen Frauen nahmen jeweils eine Trommel und überreichten der Schamanin eine mit runenähnlichen und geometrischen Zeichen verzierte Trommel. Aus meiner Haltung heraus erkannte ich, wie die Zarge der Trommel mit einzelnen Metallringen bestückt war und sehr alt aussah. Die drei Frauen begannen, mich zu flankieren und schlugen alle gleichzeitig mit den Schlegeln zunächst leise die Trommeln, dann immer stärker. Eine nach der anderen fing an zu summen. Nach einer kurzen Weile legte die Schamanin ihre Trommel beiseite und nahm einen Holzstab, womit sie ein Eisenstück aus dem Ofen ergriff. Sofort fingen die Spitzen des Holzstabes an zu glühen. Gleich darauf nahm sie Wasser in den Mund und prustete es in meine Richtung auf die Glut, so dass Funken auf mein Gesicht sprangen.

»Habe keine Angst«, sagte sie und wiederholte den Vorgang ein weiteres Mal. Eine Zeitlang geschah nichts weiter. Nach einer Weile hörten die beiden Frauen auf zu trommeln. Die Schamanin meinte, dass die Geister nicht kommen wollten, da ich nicht an sie glaubte. Offenbar wollte sie aufhören. Warum auch immer sagte ich, ohne rationale Überlegungen anzustellen, dass ich glauben wolle und sie es nochmal versuchen solle.

»Also gut«, entgegnete sie mit rauer Stimme, »wir werden es erneut versuchen.«

Sie zog einige Atemzüge an ihrer Pfeife und begann laut zu gähnen.

»Diesmal werde ich für dich Alasch, den Geist des Feuers anrufen«, verkündete sie.

Sie deutete mit ihrer Hand auf den Feuerofen. Ich sollte mich davorsetzen. Ich tat, was sie verlangte und setzte mich vor den ungefähr einen Meter hohen, holzbefeuerten Ofen. Dann geschah etwas absolut Eimaliges, sie nahm, als sei es etwas völlig Gewöhnliches, den glühenden Eisenstab zwischen ihre Zähne und begann, mich ein paar Mal zu umkreisen. Mindestens drei oder vier Mal. Schließlich schmiss sie den Eisenstab erneut in den Ofen und fing mit einer fremden Stimme laut zu sprechen an. Kurz darauf entspannte sie sich wieder und kam näher an mich heran. Mit einer schauerlichen Stimme sagte sie, ich solle mit meinem Blick die Flammen fixieren und sie beobachten und mich dabei entspannen.

»Erzähle dem Feuer von deinen Sorgen«, verlangte sie.

Erregt durch die Stimmung fing ich an, über mich quälende Probleme zu erzählen.

»Warte!«, unterbrach sie. »Setzt dich so hin.« Sie deutete, meinen Körper zu drehen, so dass ich mit dem Gesicht direkt in das Feuer schaute. Ich blickte, so wie sie es mir aufgetragen hatte, direkt ins Feuer und augenblicklich spürte ich eine Wärme, die sich über mein ganzes Gesicht ausbreitete. Sie verlangte erneut, meine Sorgen dem Feuer zu berichten. Ich befolgte ihre Aufforderung und erzählte in die Flammen blickend, dass ich unzufrieden und unglücklich über mein Leben war.

»Ich erkenne, dass sich in deiner Stimme etwas verbirgt«, sagte sie und befahl eindringlich, nichts auszulassen. »Du darfst nichts zurückhalten. Erzähl dem Feuer all deine

Ängste und Sorgen. Erzähle ihm alles, was dir in den Sinn kommt.«

Ich zögerte, ich hielt es für unangebracht vor all den Leuten, die mir fremd waren, über meine Sorgen zu sprechen, deshalb zögerte ich für eine Weile. Mit jedem voranschreitenden Augenblick spürte ich immer mehr die Wärme der Flammen auf meinem Gesicht, meiner Stirn, um meine Augen, während die Schamanin weiter auf mich einredete. Auf einmal, wie unter Zwang, begann ich über alle Sorgen, die mir in den Sinn kamen, zu berichten. Ich sprach über die Schicksalsschläge, die mich prägten und wie ich mich über die Jahre immer mehr vom Leben abkapselte. Die beklemmende Einsamkeit, meine Probleme mit meiner Familie. Ich erwähnte das Gefühl, verloren und versagt zu haben, und dass ich Angst davor hatte, mein Leben weiterhin zu verleben. Ich berichtete über die unheilvollen Selbstmord-gedanken, die mich immer begleiteten und dass ich keine Kraft mehr hatte und des Kampfes müde war.

»Ich komme mir sehr hilflos vor«, rief ich in die Flammen. »Die Last, die auf mir liegt, sie erdrückt mich und raubt mir meinen Atem, meinen Schlaf. Sie raubt einfach alles.«

Im selben Augenblick überkam mich eine tiefe Traurigkeit, so dass ich mich nicht mehr zurückhalten konnte und hemmungslos zu weinen begann, bis alle Sentimentalitäten aus mir herausflossen. Nach einer Weile fasste ich mich wieder. Ich wandte mich vom Feuer ab und starrte verwirrt die Schamanin an. Etwas Unbegreifliches hatte sich gerade zugetragen. Aber es war mir nicht möglich, an ihrem Gesicht abzulesen, was es war. Sie verzog keine Miene. Vor einigen Minuten noch hielt ich sie für eine alte, merkwürdige Frau, jetzt aber blickte ich sie überrascht an. Wenigstens Mitleid hatte ich für meine innersten Enthüllungen erwartet, stattdessen ermahnte sie mich, weiter in die Flammen zu schauen.

»Wende dich nicht ab!«, sagte sie streng. »Schau weiter in die Flammen. Der Geist des Feuers wird deine Sorgen aufnehmen, aber du darfst dich von den Flammen nicht abwenden. Das ist respektlos. Berichte ihm weiterhin alles, was dir einfällt.«

Während ich weiter in die Flammen schaute, gab sie mit stumpfer Stimme der kräftigen Frau eine Reihe von Anweisungen, die darauf hinausging und jemandes Namen laut rief. Kurz darauf trat eine weitere Person in die Jurte ein. Sie nahm eines der Zupfinstrumente von der Wand. Aus meinen Augenwinkeln erkannte ich die junge blonde Frau, die mir die Wolljacke überreicht hatte.

»Was jetzt geschehen wird, wird dir fremd erscheinen«, mahnte die Schamanin geheimnisvoll. »Lass dich nicht beirren. Wir werden sehen, inwiefern der Feuergeist dir helfen wird. Vielleicht wird er dich sofort heilen; vielleicht wird er dir einen Weg zeigen, wie ich dir helfen soll; vielleicht wird er dich aber auch einfach ignorieren.«

Zunächst war mir nicht ganz klar, was ich tun sollte, ob ich etwas Besonderes machen oder sagen musste, und ich hatte nicht die geringste Ahnung, was auf mich zukam. Ich wurde dabei ungewöhnlich nervös. Die anderen jedoch wussten anscheinend, was vor sich ging. Die Schamanin nahm erneut einen Schluck Wasser, goss ein wenig auf die Hand und spritzte es um mich herum. Dies tat sie insgesamt vier Mal in vier verschiedene Richtungen. Daraufhin begann sie leise und rhythmisch auf ihre Trommel zu schlagen, womit sie dumpfe monotone Töne erzeugte. Dann, gleichzeitig zu den Trommelschlägen, begann sie mit langsamer Stimme etwas zu sagen. Es war undeutlich und hörte sich fast gesungen an, als gesprochen. Plötzlich änderte sich ihre Stimme. Sie wurde lauter und der Klang ihrer Worte schärfer, fast wie… wie kämpfende Vögel, würde ich sagen, schrill und schreiend, gleichzeitig grausig und beschwörend. Sie nahm ein kleines, metallisches Instrument, zwischen die Zähne und setzte nun mit gutturaler Stimme ihren Gesang fort. Auch die anderen stimmten mit den Instrumenten ein und sorgten für weitere Perkussionsgeräusche. Allmählich fingen sie an, den Rhythmus zu erhöhen. Ihr gemeinsamer Gesang wurde lauter und die sonderbaren Klänge aus ihren Kehlen, die dumpfen Schläge der Trommeln, die Melodie der Zupfinstrumente vermischten sich zu einem Konglomerat an mannigfaltigen Geräuschen Es hatte eine eigenartige hypno-tisierende Wirkung auf mich und während ich in das Feuer schaute und gleichzeitig dem ganzen Singsang ausgesetzt war, füllte all die Kombination auf eigenartige Art mein Inneres. Ich fing an, wie wild zu atmen, obgleich ich mich auf merkwürdige Weise angenehm entspannt fühlte. Mit jeder weiteren Minute, in der ich dem Ganzen ausgesetzt war, bemerkte ich, wie mein Herz immer schneller schlug. Ich fühlte eine sanfte Benommenheit. Plötzlich hörte die Schamanin auf zu singen und während die anderen mit der Musik fortfuhren, beugte sie sich über mich. Sie kreiste einen brennenden Stofffetzen um meinen Kopf und murmelte dabei etwas. Meine Benommenheit wurde stärker. Ich wollte meine Augen abwenden, doch noch bevor ich die Gelegenheit hatte, packte die Schamanin im Handumdrehen meinen Kopf und drückte ihn näher an die Flammen. Unwillkürlich machte ich eine ruckartige Bewegung, um meinen Kopf aus ihren Griffen zu befreien. Es war keineswegs eine feindselige Handlung, dennoch fand ich es höchst unangenehm.

»Alasch! Alasch!«, begann sie undeutlich zu rufen. »Odtun tschive alasch çhoruur, kyzyl iduk ot tingla meni; sentlensing sening könglügüng, ishit ötüntschüümü; kutkar ani korki camannan, etten irap emirliger, söökten irap domurlugar, cakschyzin bungsuz.«

»Alasch! Alasch! Besitzer der Flammen, heiliges rotes Feuer, höre mich an; erhaben soll sein dein Wesen, höre mir zu; befreie diesen von seiner Furcht, löse es von seinem Fleisch, löse es von seinen Knochen, genesen soll er.«

Sie wiederholte ihre Worte noch einmal. Nach jedem Aufsagen riefen ihre Gehilfinnen begeistert mehrmals so etwas wie: »Huu, Huuy, Hüüy!«, und sangen wie von Sinnen weiter. Plötzlich begannen die Flammen zu lodern, als hätte jemand sie entfacht. Ich wollte ihnen weichen, aber ich war unfähig, mich zu bewegen. Irgendwie war ich wie gelähmt, was dazu führte, dass ich sehr beunruhigt wurde. Die Hitze auf meinem Gesicht wurde unerträglich. Ich musste tief durchatmen und spürte, wie die Hitze nun meinen ganzen Körper erfasste. Ich fing an, entsetzlich zu schwitzen und bemerkte als nächstens, wie mitten in meiner Brust ein Wirbel Feuer entfacht wurde. Ich spürte es ganz klar. Es war ein neuartiges Gefühl. Ich wollte meine Augen schließen, da die unzähligen Schweißperlen, die über meine Stirn liefen, ein Brennen in meinen Augen verursachten.

»Schau hindurch!«, herrschte die Schamanin mich an. »Du darfst deine Augen nicht schließen.«

Sie klang ernster als zuvor. Ich versuchte wieder und wieder, so gut wie möglich in die Flammen zu blicken, aber es war unerträglich. Meine Augen füllten sich mit Tränen. Für einen Augenblick hatte ich das Gefühl, als begannen die Flammen, seltsam zu tanzen. Als nächstes schien es, dass sie ihre Farbe änderten. Zunächst hatten sie einen gewöhnlich rötlich-orangen Ton, dann wurden sie gelblich, dann grün und dann blau. Mehrmals musste ich die Augen zusammen-kneifen und wieder öffnen. Sie brannten ungemein. Ich erkannte, wie mein Atem sich beschleunigte, so als würde ich wie ein Hund hecheln und konnte dabei sogar den Wiederhall meines Atems spüren. Meine Augenlieder wurden schwer. Mein Körper war nun wie betäubt und diese Empfindung stieg hinauf in meine Schläfen.

»Mögen deine Sorgen der Vergangenheit sich auflösen und zur Kraft des Augenblicks werden«, hörte ich die Schamanin zu mir sprechen. Ihre restlichen Worte kann ich jedoch nicht mehr wiedergeben, denn ich wurde so schläfrig, dass ich den Inhalt ihrer Worte nicht weiter verstand. Ich spürte, wie mein Körper erschlaffte und glaubte, einschlafen zu müssen. Als ich gerade dabei war, dem Bedürfnis nach Schlaf nach-zugeben, wurde alles um mich herum dunkel, bis auf die Flammen vor mir, die immer näher auf mich zukamen. In dem Maße, in dem es mich einhüllte, löste die Masse meiner Gedanken sich auf, bis ein friedliches Gefühl mein ganzes Wesen erfasste. Es war, als existiere die Schwere der Welt nicht weiter. Plötzlich geschah etwas Eigenartiges; die Flammen fingen an, lakonisch zu mir zu sprechen. Sie wollten sich mit mir vereinen. Es war ein Ruf von solch magi-scher

Anziehungskraft, dass ich ihm instinktiv folgte und je tiefer ich in diesem Zustand versank, desto weiter wuchsen die Flammen, bis ein Feuerball aus ihnen entstand. Als nächstes verwandelte sich der Feuerball in ein eigenartiges Wesen. Es war kein humanoides Wesen und nur halb so groß wie ich. Seine Haut war rötlicher als das Feuer um es herum; der Kopf war groß, größer als sein Körper; es hatte lange orange Haare; die Augen waren perlenartig, schwarz und funkelten. Ich sah auch, dass es drei üppige Brüste hatte, was mich zu der Annahme veranlasste, dass es ein weibliches Wesen sein müsse. Ich beobachtete es neugierig und empfand es weder als bedrohlich, noch rief seine Erscheinung in mir Abstoßung hervor. Bevor ich mir weitere Gedanken machen konnte, sprach das Wesen in einer seltsamen Mischung aus visuellen und körperlichen Eindrücken zu mir. Es sagte, dass es mich erhört habe und mir helfen wolle. Es warf mir eine Feuerkugel zu, die mir sachte entgegen schwebte und sich vor mir entzündete. Plötzlich sah ich Szenen aus meiner Kindheit vor meinen Augen. Es waren äußerst friedfertige Bilder mit meiner Familie. Im nächsten Bild befand ich mich in meinem damaligen Kinderzimmer, es war dunkel. Ich wollte aus dem Zimmer hinaus, aber ich konnte nicht. Die Tür war verschossen. Ich hatte mich selbst eingeschlossen und es gelang mir nicht, die Tür erneut zu öffnen. Kleine, unwirkliche Wesen zeigten sich mir in der Dunkelheit. Sie flüsterten mir trügerische Gedanken zu. Ich rief meine Eltern um Hilfe, dann nach meinen Großeltern. Niemand half mir. Die Angst packte mich unmittelbar darauf. Eine Angst, die nicht wie für gewöhnlich etwas mit meinen Gedanken zu tun hatte, es schien eher eine latente körperliche Empfindung zu sein, die immer stärker wurde, je öfter ich versuchte, die Tür zu öffnen beziehungsweise die imaginären Wesen zu mir sprachen. Mir war, als hätten meine Ängste und Selbst-zweifel, etwa die Angst vor Abweisung, mit dieser Szene zu tun. Die Szene verlöschte und die perlschwarzen Augen des Feuerwesens blickten mich sanft an. Instinktiv bedankte ich mich für seine Hilfe. Augenblicklich veränderte sich sein Gesicht zu dem eines unschuldigen Kindes. Es fing an, freundlich zu lachen und in dem Moment, in dem es lachte, erkannte ich unzählige kleine, spitze Zähne in seinem Mund. Es schmiss mir eine weitere Flamme zu. Diesmal enthüllte es keine Szenen, sondern verursachte, dass ich buchstäblich in Flammen stand, allerdings nicht auf die tragische Art, wie es üblich ist, es war mehr eine schmerzlindernde Hitze. Ich spürte, wie etwas Emotionales in mir aufgezehrt wurde. Dann verschwand das Wesen auf einmal. Das nächste, woran ich mich erinnerte, war, wie ich durch die Verbindung mit den Flammen zu Rauch wurde; gestaltlos und dunkel. Ich flog durch das Rauchloch der Jurte hinaus, um die Jurte herum und erlebte von da an lebhafte Visionen, die mich äußerst fesselten. Zunächst sah ich mich inmitten eines Rudels, das einer Gruppe weißer Wölfe folgte. Diese unterschieden sich von den restlichen. Sie besaßen etwas Magisches, etwas Übermenschliches, als könnten sie unsere Seele lenken. Ich sträubte mich, ihnen zu folgen. Plötzlich hörte ich ein Rufen und wurde aus dieser Szene heraus-gerissen und eine andere überlagerte meine Wahrnehmung. Mir war, als würde ich leuchten oder mich in einem völlig leuchtenden Raum befinden. Ich fühlte mich unbeschreiblich glücklich. Es war eine Glückseligkeit, die ich nur schwer beschreiben kann. Ich vernahm wieder einen Ruf. Diesmal war es ein schriller Schrei und klang entfernt, und in dem Augenblick, in dem er näher rückte, bemerkte ich vor meinem Gesichtsfeld, ohne detaillierte Konturen erkennen zu können, eine flimmernde Silhouette. Zunächst sah ich nur einen Teil des seitlichen Profils. Es schien Flügel zu haben. Im nächsten Augenblick erkannte ich Krallen und Schnabel. Es schien ein Adler zu sein, jedoch war er viel größer als ein gewöhnlicher Adler. Sein Anblick erfüllte mich mit Ehrerbietung. Der Adler erschien mir weitere drei Mal. Zunächst trat er so nahe an mich, dass ich in seine riesigen Adleraugen blicken konnte, und es war, als blickte ich mich selbst an. Dann führte er seine Kraft vor, indem er mit einer Kralle meine Brust erfasste und im selben Augenblick spürte ich den Schmerz, den er in mir verursachte. Als nächstes streckte er seine Flügel zur vollen Breite aus und ließ mich ihn bewundern. Es war ein majestätischer Vogel. Während ich ihn noch bewunderte, flog er durch mich hindurch und verwandelte sich in ein leuchtendes Wesen in Gestalt eines menschengroßen Adlers. Nun stand er unmittelbar vor mir und fing an, zu mir zu sprechen und ich verstand auf Anhieb, was er sagte. Jedoch hörte ich das Gesagte nicht so, wie das akustische Hören, so wie gewöhnlich. Es war mehr wie das Erfassen einer sonoren Stimme in meinem eigenen Kopf, wie ein fremder Gedanke.

»Hallo«, sagte der Adler mit unendlicher Herzlichkeit.

»Hallo«, erwiderte ich wie von selbst.

»Warum bist du denn so traurig?«, wollte er wissen.

»Weil ich einsam bin«, gestand ich offenherzig. »Ich habe das Gefühl, nicht in diese Welt zu gehören.«

»Das ist dein menschlicher Zustand. Das wolltest du erfahren. Der Schmerz der Einsamkeit lehrt dich die Wertschätzung der Liebe. Das war dein eigener Wunsch.«

»Wieso erinnere ich mich nicht daran, wenn das mein eigener Wunsch sein sollte?!«

»Auch das war dein Wunsch.«

»Was versuchst du mir zu sagen?«

»Sei nicht traurig. Dieser Zustand wird wie alles andere vorübergehen. Es ist Zeit, dass du dich von den Fesseln befreist und deiner Aufgabe nachkommst.«

»Was ist meine Aufgabe?«, verlangte ich zu wissen.

»Das weißt du schon längst.«

»Aber ich weiß es nicht!«, rief ich.

»Dein Herz kennt die Antwort. Hör auf dein Herz, so wie du es immer tun sollst, in Momenten, die dir unüberwindlich erscheinen. Ich weiß, dass du es erreichen wirst. Du bist nun am richtigen Ort.«

»Ich verstehe nicht, was du mir zu sagen versuchst. Du sprichst in Rätsel. Was werde ich erreichen? Und wieso nimmst du nicht deine Maske ab und zeigst mir dein Gesicht?«

»Warum bewirkst du diesen Gegensatz in dir?«

»Ich will wissen, wer du bist.«

»Es gibt keinen Unterschied zwischen dir und mir.«

»Was heißt das schon wieder?«

Die Erscheinung trat noch näher an mich heran und trug folgende Worte vor:

»Ein Teil meiner ist Traum, ein Teil Licht.
Tief im Herzen trägst du mich.
Ich bin du, und du bist ich.
Von Anfang an wirke ich leise.

Der Hoffnungsname ist die Reise.
Auf dem himmlischen Berg, da wohne ich.
Dort werden wir uns sehen, von Angesicht zu Angesicht.«

Dann, genauso wie es erschienen war, verschwand das Wesen wieder. Ich erlebte von da an noch weitere Visionen, aber sie waren eher sinnloser Art. Meine Wahrnehmung schwächte sich ab, bis mein gewöhnlicher Zustand wieder zum Vorschein kam. Im selben Moment geschah noch etwas Außergewöhnliches. Ich erlebte einen kurzen Gedächtnisschwund und bemerkte einen unmerklichen Impuls in meinem Gehirn, eine Art Zuckung, welche meine Erinnerungen zu dem Ereignis zu löschen versuchte. Ich lokalisierte diesen Impuls aus dem Gebiet der Zirbeldrüse. Unmittelbar darauf kehrten meine Erinnerungen zurück.

Kapitel 3 - Deutung

Ich lag mit dem Gesicht auf dem Boden. Ich richtete mich auf und setzte mich auf meinen Stuhl. Die Schamanin beobachtete mich mit prüfenden Blicken. Sie schien auf mich zu warten. Abgesehen von ihr war nur noch die kräftige Frau bei uns. Sie reichte mir ein Glas Wasser. Ich trank davon, um mich zu beleben. Sie fragte, wie ich mich fühle. Ich fühlte mich seltsam gut, besser, irgendwie vitaler. Es war, als sei das Gefühl von Angst und Furcht von mir abgefallen. Sie schien mit meiner Bemerkung zufrieden. Ich fragte sie, was passiert sei. Sie sagte, dass ich eine Vision erlebt hätte und wollte wissen, was ich gesehen hatte, damit sie es mir deuten und gegebenenfalls helfen könne. Ich erzählte ihr alles, woran ich mich erinnern konnte. Nachdem ich meine Ausführung beendet hatte, zeigte sich eine Veränderung an ihrem Ge-sichtsausdruck. Ihre Augen hatten sich geweitet, sie bekamen ein unmerkliches Leuchten, auch ihre Blicke wurden sanfter. Sie schien über meine Worte äußerst erregt zu sein, als hätte sie etwas Unerwartetes vernommen. Zu meiner Überrasch-ung wurde auch ihre Stimme freundlich und ihre Gleichgültigkeit wich nun einer interessierteren Haltung. Sie meinte, dass mir etwas Einmaliges widerfahren sei; mir hätte sich nicht Alasch, der Geist des Feuers gezeigt, was ebenfalls ein großartiges Omen wäre, sondern Odana, die Mutter des Feuers. Sie sagte, dass das sehr ungewöhnlich sei, zumal ich nicht einmal ein Schamane sei. Dann redete sie wild los, so, dass ich nicht mehr nachkam.

»Es ist unglaublich, dass du Odana gesehen hast«, wiederholte sie erregt, als wolle sie mir die Bedeutung des Geschehens vermitteln. »Das ist ein großartiges Omen. Es zeugt von besonderer Eintracht zwischen dir und dem Feuer. Normalerweise zeigt sie sich nur einem Qam und auch nur dann, wenn er ihr dient. Es ist einzigartig und eigenartig zugleich. Die Mutter des Feuers muss in dir etwas Beson-deres gesehen haben.«

Sie erwartete, dass ich ihr mehr erzähle.

»Ich weiß nicht, ob es die Mutter des Feuers, ein Feuergeist oder sonst was war. Jedenfalls sprach das Feuer zu mir.«

»Nenne es nicht Feuer!«, tadelte sie mich bestürzt. »Alasch ist der Besitzer des Feuers und Odana die Mutter aller Feuer-geister. Es wäre so, als ob ich sagen würde, dass du deine Kleidung bist und deine Kleider zu mir sprechen.«

»Ich wollte doch damit nur sagen…«

»Ich weiß, ich weiß…«, beschwichtigte sie mich kopfschüt-telnd. »Es war die Mutter des Feuers, ich bin mir dessen sicher.«

Mit einer Handbewegung untermauerte sie ihre Ansicht.

»Dann gibt es wirklich solch ein Wesen?«, fragte ich kritisch.

Meine Frage hatte sie verärgert. Sie schüttelte verachtungs-voll den Kopf.

»Natürlich, du hast sie doch gerade gesehen! Odana ist die dreibusige und vierzigzähnige Mutter allen Feuers.«

»Dreibusige und vierzigzähnige Mutter?«, wiederholte ich mechanisch.

»Das habe ich doch gerade gesagt.«

Verständnislos verdrehte sie ihre Augen.

»Kannst du mir sagen, was das alles zu bedeuten hat, Anaqam?«

»Vieles, sehr vieles. Nun, wo soll ich anfangen... Zunächst zeigte es dir, woher deine Ängste kommen, ihre Ursache: Du hast aufgehört zu singen, zu tanzen – aufgehört, die trockene Erde zu berühren, die Luft zu atmen. Du hast aufgehört, dein Leben zu leben. So, wie ich es dir bereits gesagt habe. Du hast das Wesentliche aus den Augen verloren und hast dich stattdessen in die Irre leiten lassen. Du hast dein Inneres mit Sorgen, Ängsten und mit unwesentlichen Dingen gefüllt, so, dass Plagegeister begannen, an dir zu nagen. Du solltest wissen, dass Plagegeister sich von Sorgen und Ängsten der Menschen nähern. Sie treiben schwache Menschen in Momenten, in denen sie nicht mehr Herr über sich selbst sind, in den Wahnsinn. Sie flüstern Gedanken zu, die man von seinen eigenen nicht unterscheiden kann. Das taten sie mit dir.«

»Was wollen sie von mir?«

»Sie quälen dich«, meinte sie wie selbstverständlich. »Du bist wie geschaffen für sie. Du bist ein Todeskandidat, deshalb bist du für sie eine leichte Beute. Sie plagen dich durch Boshaftigkeit und Tricks. Sie beeinflussen dein Denken, indem sie dir unwirkliche Sachen einflüstern, damit du dir schadest. Und jedes Mal, wenn ihre Opfer wahnsinnig werden und sich etwas antun, dann erfreuen sie sich daran.«

Sie erkannte anscheinend meine Verwirrung an meinem Gesicht.

»Etwas solltest du verstehen«, fuhr sie fort. »Solche Wesen sind nicht die Ursache deiner Probleme, sieh sie mehr als eine Nebenerscheinung. Im Grunde meinen sie es nicht böse, es ist nur ihre Natur. Du ziehst sie durch deine niedrige Kraft und deine niedrigen Gedanken. Hadern, Verbitterung, Nörgelei, Wut, anhaltende Trauer - all das zieht sie an. Ich muss dir aber auch sagen, dass sie keine Selbstverständ-lichkeit sind. Egal, wie boshaft sie sein mögen, denen, die Scharfsinn besitzen, helfen ihre Überfälle zu einem neuen Blick über das eigene Dasein. Doch sei unbesorgt, die Mutter des Feuers hat dir einen großen Gefallen getan und dich fürs erste von ihnen befreit. Sie hat deine Ängste und Sorgen verbrannt. Das ist die Art, wie die Mutter mit Schwierig-keiten umgeht, sie verbrennt sie. Aber viel wichtiger als das alles ist das Geschenk, dass sie dir gemacht hat: Sie hat sich dir gezeigt.«

Sie machte eine Geste der Verwunderung, so als könne sie es immer noch nicht fassen.

»Du kannst dir nicht vorstellen, welch ein bedeutendes Zeichen das ist«, sprach sie weiter. »Sie zeigt sich für gewöhnlich niemanden, außer einem Qam oder einem Nachfahren eines Qam. Nun, das bedeutet, dass ich mit meiner Vermutung richtig lag.«

Ich verzog ungewollt mein Gesicht. Sie spielte auf den vermutlichen Zauberer in meiner Familie an.

»Ich möchte dir etwas sagen«, fuhr sie mit ernster Stimme fort. »Anscheinend gab es nicht lediglich nur einen Zauberer in deiner Familie, mehr sogar; in dir lebt der Geist eines. Denn anders lassen sich die Zeichen nicht deuten.«

Ich wollte protestieren, aber sie unterdrückte meinen Versuch.

»Das, was ich dir mitteile, ist keine Fantasie«, sagte sie. »Vielleicht sollte ich dir verraten, dass unser Geist sich uns immer in Form eines Tieres zeigt. Der Adler, das war dein wahres Wesen. Es ist äußerst selten, dass ein Mensch einen Adlergeist besitzt. Nur große und machtvolle Schamanen besitzen solch einen Geist.«

Sie schien sehr beeindruckt. Diesmal sprang ihre Entzückung auf mich über. Ich fragte, ob sie mir diese Vision genauer deuten könne.

»Wie du weißt, ist ein Adler ein Vogel, der viel höher als die meisten Vögel fliegen kann und von seiner höheren Perspektive Dinge erkennt, die sonst niemand sehen kann. Alle Qamanen, die einen Adlergeist besaßen, waren sehr mächtig, vielleicht sogar die mächtigsten, die es je gab.«

Ich fragte, ob das, was sie eingangs gesagt hatte, kein Widerspruch sei. Einerseits sollte mein Geist sich abgewandt haben und andererseits sei mein Geist sehr mächtig.

»Vielleicht hört es sich für dich widersprüchlich an, aber das ist es nicht«, sagte sie. »Eine Person kann schwach sein, aber wenn die Kraft seines Geistes in ihm wirkt, erreicht er alles, was er will. Dein Geist wirkt nicht in dir, darum bist du schwach, aber er selbst ist mächtig.«

»Die Erscheinung sprach von einer Reise zu einem himmlischen Berg. Kannst du mir dazu etwas sagen?«

»Der Himmelsberg ist kein Ort dieser Welt und unter den Lebenden kann nur ein Qam ihn aufsuchen.«

Mir fielen die Wölfe ein, ich fragte sie danach.

»Der Wolf ist der Geist des Kriegers. Wärst du ihnen gefolgt, wäre es ein gutes Zeichen, aber die Vision ist nicht sehr eindeutig. Im Moment lebst du wie ein Hund, weil du wie ein Hund dressiert und behandelt wurdest. Der Hund entstammt den Wölfen, aber aus einem Hund kann kein

Wolf mehr werden. Wenn du deine Freiheit haben willst, musst du anfangen, dein Leben anders anzugehen.«

»Ich verstehe aber immer noch nicht, was das alles für mich zu bedeuten hat«, bemerkte ich ungeduldig.

»Das versuche ich dir zu erklären«, entgegnete sie. »All das bedeutet, dass du von höheren Ebenen gelenkt wirst. Die Geister, sie lenken dich, du aber hörst ihnen nicht zu. Das ist der Grund all deiner Probleme. Du hörst nicht zu. Du hast die Begabung, die Welt mit anderen Augen zu betrachten und Menschen zu helfen. Diese Begabung schlummert in dir. Du musst es erwecken. Wärst du ein Qam, würdest du unglaubliche Fähigkeiten besitzen – Fähigkeiten, die du dir nicht erträumen kannst. So viel kann ich dir sagen; wenn du dich von den Fesseln, die dich wie ein Hund gehorchen und folgen lassen, befreien kannst, bist du zu Großem bestimmt.«

Ich konnte mich nicht entscheiden, ob ich ihr glauben sollte oder nicht – nicht, weil ich sie für eine Lügnerin hielt, sondern, weil mir die ganze Vorstellung von all den Dingen, die sie mir erzählte, unglaubwürdig erschien. Es war ihre nicht klare, sondern sinnbildlich metaphorische Sprache, die mich ärgerte. Purtas hatte recht mit dem, was er sagte, als er meinte, dass sie verwirrend artikuliere. Die Vorstellung, dass mein Geist sich abgewandt hatte oder die Auffassung von Geistwesen, die auf mich einwirkten und mein Urteil beeinflussten oder von Tieren, die mich beseelten – für all das hatte ich kein Verständnis und es erschien mir eher unglaubhaft. Anscheinend war all das der Grund für meine Frustration.

Die Schamanin musste meinen inneren Konflikt an meinem Gesicht abgelesen haben.

»Du glaubst mir nicht, nicht wahr?«, bemerkte sie, als hätte sie meine Gedanken vernommen. »Du misstraust mir, aber der Moment wird kommen, da wird der Beweis für meine Worte sich bewahrheiten. Doch dann wird niemand da sein, um dir zu helfen.«

In meiner Dummheit versuchte ich, mich damit zu rechtfertigen, dass ich ihr keineswegs misstraue, sondern, dass es sich bei ihrer Erklärung um Dinge handle, die ich persönlich keinem Menschen sagen würde, um mich keinem Spott auszusetzen. Ich hatte die Absicht, meine Meinung vorsichtig kundzutun, doch ich hatte sie mit meinen Worten provoziert. Sie antwortete nicht sofort und nahm stattdessen die Asche aus dem Ofen und deutete der kräftigen Frau, sie herauszubringen. Die Frau folgte ihrer Anweisungen und kam kurze Zeit später mit neuen Holzscheiten zurück, welche sie direkt in den Ofen legte. Für eine kurze Zeit kehrte Stille ein.

»Hast du jemals über das Wesen deiner Realität nachgedacht?«, wollte sie anklagend wissen.

Ich hielt es zunächst für eine rhetorische Frage, da sie nichts mit unserem Gespräch zu tun hatte. Sie wiederholte ihre Frage. Ich wusste nicht, warum sie mich das fragte.

»Offensichtlich hast du es nicht«, meinte sie, diesmal in einem herausfordernden Ton. »Sonst würdest du nicht mit verschlossenen Augen durch das Leben gehen. Es mag sein, dass du wie jeder andere Mensch die Vorstellung hegst, du würdest leben, aber das tust du nicht.«

Solch ein Unsinn, dachte ich.

»Willst du etwa damit sagen, ich bin tot?«, gab ich provozierend zurück.

Sie schmatzte geringschätzend mit dem Mund.

»Tot…?«, echote sie und bemerkte trocken, aber überzeugt: »Nein, tot bist du auch nicht. Der Tod ist auch nicht unbe-dingt das Gegenteil vom Leben. Es gibt Tode, die lebendiger sind als es manch ein Mensch sein kann. Nun, was dich betrifft, dich gibt es zwangsläufig.«

Ich fand die Aussage, dass es mich zwangsläufig gebe, sehr provokant und geriet deshalb in eine gereizte Stimmung, bewahrte aber dennoch meine Fassung.

»Was denkst du, warum du hier bist?«, fragte sie diesmal, immer noch im selben monotonen Ton.

»Wie meinst du das? Meinst du den Ort hier oder meinst du es existenziell?«

»Ich meine hier bei mir. Denkst du, du bist zufällig hier?«

Ich bejahte und sagte, dass ich auf Rat von Purtas hier sei und ansonsten keine Absicht hatte, hierher zu kommen.

»Du bist hier, nicht, weil Purtas dich hierhergeführt hat, sondern weil es deine Bestimmung ist, hier zu sein. Allein deine Bestimmung hat dich hierher zu mir geführt und es gibt nichts, was du tun könntest, um ihr zu entgehen. Niemand kann sich vor seiner Bestimmung drücken, egal wie sehr er dagegen ankämpft. Die einzige Frage ist, ob du dich dem fügst und sie annimmst oder ob du weiterhin dagegen kämpfst und immer wieder klagend verlierst.«

Ich konnte ihr nicht zustimmen. Schon seit jeher hielt ich nichts von göttlichen Fügungen, Bestimmungen und Schicksalen oder sonstigen Kräften, die auf mein Leben einwirken sollten. Davon abgesehen war solch eine Annahme eine Sache, ihre tatsächliche Existenz war eine gänzlich andere, die meines Erachtens nicht bewiesen werden konnte. Ich war stets überzeugt, dass allem, was mir wiederfuhr, mein eigener Ehrgeiz oder mein eigenes Missgeschick zugrunde lag und eben auch das Zufällige eine Rolle spielte. Ich beteuerte, dass aufeinanderfolgende und von mir unabhängige Ereignisse mich hierher zu ihr geführt hätten und keine höhere Macht oder Ordnung dahinterstecke. Sie blieb ungerührt bei ihrer Meinung und erwiderte ihrerseits, dass hinter den scheinbar zufällig aufeinanderfolgenden Ereignissen eine verborgene und allesumfassende Kraft liege; sozusagen ein geistiger Plan, eine Fügung, die unsere Begegnungen und Schicksale lenke. Sie nannte diese Kraft Ulugtyn, der große, allumfassende Geist. Sie sagte, jene Kraft hätte mich zu ihr geführt.

»Vielleicht bist du dir dessen nicht bewusst«, fuhr sie fort, »doch ganz gleich, wie dein Leben verlaufen wäre, du würdest immer hier, an diesen Ort ankommen. Denn unsere Zusammenkunft ist kein Ereignis des heutigen Tages. Es stand schon vor langer Zeit fest, vielleicht sogar, bevor du geboren wurdest. All die kleinen, unscheinbaren Dinge und Situationen, haben es ermöglicht, dass du mich aufgesucht hast.«

Was sie da sagte, war absurd und ergab überhaupt keinen Sinn. Ich musste grinsen und hielt ihre Behauptung für einen Witz, aber mein Grinsen verging, denn sie verzog ihr Gesicht zu einer finsteren Miene. Ihr war es völlig ernst damit.

»Ich warne dich«, sagte sie gereizt. »Ich mache kein Spaß, also stell meine Geduld nicht auf die Probe, indem du dich über meine Worte lustig machst.«

Dann wandte sie sich zu Purtas und sprach eine Weile mit ihm.

»Was sagt sie denn, Onkel?«, fragte ich Purtas.

Er erwiderte: »Sie sagt, du seist nicht du selbst.«

»Ich verrate dir etwas«, meinte die Schamanin diesmal an mich gewandt.

»Du wirst bei mir und nur bei mir die Antwort auf die Fragen finden, die du dir schon lange stellst, und dein Geist wird nicht ruhen, bevor du ihre Antwort findest, denn diese Suche, sowie das Finden, ist dein Schicksal.«

Jovial erkundigte ich mich, von welchen Fragen sie denn spreche, ohne dabei meine Neugier offenzulegen.

»Die Frage, wer du wirklich bist und warum du lebst«, antwortete sie in dem gleichen jovialen Ton, in dem ich sie gefragt hatte.

Im selben Augenblick erlebte ich eine eigenartige Erregung. Es waren in der Tat Fragen, die ich mir mein ganzes Leben gestellt hatte: Wer war ich? Warum lebte ich? – nicht in Bezug auf meine Person, sondern als eine existenzielle Daseinsfrage.

»Woher weißt du das?«, begehrte ich gespannt zu wissen.

Ich hoffte auf eine Ausführung ihrer Worte.

»Das spielt keine Rolle«, meinte sie gleichgültig, wobei sie mein erwecktes Interesse bemerkt hatte.

»So viel will ich dir verraten: Deine Suche wird erst vorüber sein, wenn du deine Bestimmung erfüllst. Dann erst wird es dir gut gehen.«

»Anaqam, sagen Sie doch bitte, woher Sie das wissen«, drängte ich und versuchte diesmal, mich höflich auszudrücken.

»Mehr kann ich dir hierzu nicht sagen. Dein Geist hat dir einen Hinweis gegeben. Diesen Weg solltest du gehen. Alle anderen Wege sind Zeitverschwendung. Das Licht in dir muss entzündet werden. Ich kann dir lediglich einen Gefallen tun. Män säna solugumu üfigrem.« Mit ihrem

Dialekt fügte sie noch etwas hinzu: »Tängri yarulkaduk ütchün Qamatam hamy kök uktug cher alaz öazindan hamnaan hamnar.«

Ich wandte mich verdutzt zu Purtas, da ich überhaupt nicht verstand, was sie gesagt hatte. Purtas hatte sich bei den ganzen undeutlichen Worten verdolmetscht.

»Was sagt sie, Onkel?«

»Sie will dir von ihrem Atem geben.«

»Wie meint sie das?«

»Sie sagt, das sei der Wunsch Tängris.«

»Aber was soll ich denn mit ihrem Atem…?«

Ich konnte absolut keinen Sinn dahinter erkennen. Ich lehnte ab und versuchte, dabei so freundlich wie möglich zu klingen. Dann überkam mich ein zweiflerischer Gedanke. Vielleicht war das Ganze nur von ihr erdacht und nichts stimmte von all dem, was sie behauptete. Eine Vermutung, deren ich mir zwar nicht sicher war, die aber dazu führte, dass ich begann, ihr mehr zu misstrauen, als ich es bereits schon tat.

»Du redest zu sehr mit dir selbst!«, herrschte sie mich plötzlich an. Der ernste Ton in ihrer Stimme hatte sich geändert und klang nun wesentlich strenger. »Aber das Eigentliche ist, dass du denkst, ich lüge dich an. Das tatst du von Anbeginn. Stimmt's? Und das ist der Grund, warum ich keine Fremden wie dich empfange. Deine Sturheit, deine falsche Arroganz, das alles kenne ich viel zu gut. Du bist undankbar, du versteht nichts von den Dingen der Welt und all den Kräften, die uns umgeben. Du denkst, du weißt alles besser, du kannst dir nicht einmal selbst helfen. Ein Ignorant – ein Dickkopf bist du.«

Mein Mund blieb mir offen. Ignorant? Dickkopf? Wieso sprach sie so mit mir, dachte ich. Es gab nichts, was ihren Aufruhr rechtfertigte und ich musste aufpassen, mich nicht aufzuregen.

»Sie haben nicht das Recht, so mit mir zu sprechen«, erwiderte ich empört. »Sie kennen mich doch gar nicht.«

Ich versuchte, meinen Stolz zu bewahren.

Sie blickte mich gelangweilt an.

»Ich kenne dich besser, als du es dir vorstellen kannst, aber du erkennst nicht einmal die Maske, hinter der du steckst. Du erkennst nicht, wie deine Falschheit dich täuscht. Du verstehst es, dich zu verstellen!«

»Das tue ich nicht!«, rief ich. »Ich habe Ihnen doch nichts getan. Warum reden Sie so mit mir?«

Ihre Aufregung stand in keinem Verhältnis zu meinen Worten.

»Vielleicht hast du nichts getan, aber dein Körper spricht mit mir. Mit welchem Recht beleidigst du mich, hier in meinem zu Hause…!«

Ich hatte wirklich keine Ahnung, warum sie so mit mir sprach und wusste nicht, worauf ich das zurückführen konnte. Darauf, dass ich vielleicht ihren Dialekt nicht richtig verstand oder den Inhalt ihrer Worte anders auffasste, als sie es vielleicht meinte. Vielleicht aber auch andersherum, dass sie meine Worte nicht verstand. Jedenfalls geriet ich in einen Streit mit ihr. Diesmal beschloss ich, ihr geradeheraus meine Meinung zu sagen. Ich sagte ihr, dass ihre Ansichten der Dinge mir völlig suspekt erschienen und ich mich weigerte, an so etwas zu glauben. Ich versuchte, mich höflich auszu-drücken, aber ich musste ihr doch sagen, dass ich keinen Nutzen mehr in den Gesprächen sah. Sie warf mir einen grimmigen Blick zu und beugte sich langsam zu mir. Die Runzeln in ihrem Gesicht hatten sich vertieft.

»Ob du daran glaubst oder nicht«, sprach sie mit einem äußerst harten Ton in der Stimme, »ist nicht von Bedeutung. Du denkst, dir steht noch ein anderer Weg offen, aber ich sage dir, du hast nur diese Möglichkeit und nur bei mir wirst du lernen, dein Schicksal zu erfüllen. Ein anderer Weg wird dir verwehrt bleiben.«

Sie warf mir einen boshaften Blick zu und grinste schelmisch. Sie war ein kalter Mensch. Sie verhöhnte mich und lachte zynisch. Mein Ärger wuchs ins Unermessliche. Ich hasste sie und platzte fast innerlich. Der Gedanke, dass jemand mir vorschrieb, was ich zu tun hätte, erzürnte mich sehr. Und das war es, was mich an ihr am meisten störte, ihre gebieterische und anmaßende Art in Bezug auf mein Leben, das sie zu kennen vorgab, obgleich ich selbst nicht einmal Gewissheit über mein Leben hatte. Ich wollte ihr etwas sagen, einfach nur etwas, aber mir wurde klar, dass es sinnlos war, weiter darüber zu streiten. Ich wusste nicht, was ich hier weiterhin machen sollte. Es war Zeit für mich zu gehen. Ich wollte gerade aufstehen, aber nachdem ich diese Überlegung angestellt hatte, konnte ich es nicht. Irgendwie saß ich auf meinem Platz fest. Ich versuchte es ein weiteres Mal, aber erneut misslang es mir. Ich hatte seltsamerweise nicht die Kraft aufzustehen und konnte mich nicht vom Platz rühren. Etwas Eigenartiges ging vor sich. Intuitiv blickte ich zur Schamanin. Sie fixierte mich eindringlich mit ihren Augen, die aussahen, als würden sie pulsieren. Ich spürte mein Herz schneller klopfen. Irgendwas hatte sie gemacht, das mich vom Reagieren abhielt.

»Onkel!«, schrie ich: »Sag ihr, sie soll das sein lassen!«

Aber Purtas reagierte nicht. Er schien ganz unbekümmert, als ob er nicht wisse, was gerade vor sich ging. Plötzlich berührte eine Hand meine andere Schulter. Sie war frostig. Als ich mich zu meiner rechten Seite wandte, war ich mir sicher, jemand stehe bei mir, aber zu meinem Entsetzen stand niemand da. Ein Schauer lief über mein Rückgrat. Ich war mir ziemlich sicher, dass ich eindeutig die Gegenwart einer Person gespürte hatte.

»Du kannst jetzt nicht gehen«, sagte die Schamanin in einem schauerlichen Ton und verkündete, dass ein Begleiter sich zu mir gesellt hätte. Um ihre Worte zu unterstreichen, zeichnete sie einen imaginären Bereich um meine Schultern. Meine Haare standen mir zu Berge, denn sie sagte das in solch einem finsteren Ton, als sähe sie tatsächlich jemanden um mich herum. Jedenfalls wirkte es in diesem Moment, in der zwielichtigen und nach Naphthalin riechenden Jurte, sehr glaubhaft.

Hilfesuchend wandte ich mich erneut zu meinem Onkel und wollte ihm mitteilen, dass ich gehen wollte, aber nun versagte auch meine Stimme. Ich fing an, mich zu räuspern. Jedes Mal, wenn ich anfing, etwas zu sagen, musste ich stark räuspern. Die ganze Gegebenheit beunruhigte mich sehr und ich begann, mich nicht nur unbehaglich zu fühlen, mir wurde es auch zutiefst unheimlich. Ich begann, Überlegungen anzustellen, um die Situation zu begreifen und für einen Moment dachte ich, dass die verrückte alte Frau mich vielleicht durch falsche Zauberei betäubt hatte, doch plötzlich bemerkte ich zu meinem Entsetzen, dass ich meinen Gedanken völlig ungewollt laut ausgesprochen hatte. Aber was mich in diesem Moment mehr irritierte, war, dass wenn ich vorhatte zu sprechen, es nicht konnte, aber meine Gedanken unbeabsichtigt laut aussprach. Nacheinander sagte ich, sie sei eine Lügnerin, eine Hexe, eine armselige Gaunerin und das all ihre Methoden Betrügerei seien und ich ihr nicht glaubte, was sie sagte.

Ich war schockiert über mich selbst und wusste nicht, was in mich gefahren war. Ich hatte all das ohne jegliche Absicht gesagt. Ich schämte mich unheimlich, so sehr, dass ich in den Boden versinken wollte.

Die Schamanin starrte mich mit einem stechenden Blick an.

»Du unerzogener Bengel nennst mich eine verrückte alte Frau?! Mich, ein Kind des ewig blauen Himmels und der schwarzen Erde – nennst du – in meinem Zuhause – eine Lügnerin?!«

Sie fing an, mit einer absonderlich schrillen Stimme lauthals zu lachen, das so entsetzlich und befremdlich klang, dass ich zurückschrak.

Ich wollte mich umgehend bei ihr entschuldigen, doch ich hatte zu meinem Entsetzen erneut die Kontrolle über meine Zunge verloren und so brachte ich diesmal nur ein undeutliches Lallen hervor.

Sie fixierte mich mit ihren Augen. Plötzlich hatte ich das eigenartige Gefühl, dass ihr Gesicht sich entstellte. Ihre kleinen Augen schienen immer größer und runder zu werden, wie zwei große, ovale Scheiben, und ihre Nase formte sich zu einem kleinen Schnabel. Als sei das nicht genug, beobachtete ich mit grausigem Entsetzen, wie sich ihr ganzer Körper zu entformen begann und eine skurrile Form annahm. Sie schien sich irgendwie in ein geflügeltes Wesen zu verwandeln und wirkte auf einmal viel größer und kräftiger als zuvor. Etwas noch Verrückteres passierte, etwas, das unmöglich und gespenstisch zugleich war. Sie sprang mit einer einzigen Bewegung auf und schien gegen jegliche Vernunft nur wenige Zentimeter über dem Boden rückwärts zu schweben. Ich war wie gebannt und konnte meine Augen nicht abwenden. Es war das Unmöglichste und Unheim-lichste, was ich jemals in meinem Leben gesehen hatte. Schwebend stand sie nun vor mir und sah einem riesigen Vogel ähnlich, welcher die Flügel ausgebreitet hatte. Sie starrte mich aus ihren großen funkelnden Augen an. In diesem Augenblick wusste ich nicht, was mich mehr fesselte: der skurrile Anblick oder die Möglichkeit einer derartigen Verwandlung. Es raubte mir wahrlich den Verstand. Dann fielen mir Purtas' Worte ein, als er davon sprach, dass sie große Macht besaß. Ich hatte ihm das nicht geglaubt, aber nun wurde ich eines Besseren belehrt. Ich war ihr völlig ausgeliefert und spürte eine eigenartige Mischung aus Entsetzen, Furcht und Bewunderung. Ich war mir sicher, dass sie mich zermalmen könnte, wenn sie es nur wollte und während ich diesen Gedanken hatte, empfand ich Panik – eine Panik, die ich nie zuvor in meinem Leben hatte. Sie war so stark, dass sie all meine Kräfte mobilisierte, um so schnell wie möglich vor ihr wegzurennen. Mit einer einzigen Bewegung sprang ich zur Tür hinaus und rannte um mein Leben.

»Du wirst wiederkommen«, hörte ich den schauerlichen Klang ihrer Stimme mir nachrufen. »Du hast keine andere Wahl. Du kannst vor dem Willen der Geister nicht fliehen...«

Ich rannte aus der Siedlung hinaus, bis an den Fuß des Hügels, von wo wir gekommen waren. Dort wartete ich auf

Purtas. Ich wäre noch weiter gerannt, vielleicht bis zu den Hügeln hinauf, aber in der Zwischenzeit hatte sich völlige Dunkelheit über die Landschaft gelegt. Nur noch vereinzelte Lichter aus den offenen Türen der Jurten erhellten die Umgebung.

Kapitel 4 - Purtas

Der Himmel war sternenlos und die Luft war frostig zu atmen, als ich weiterhin am Fuße des Hangs auf meinen Onkel wartete. Mir wurde bewusst, wie kalt die Nacht hier in den Bergen sein würde. Ich schaute auf meine Uhr. Der ganze Aufenthalt hatte fast vier Stunden gedauert. Ich ging ein wenig umher, um mich aufzuwärmen und bemühte mich, mich wieder zu fangen, was eine Weile dauerte.

»Warum bist du weggerannt?«, rief Purtas mir aus der Ferne zu, und als er unmittelbar vor mir stand, starrte er mich mit einer Mischung aus Verärgerung und Verblüffung an. »Was ist los mit dir? Du bist so blass. Ist alles in Ordnung mit dir?«

»Wie kannst du mich das ernsthaft fragen, Onkel?«, erwiderte ich aufgebracht. »Hast du es gerade nicht gesehen?«

»Was sollte ich gesehen haben?«

»Diese Frau…«, flüsterte ich mit gepresster Stimme und deutete mit dem Finger in die Richtung der Schamanin. »Sie ist kein Mensch.«

Er starrte mich verstört aus den Augenwinkeln an.

»Sie ist wirklich kein Mensch«, wiederholte ich im selben Ton.

»Rede doch kein Unsinn!«, meinte er herunterspielend.

Ich nahm eine gespannte Miene in seinem Gesicht wahr.

»Bitte lass' uns von hier fortgehen«, drängte ich ihn.

»Du kannst dich doch nicht einfach davonmachen. Ich schlage vor, wir bleiben heute Nacht hier, so hättest du morgen nochmal die Gelegenheit, dich bei Anaqam zu entschuldigen. Morgen können wir dann bei Tag zurückgehen.«

Er ermahnte mich, dass ich, wenn ich mich bei der Schamanin nicht aufrichtig entschuldige, nie wieder Hilfe erwarten könne. Davon abgesehen sei es zu dunkel, um jetzt nach Hause zu gehen und es hielten sich unzählige wilde Tiere im Wald auf. Aber ehrlich gesagt war meine Besorgnis, irgendwelchen wilden Tieren zu begegnen, gering im Vergleich mit der Furcht, die Schamanin erneut zu sehen. Ich beharrte darauf, augenblicklich zu gehen. Schließlich, nach langem Drängen, gab er nach. Um in der Dunkelheit besser sehen zu können, borgte er bei einem der Nomaden eine Taschenlampe. Als wir die Spitze des Hügels erreichten, blickte ich noch einmal zurück. Das Tal war unter der Dunkelheit der Nacht verschwunden. Jetzt, da ich mich in sicherer Entfernung meinte, fühlte ich mich wesentlich entspannter.

»Diese Frau, Onkel, sie ist wirklich kein normaler Mensch. Ich glaube, sie ist eine Hexe! Ich fürchte mich vor ihr«, räumte ich beim Weitergehen ein. »Sie hat mir wirklich große Angst eingejagt.«

»Jetzt hör aber auf zu übertreiben«, sagte er und spielte meine Bemerkung herunter. »Du übertreibst wirklich. Ich weiß nicht, was dein Problem ist. Sie hat dir doch geholfen und trotz deines Benehmens war sie freundlich zu dir. Ich denke sogar, dass sie dir gegenüber sehr hilfsbereit und freundlich war.«

Ich schaute ihn verständnislos an. Keineswegs hatte ich übertrieben. Entweder hatte ich eine andere Auffassung von Freundlichkeit und Hilfsbereitschaft oder er wusste nicht, wovon ich sprach.

»Weiß du überhaupt, wovon ich rede, Onkel? Ich spreche von ihrer skurrilen Verwandlung und wie sie in der Luft stand! Wie ist so etwas überhaupt möglich, ich verstehe das nicht.«

»Warte mal, warte mal…«, schritt er verwirrt ein und drängte mich, langsamer zu berichten. »Du sprichst zu schnell. Wovon redest du?«

»Na da, wo sie wie ein aufbrausender Vogel vor mir stand«, antwortete ich und fügte für eine bessere Verständigung gestikulierend hinzu: »Sie wurde auf einmal groß, irgendwie geisterhaft, wie ein Schatten. Ich dachte zuerst, sie wäre ein Gespenst. So etwas Verrücktes habe ich wirklich nie zuvor gesehen. Hast du es denn nicht gesehen?«

Purtas stockte und verzog sein Gesicht: »…etwa wie eine Eule?«, meinte er vorsichtig.

»Eine Eule?«, wiederholte ich willkürlich.

Diese Bezeichnung traf genau zu.

»Ja, du hast recht. Jetzt, wo du es sagst. Sie sah tatsächlich aus wie eine riesige Eule. Dann hast du es also doch gesehen?«

»Nein, habe ich nicht. Ich habe nur gesehen, wie Anaqam dich hin und wieder anstarrte.«

Was er mir da sagte, war unbegreiflich. Falls er es nicht gesehen hatte, so dachte ich, hatte ich es mir vielleicht eingebildet oder halluziniert. Ich wusste es nicht, aber nun war ich selbst irritiert.

»Wenn du es nicht gesehen hast, woher weißt du dann, dass sie wie eine Eule aussah?«, hakte ich nach.

»Offengestanden sah ich sie nicht einmal aufstehen, so wie du es erzählst. Sie saß die ganze Zeit stumm dir gegenüber, während du dich allein unterhalten und sie beleidigt hast.«

»Was habe ich?« rief ich

»Ja, wirklich. Du hast sie angemault und beschimpft. Dann ranntest du davon, ohne dich zu entschuldigen oder gar zu verabschieden.«

Ich war noch verwirrter, als ich es bereits gewesen war und hatte keine Erklärung für diese Unstimmigkeit. Vielleicht stand ich unter dem Einfluss irgendwelcher halluzinogenen Mittel und war aus diesem Grund einer optischen Täuschung ausgesetzt oder die vorangegangenen Visionen hatten eine Rolle gespielt.

Ich wusste es nicht und hatte keine rationale Erklärung. Erneut fragte ich ihn, woher er wusste, dass sie wie eine Eule ausgesehen hatte, aber er mied es, darauf zu antworten und meinte, dass er in dieser nächtlichen Zeit nicht darüber sprechen wolle. Ich drängte ihn noch einige Male, aber er blieb bei seiner Meinung.

Je mehr ich darüber nachdachte, umso sicherer war ich mir, dass das, was ich zu sehen glaubte, real war. Ich fühlte inzwischen eine seltsame Mischung aus Furcht, Neugierde und Reue. Sie hatte mir zwar zutiefst Angst eingeflößt, nichtsdestotrotz zog mich etwas Unerklärliches an ihr an. Vielleicht war es ein Fehler, eine abrupte Lösung für all meine Probleme zu erwarten, die im Endeffekt nur Bagatellen in Bezug auf das waren, was ich von ihr erfahren konnte. Langsam wurde mir klar, dass ich eine recht sonder-bare Begegnung erlebt hatte, die zu meinem Bedauern eine unerwünschte Wendung genommen hatte.

Als wir schließlich tief in der Nacht zu Hause ankamen, legte ich mich sofort schlafen. Ich war müde und erschöpft, konnte aber nur schlecht schlafen. Die ganze Nacht über durchdrang ein merkwürdiger Ruf einer Eule meinen Schlaf, so als ob sie mich verfolgen würde.

Am nächsten Morgen kam ich aus meinem Zimmer und ging die Treppen hinunter. Es war bereits Vormittag. Purtas und seine Frau Katun saßen in der Küche und frühstückten. Katun war eine zierliche Frau mit sanften Gesichtszügen und fröhlichem Gesicht. Ihre Erscheinung war ebenso angenehm und friedlich wie die meines Onkels. Beide lächelten mir zu. Ich begrüßte sie.

»Na, hast du gut geschlafen?«, fragte Purtas mit einem ruhigen Lächeln.

»Wie war es gestern?«, wollte Katun wissen. »Konnte Anaqam dir helfen?«

»Es lief nicht so, wie ich es erwartet habe«, sagte ich. »Ich glaube, ich habe mich wie ein Idiot benommen.«

»Er hat Anaqam beleidigt, dann hat er sich fast in die Hosen gemacht«, unterbrach Purtas und beide begannen zu lachen. »Schau nur die struppigen Haare und das geschwollene Gesicht«, setzte er nach.

Katun nahm wieder das Wort: »Was hast du in der Nacht gemacht? Ist etwa der Geist der Schamanin durch dich durchgegangen?«

Beide lachten ausgelassen. Ich fühlte mich befangen und sagte nichts. Nachdem sie sich einigermaßen beruhigt hatten, forderte Purtas mich auf, ihm gegenüber Platz zu nehmen.

»Erzähl, wie geht's dir?«, fragte er und meinte, ich sei in einer abwesenden und zerstreuten Stimmung und ob alles in Ordnung wäre. Tatsächlich war ich in das gestrige

Ereignis vertieft und erlebte eine merkwürdige Nachwirkung. Ich sagte ihm, dass ich jedes Mal, wenn ich in der Nacht wach geworden war, entweder das Gurren einer Eule vernommen oder die glasigen Augen der Schamanin vor mir gesehen hatte. Ich gab zu, dass kein Mensch mich jemals so beeindruckt hatte. Ihre Blicke hatten mich derart berührt, dass ich mich regelrecht von ihr angezogen fühlte. Mir kam es so vor, als stünde ich irgendwie unter ihrem Bann, deshalb fühlte ich mich merkwürdig. Ich wollte mit Purtas weiter darüber sprechen, aber ich ließ es dabei.

Tage später kam Purtas erneut auf das Thema zu sprechen. Wir befanden uns gerade auf der Rückseite des Hauses, wo sich eine große, geneigte Wiese befand und betrachteten gemeinsam das Umland, welches von einer imposanten Bergkulisse geprägt war. Das Wetter war windig und kalt. Wir gingen ein wenig umher. Purtas zeigte auf die weißen Bergspitzen und erzählte gerade, wie durch den nahenden Frühling das Eis schmelze und die Landschaft sich dann in einen Blumenfeld verwandle, als er überraschend das Thema wechselte.

»Was ist eigentlich mit deinen Kopf- und Nackenschmerzen?«, wollte er wissen.

»Sie sind weg. Ich spüre sie nicht mehr«, entgegnete ich und das entsprach der Wahrheit. Seitdem die Schamanin an meinem Kopf und Hals herumzogen hatte, spürte ich tatsächlich keinerlei Schmerzen mehr. Nach einer Weile bat er mich, ihm zu erzählen, was ich in jener Nacht genau gesehen hatte.

»Ich weiß nicht mehr recht, ich kann mich nur noch daran erinnern, dass es unheimlich war«, sagte ich.

»Sie sprang auf und verwandelte sich auf einmal. Es ging alles sehr schnell. Ich habe keine Worte dafür, Onkel. Ich meine, sowas habe ich nie zuvor gesehen.«

Er runzelte die Stirn und seine Gesichtszüge drückten dabei die Verwirrung aus, in der er sich befand.

»Nun, ich habe es nicht gesehen«, entgegnete er nachdenklich, »aber ich glaube, ich weiß, wovon du sprichst. Ich sagte dir bereits, sie ist keine gewöhnliche Schamanin. Sie beherrscht die Fähigkeit des Qabulgan.«

»Was um Himmelswillen ist ein Qabulgan?!«

»Ein Qabulgan ist ein Formwandler.«

»Wie bitte?«, warf ich ungläubig ein. »Was genau meinst du damit?«

»Sie besitzen die Fähigkeit, ihre menschliche Form zu ändern.«

»Das meinst du jetzt nicht ernst«, rief ich laut.

»Ich weiß, das kling verrückt. Als ich das erste Mal davon hörte, glaubte ich es selbst nicht. Es ist eine besondere Fähigkeit, die es Schamanen ermöglicht, verschiedene Gestalten anzunehmen. Die Leute sprachen davon, dass Anaqam oft als Eule gesehen wurde. Ich hatte es selbst nicht für möglich gehalten, aber anscheinend stimmt das Gerücht.«

Er beschrieb das Aussehen sowie Merkmale der Gestalt. Es entsprach genau dem, was ich gesehen hatte, einer großen, schwarzen und schattenhaften Eule.

»Was mir zu denken gibt, ist, dass sie sich dir auf diese Weise gezeigt hat.«

Ich fragte ihn, was der Grund hierfür sein könne.

»Hm, ehrlich gesagt weiß ich es nicht«, antwortete er nachdenklich. »Du warst arrogant und eitel, vielleicht wollte sie dir eine Lektion erteilen. Ich kann es dir leider nicht wirklich sagen, sie wird ihre Gründe haben.«

»Warum sagst du, ich sei eitel, Onkel? Ich war nur aufrichtig zu ihr.«

»Mit Aufrichtigkeit hat das nichts zu tun. Sie hätte es ohnehin erkannt, wenn du dich verstellt hättest. Du warst überheblich und herablassend. So ein Verhalten ist unverschämt. So verhält man sich einfach nicht.«

Er hatte völlig Recht mit dem, was er sagte. Ich konnte manchmal wirklich ein Dickkopf sein, aber Selbsterkenntnis war noch nie meine Stärke.

Wir wandten uns von der Bergkulisse ab und schritten ziellos durch den langgezogenen Garten, der von kleineren Bäumen und Büschen umzäunt war. Der Garten sah wegen der langen Wintermonate ungepflegt aus.

»Wenn ich so überlege, dann könnte es sein, dass sie dich vielleicht auserwählt hat«, sprach Purtas weiter. »Ich glaube, warum auch immer, aber sie ist sehr von dir angetan.«

»Wofür auserwählt, Onkel?«

»Um ein Schüler von ihr zu werden.«

»Das ist doch absurd«, widersprach ich. »Du fängst ja jetzt auch schon mit dem Quatsch an.«

»Ich weiß nur eins: ein Qam wie sie – jemand, der geheimes Wissen besitzt, muss irgendwann diese Geheimnisse weiter-geben. So will es die Tradition. Deshalb ist es gar nicht so abwegig, wie es dir vielleicht scheint. Ich muss zugeben, es wäre zwar sehr eigenartig, einen Fremden ohne jegliches Wissen zu erwählen, aber ich glaube, dass sie dich wirklich als Nachfolger in Betracht zieht.«

Ich starrte ihn skeptisch an.

»Du brauchst mich nicht so anzuschauen. Vielleicht solltest du wissen, dass man ein Qam nicht in erster Linie aus Überzeugung oder persönlichem Wahl wird. Man wird eher ein Qam, weil man dazu berufen ist. Es heißt, solch ein Aufruf gilt oft schwachen und verletzten Menschen. Menschen, die einen Hang zur Einsamkeit haben. Das trifft doch auf dich zu. Du bist ein nachdenklicher Mensch, du suchst nach dem tiefen Sinn des Lebens, etwas, das am schwierigsten zu entdecken ist. Deine Träume, sie sind lebhaft und du erinnerst dich sogar nach dem Aufwachen an sie. Siehe nur, wie leicht du in Trance gefallen bist. Wer kann das alles schon von sich behaupten. Für die Geister sind das besondere Eigenschaften. Überlege doch mal, sie wollte dir sogar von ihrer Lebenskraft geben. Ich habe noch nie gehört, dass sie jemandem so etwas angeboten hat. Ich bin überzeugt, sie hätte dich Dinge lehren können, die ein normaler Mensch unmöglich lernen oder verstehen kann.«

In seiner Stimme lag ein eigenartiger Vorwurf und ich wusste nicht, was ich darauf sagen sollte, trotzdem schien mir diese Vermutung abwegig. Abgesehen davon gab es bei dieser Vorstellung noch die Meinung meiner eigenen Person und gewiss hatte ich nicht vor, länger als nötig hier zu bleiben. Was aber meine Vorurteile und Respektlosigkeit anging, so hatte mein Onkel recht. In der Tat war ich der Schamanin gegenüber herablassend und hatte keine Achtung vor dem gezeigt, was sie machte und hielt all das für billige Zauberei. Ich erinnerte mich an die Worte, die ich der Schamanin vorgeworfen hatte. Und nicht nur das, ich hatte sie, angetrieben von meiner überheblichen Art, buchstäblich beleidigt und mich ihr gegenüber respektlos verhalten, obwohl ich genau wusste, dass sie bei den

Menschen außerordentlich großes Ansehen genoss - ein Ansehen, das jenseits all dessen lag, was ich jemals erreichen konnte. Nun stand ich da wie ein Idiot, wie ein selbstgefälliger Angeber, der jeden nach seinem Belieben behandelte und alles für selbstverständlich hielt. Menschen, die ich in der Regel selbst verachtete. Ich gestand Purtas meine Reue und meinen Fehler ein und sagte, dass ich mich für mein Verhalten schämte, weil ich mich dermaßen unfreundlich und schlecht benommen hatte. Ich bat ihn, mir zu verzeihen und entschuldigte mich für mein Verhalten.

»Entschuldige dich nicht bei mir«, erwiderte er. »Du hättest dich bei Anaqam entschuldigen sollen, aber ich denke, diese Chance hast du leider vertan. Ich habe dich gewarnt. Dann hätte sie dich eventuell ein weiteres Mal empfangen.«

Ich fragte Purtas, ob es denn keine Möglichkeit gebe, die Schamanin erneut aufzusuchen.

»Im Moment bleibt dir nichts anderes übrig als zu warten. Aber unter diesen Umständen bezweifle ich, dass das geschehen wird. Und falls du versuchen würdest, ihr Dorf selbst aufzusuchen, vermute ich, du würdest es nicht wiederfinden und wenn doch, dann könnte es sein, dass du sie nicht antreffen wirst.«

Die Tatsache, dass ich meine Chance vertan hatte, betrübte mich mehr als ich zugeben wollte, was dazu führte, dass ich das Interesse an dem Thema verlor.

Die nächsten Tage vergingen wie im Flug. Meine Neigung zur Melancholie trat auch hier in Erscheinung. Aber diesmal hatte ich wirklich keinen Grund, mich zu beklagen. Purtas und Katun bemühten sich sehr um mich und erkundigten sich regelmäßig nach meinem Wohlergehen, insbesondere Purtas, den ich in dieser Zeit wie einen echten Vater gern gewonnen hatte. Nach drei Wochen Aufenthalt war die Zeit meiner Rückkehr gekommen. Ich wollte gerade meine Koffer packen, kam Katun auf mich zu.

»Du weißt, dein Onkel mag dich sehr«, meinte sie offenherzig.

»Wie kommst du jetzt darauf?«, wollte ich, überrascht von ihrer Offenheit, wissen.

»Naja, er hat dich auf jeden Fall ins Herz geschlossen. Du erinnerst ihn wohl sehr an deinen Vater.«

Ich verspürte große Freundlichkeit seitens Purtas mir gegenüber. Er war ein herzensguter Mensch und seine Versuche, mir es so recht wie möglich zu machen, glichen in der Tat einem väterlichen Bemühen. Aber ich hielt es für seine natürliche Art, denn all die Tage hatte ich nicht einmal erlebt, dass er irgendjemandem gegenüber unfreundlich war. Ich sagte ihr, dass auch ich beide sehr gern hatte und mich in ihrer Gegenwart wohl fühlte.

»Wie du weißt, sind die meisten jungen Leute von hier aus-gewandert. Auch unsere Kinder kommen nicht gerne hierher. Es gibt also niemanden, der uns bei den Arbeiten hier helfen könnte. Du könntest doch etwas länger bei uns bleiben und deinem Onkel helfen.«

Ihr Vorschlag kam recht überraschend.

»Ich habe mit deinem Onkel bereits darüber gesprochen«, sprach sie weiter, noch bevor sie auf eine Antwort meinerseits wartete. »Es würde uns sehr freuen und wenn der Frühling kommt, könntest du ihm sogar eine gute Hilfe sein. Was meinst du?«

Ich wusste nicht, was ich sagen sollte, aber eigentlich hatte sie Recht. Ich gab zu, dass es mir hier gefiel und ich den Erwartungsdruck, den ich zu Hause hatte, hier nicht empfand. Katun rief Purtas herbei und beide ermutigten mich zu bleiben. Angesichts meiner prekären Lage schien mir dies auch am sinnvollsten. Zu groß waren meine Sorgen, durch den gewohnten Alltag zu Hause rückfällig zu werden. Aber ich konnte mich nicht wirklich dazu entschließen zu bleiben. Aufgrund meiner Unentschlossenheit fragte Purtas mich, was ich zu Hause vorhatte. Ich antwortete ihm, dass ich nichts Besonderes zu tun hatte oder plane, aber erwähnte auch die Zweifel, die aufkamen.

»Wie wäre es, wenn du dein Leben einmal anders angehst, als du es bis jetzt getan hast«, sprach Purtas mit ruhiger Stimme weiter auf mich ein. »Wenn du nichts Neues versuchst, wirst du nie erfahren, was das Neue mit sich bringt. Was ich sagen will, du kannst nicht erwarten, dass sich etwas verändert, wenn du immer dasselbe versuchst. Ändere dein Vorhaben, ändere deine Haltung, ändere sie um eine ganze Wendung, zum Beispiel, indem du hierbleibst. Ich bin mir sicher, die Umgebung zu wechseln würde dir guttun. Es hilft immer, wenn du den Ort, wo du dich unglücklich fühlst, für eine bestimmte Zeit verlässt. Vielleicht werden deine Probleme dadurch nicht verschwinden, aber du könntest neue Kraft schöpfen und auf neue Gedanken kommen. Bei dir ist das Leben voller Lärm und Stress. Hier hingegen hast du deine Ruhe, du bist umgeben von der Natur und vor allem lebt es sich hier ruhiger. Was sagst du?«

Ich dachte über seine Worte nach und spielte in Gedanken die Möglichkeit durch. Ich dachte an zu Hause und den Alltag, der mich erwartete. Ich dachte daran, was ich alles zu tun hatte und versuchte, mich an irgendetwas zu erinnern, was mir zu Hause Freude bereitete, aber da gab es nichts, worauf ich nicht verzichten konnte. Dann dachte ich an die Schamanin. Es beklemmte mich, sie nicht erneut sehen zu können. Ich musste sie wiedersehen, wenn ich herausfinden wollte, was sie mich lehren konnte.

Ich fragte, ob mein Aufenthalt keine Belastung sei und ihn bei seinen Tätigkeiten nicht stören würde. Er lächelte offenherzig und meinte, ich wäre ihm keine Last und seinen Tätigkeiten könne er problemlos nachgehen. Ich wusste nicht, was mich hier erwartete, aber es war offensichtlich, dass einer der Gründe meines Entschlusses zu bleiben die Hoffnung auf ein Wiedersehen mit der Schamanin war.

In der folgenden Zeit versuchte ich, mich an meinen Aufenthalt zu gewöhnen und um mich nützlich zu machen, half ich Purtas und Katun bei den alltäglichen Arbeiten. Manchmal fuhr ich in die nahegelegene Kleinstadt, um Besorgungen zu erledigen oder half bei anfallenden Arbeiten. Andere Male machte ich kurze Wanderungen durch die Bergregionen oder kundschaftete mit dem Auto die entlegene Steppe aus. Es war eine langgezogene karge Landschaft mit baumlosen Hügeln, die sich ziemlich weit in die Ferne erstreckte. Ich erspähte oft herrenlose Pferde, die an einer Wasserlache oder auf einer Wiese grasten. Auch der Ort, wo mein Onkel lebte, war kein besonders lebendiger Ort. Es war eine kleine, verschlafene Provinzstadt am Gebirgsfuß und besaß nur eine heruntergekommene Raststätte mit einer Kantine. Sie wurde von einem einheimischen Ehepaar bewirtschaftet und stand meistens leer. Manchmal setzte ich mich an einen Tisch am Fenster und spähte auf das Panorama der sich endlos erstreckenden Berge. Mir gelang es, gut mit dem Alltag fertig zu werden. Was mir allerdings nicht gelang, war, Freundschaften zu schließen. Die meisten waren ältere Menschen, deren starken Dialekt ich nur äußerst schwer verstand. Altersgenossen gab es so gut wie keine. Einige Male ließ ich mich in Selbstmitleid ergehen, aber irgendwie schaffte ich es immer wieder, mich zu fassen. Manchmal dachte ich an die Schamanin, doch gelang es mir nicht, Purtas zu überreden, sie erneut aufzusuchen. Auf diese Weise vergingen die Tage. Es dauerte jedoch nicht lange und getrieben von der Einsamkeit, die ich empfand, überkam mich immer mehr ein Gefühl der Melancholie. Ich versuchte es zu verdrängen, aber meine Trübsinnigkeit saß tiefer als ich vermutete hatte, so dass auch der Ortswechsel nicht wirklich etwas bewirkt hatte.

Eines vormittags, ich kam gerade von meiner morgendlichen Wanderung, saßen vier Dorfbewohner im Wohnzimmer. Unter ihnen war auch eine junge Frau, die mir völlig unbekannt war. Ihre Schönheit zog mich sofort an. Sie hatte feine Gesichtszüge und lange brünette Haare und wirkte recht freundlich. Für einen Moment musterte sie mich mit ihren dunklen, sanften Augen, auf eine Art, die mich verlegen machte. Ohne großen Akt begrüßte ich die Gäste und setzte mich nahe Purtas auf einen freien Platz. Alle wirkten sehr heiter und schauten mich neugierig an, während ich ihren Blicken auszuweichen versuchte. Aufmerksamkeit wie diese war mir schon immer recht unangenehm. Die Dorfbewohner redeten ganz ungezwungen und hatten einen geringen Dialekt, so dass sie verständlich artikulierten. Das Thema ihrer Unterhaltung war der Frühling und die damit verbundenen arbeitsintensiven, landwirtschaftlichen Herausforderungen. Ein stämmiger, kleiner Mann beklagte sich über die unzureichende staatliche Förderung. Ein anderer Mann mit Brille und Dreitagebart sprach wiederum darüber, dass seine Schafherden geschoren werden müsse, seine beiden Söhne allerdings noch nicht zurückgekehrt seien. Ihre Unterhaltung wurde von Zeit zu Zeit sehr lebhaft und so diskutierten sie verschiedene Herangehensweisen an ihre Probleme. Als ich in diesem Moment einen Blick auf die junge Frau riskierte, spürte ich, wie unsere Blicke sich trafen und sie dabei lächelte. Ihre Augen funkelten und um ihre fein gezeichneten Lippen herum bildeten sich kleine Grübchen. Ich war wirklich ergriffen von ihrer Schönheit. Ich hätte sie gerne weiter beobachtet, aber ich merkte, dass ich verlegen wurde und erröte. Nach einer kurzen Zeit entschloss ich mich, mich an den Gesprächen zu beteiligen. Ich wollte eine Frage in die Runde werfen, aber merkwürdigerweise konnte ich es nicht. Es war albern, aber in diesem Augenblick hatte ich ein unsinniges Schamgefühl entwickelt - eine Scheu, die so seltsam und unbegründet war, dass ich kein Wort mehr sagen konnte. In meinem Kopf waren unwirkliche und absurde Gedankengänge entstanden, die meinen Selbstwert derart gemindert hatten, dass ich mir nicht einmal mehr zutraute, die junge Frau anzublicken. Nach einer Weile dachte ich darüber nach, aufzustehen und in einen anderen Raum zu gehen, aber auch das schien mir nicht zu gelingen und so geschah es, dass ich vor mich hin langweilte. Etwa eine Stunde später, die mir wie eine Ewigkeit vorkam, standen die Gäste auf und verabschiedeten sich auf die gleiche freundliche Art wie bereits zuvor. Ich blickte auf, um unbemerkt die junge Frau noch einmal anzusehen und erblickte so ihre volle Erscheinung. Sie war schlank, ohne mager zu wirken und ihre Bewegungen waren elegant, wie die einer wohlerzogenen Dame. Nie zuvor in meinem Leben hatte ich solch eine schöne Frau gesehen, doch sie selbst beachtete mich nicht weiter. Ich musste ihr wohl wie ein Idiot erschienen sein, dachte ich und ärgerte mich über mich selbst. Als schließlich alle Gäste aus dem Haus waren, goss Purtas mir in aller Ruhe eine Tasse Tee ein und beobachtete mich mit einem stumpfen Blick. Er war ungewöhnlich still und hatte im Gesicht eine gespannte Miene. Anscheinend musste auch auf ihn mein Verhalten beschämend gewirkt haben.

»Magst du sie?«, fragte er beiläufig.

Ich war verwirrt und zugleich verlegen. Ich hatte solch eine Frage nicht erwartet und konnte ihm keine richtige Antwort geben. Er sagte weiter, dass es die Tochter des Bauern mit der Brille sei und dass sie als Lehrerin in seiner ehemaligen Schule arbeite.

»Ich sagte ihrem Vater, dass mein Neffe da sei und er doch bitte seine Tochter mitbringe. Ich hatte gehofft, ihr freundet euch an, damit du dich nicht mehr so allein fühlst und dich zu Tode langweilst.«

»Ach, lass doch den Jungen in Ruhe«, warf Katun ein. »Er wird seine Gründe haben.«

»Nein Frau, das muss mal gesagt werden.«

Purtas machte eine kurze Pause und fügte mit Mitleid ausdrückender Stimme hinzu: »Nun gut, vielleicht wirst du deine Gründe für deine Verschlossenheit haben, aber einen väterlichen Rat kann ich dir trotzdem geben: Du musst dich mal fragen, warum deine Mitmenschen dich achten sollen, wenn du es selbst nicht einmal tust… Du schadest doch mit deiner geringen Selbstachtung nur dir selbst, Junge.«

»Das ist mir egal«, murmelte ich plump.

Doch im Grunde meines Herzens wusste ich, dass es mir nicht egal war und dies ärgerte mich umso mehr. Aber ich wollte nicht weiter darüber sprechen. Purtas beließ es dann auch dabei.

Am selben Abend saß ich am Rande des hinteren Gartens auf einem Klappstuhl und beobachte ziellos die Umgebung. Es war ein frischer Abend. Die untergehende Sonne umhüllte das ganze Umland mit einem orangen Glanz, womit es die Kälte erträglich werden ließ. Ich dachte an mein Verhalten der jungen Frau gegenüber und wie gerne ich sie kennengelernt hätte, aber irgendwie schien es so, dass in letzter Zeit soziale Beziehungen zu fremden Menschen, insbesondere zu Frauen, mir schwerfielen. Ich hatte die Empfindung, dass irgendwie alles nicht so war, wie ich es mir vorgestellt hatte, was ein stärkeres Gefühl von Unzu-friedenheit in mir verursachte. Vielleicht lag es an dem Ort oder an meiner Stimmung, jedenfalls wusste ich nicht, was ich hier wirklich tun sollte und begann, an meiner Entschei-dung zu bleiben zu zweifeln. Eigentlich hatte ich mir vorgenommen, mich zu kontrollieren, doch die Wahrheit war, ich hatte wirklich keine Ahnung, was ich hier machen sollte. Es passierte auch nichts, was mir Hoffnung machte und dies war es, was mir psychische

Schwierigkeiten bereitete. Zunächst wollte ich mit Purtas darüber sprechen, aber ich entschied mich, es doch nicht zu tun. Ich wollte ihm damit nicht noch mehr zur Last fallen als ich es ohnehin bereits tat.

»Du bist so vertieft in Gedanken«, erklang eine Stimme. Ich blickte zur Seite. Es war mein Onkel. Ich hatte nicht bemerkt, dass er neben mir stand. Unbeabsichtigt schmollte ich und senkte meine Augen, um seine Blicke zu meiden. Er sagte, er wolle sich neben mich setzen und mir Gesellschaft leisten.

»Ist alles in Ordnung mit dir?«, fragte er.

Ich nickte. Aber er schien zu wissen, wie ich mich fühlte.

»Du bedauerst doch nicht etwa, dass du hiergeblieben bist, oder?«

»Nein, natürlich nicht«, sagte ich. Ich wusste auch nicht, was ich sonst hätte sagen können. Er bedrängte mich und wollte den Grund meiner Trübseligkeit wissen. Ich wusste nicht, wie ich es ihm sagen sollte, da ich ja selbst nicht einmal wusste, was mich wirklich plagte. Schließlich murmelte ich ihm etwas vor. Ich sagte, es verbittere mich, das Leben nicht auf die Art und Weise leben zu können, wie ich es wollte, während die Möglichkeit dazu eigentlich gegeben war. Er starrte mich verwirrt an. Vergeblich versuchte ich, erneut meine Gedanken zu erklären, aber er verstand nicht, worauf ich hinauswollte. Vielleicht bewegte ich mich mit meinen Erklärungen auch im Kreis, aber die Tatsache, dass ich meine Gefühle nicht erklären konnte, wie ich es gern getan hätte, beschäftigte mich nicht weiter. Ich sagte ihm jedoch etwas anderes; und zwar, wie hilflos ich mir im Grunde vorkam und wie sehr mich das ärgerte.

»Mach dir keine Vorwürfe«, sagte er. »Es ist ja nicht so, dass der Rest von uns frei von Schwierigkeiten ist. Nimm mich zum Beispiel, auch ich fühle mich von Zeit zu Zeit hilflos und an sich ist das kein Problem, aber was du machst, ist etwas anderes. Du verfällst in Grübelei und lässt dich gehen. Das solltest du nicht zulassen.«

»Und was soll ich dagegen tun, Onkel?«

»Mach etwas stattdessen. Handle, packe das Leben an. Glaube mir, ich weiß, wovon ich rede. Ich hatte ähnliche Probleme im Leben wie du. Ich habe erlebt, wie zwei meiner Geschwister im Kindesalter verstarben. In meiner Kindheit wohnten wir mit der ganzen Familie in einer Baracke, sieben Menschen in einer einzigen Baracke und siehe da, heute führe ich das Leben, von dem ich früher nur geträumt habe. Ich habe eine wunderbare Frau, die ich über alles liebe. Ich gehe einer Arbeit nach, die mein Herz erfüllt. Ich bin gesund. Ich lebe mitten in der Natur. Ich habe Freunde fürs Leben. Was will ich mehr? Nun, zugegeben, meine Kinder könnten mich öfter besuchen, aber manchmal muss man im Leben Kompromisse eingehen.«

Er lachte kurz, aber seine Ansprache war sehr innig. Er sagte weiter, dass es wichtiger sei, mich von meiner Stimmung nicht herunterziehen zulassen.

»Du weißt nie, was morgen alles passieren kann. Vieles hängt hiervon ab«, sagte er und deutete mit dem Zeigefinger auf seinen Schädel.

»Anaqam hätte dir die Bedeutung des Denkens besser erklären können. Sie ist ständig Einflüsterungen ausgesetzt. Von ihr habe ich viel über das Leben gelernt, auch über unsere Denkgewohnheiten. Und habe dies auf mein eigenes Leben angewandt.«

Unweigerlich führten meine Gedanken mich zur Schamanin.

»Willst du sie erneut aufsuchen?«, fragte er, als hätte er geahnt, was ich dachte. Da er es ablehnte, mir in dieser Sache zu helfen, hatte ich zwischenzeitlich ein paar Mal vergeblich versucht, sie aufzusuchen.

»Ich weiß es nicht«, sagte ich. »Vielleicht, vielleicht auch nicht. Im Moment weiß ich es nicht.«

Er nickte.

»Mach dein Glück nicht von mir abhängig«, meinte er. »Wenn du der Meinung bist, sie finden zu können, dann suche sie. Vielleicht wird es dir gelingen.«

Er stand auf und ging zurück ins Haus. Ich lehnte mich zurück, reckte meine Arme hinter den Kopf und blickte nachdenklich zum Himmel. Ich dachte daran, welche Richtung ich bei der Suche nach der Schamanin noch nicht eingeschlagen hatte. Mein Problem bestand darin, dass ich mich, sobald ich die höheren Wälder betrat, nicht mehr orientieren konnte. Nichtsdestotrotz traf ich den Entschluss, es ein weiteres Mal zu probieren.

Kapitel 5 - Anaqam

Am darauffolgenden Tag unternahm ich eine Wanderung. Die Beklemmung des Vortags lastete weiter auf mir, was ich auf diese Weise vertreiben wollte. Ich hoffte, die Wanderung würde mir wohltun und mich entspannen. Es war ein bewölkter Tag. Ich steuerte die östlichen Berge an und ging diesmal in eine mir unbekannte Gegend. Ich konnte nicht genau sagen, was mich dazu trieb, es war irgendwie ein innerer Impuls, welchen ich nicht näher beschreiben kann. Jenseits des Gebirgspasses erstreckte sich ein dichter Wald. Ich durchquerte diesen und wanderte den ganzen Tag ziellos umher. Bis auf das Rauschen des Windes und das gelegent-liche Zwitschern der Vögel herrschte angenehme Stille, was jedoch mit der voranschreitenden Zeit ein Gefühl trauriger Einsamkeit in mir auslöste. Ich erinnerte mich an ein Gedicht aus meiner Jugend, welches ich in Momenten wie diesen aufsagte. In Gedanken rezitierte ich die Verse, die in diesem Augenblick meinen Zustand widerspiegelten. Es waren Verse, in denen tiefe Traurigkeit lag und die mich forttrugen. Und je häufiger ich sie wiederholte, desto stärker empfand ich in meiner Melancholie tiefe Verzweiflung. Es dauerte nicht lange, bis mich das Gefühl völlig ergriff. Ich hatte mich überschätzt. Ich dachte, ich wäre inzwischen stark genug gegen diese Art von Empfindungen, aber so ganz alleine, hier, an diesem abgelegenen Ort, war es mehr als ich ertragen konnte. Ich schien im Banne des unbeschreiblichen Einsam-keitsgefühls und zum ersten Mal seit Monaten fühlte ich erneut einen seelischen Schmerz. Ich ging weiter und erreichte in meiner vollen Sentimentalität den Waldrand. Ein Felsbrocken ragte in unmittelbarer Nähe heraus. Ich kletterte den Felsen hinauf und ging auf die gegenseitige Kante, die höher war als jene Seite, die ich hinaufkletterte. Von dieser Seite aus konnte ich auf den Bergwald mit den langgewachsenen Bäumen hinunterblicken. Ich setzte mich hin, um mich auszuruhen. Beklommen betrachtete ich eine Zeitlang die weite Baumlandschaft, die in gewellter Neigung hinunterführte. Einigen Sonnenstrahlen war es gelungen, die Wolken zu durchschneiden, die nun einen besonderen Glanz in die durchnässte Landschaft warfen. Ich erspähte drei Steinböcke, wie sie versuchten, einen Bergkamm zu erklim-men. Nach einer Weile des ziellosen Umherschauens stach mir ein abgestorbener Baum ins Auge, welcher unweit von mir aus dem Felsen ragte. Ich betrachtete ihn eine Weile. An sich hatte er nichts Besonderes, doch irgendetwas wühlte mein Inneres auf. Es war eine lakonische Trauer, deren Grund ich nicht erklären konnte. Vielleicht war es die abgestorbene und einsame Lage des Baums, dachte ich, die geradezu eine Analogie zu meinem Leben darstellte. Ich dachte daran, welche Lebenspläne ich einmal gehabt hatte, als ich noch voller Lebensfreude war, und was aus mir nun wurde. Während ich weiter über meine Vergangenheit nachsann, trat eine unglaubliche Beklemmung in meinem Inneren hervor. Woher kam nur das schleichende, grausige Gefühl, dachte ich. Es war fast so, als brenne ein Schmerz in mir. Ich versuchte mich zu fassen, aber es wurde immer stärker. Schließlich überkamen mich Tränen der Verzweiflung und wie eine Kettenreaktion stiegen mir unzählige Gedanken zu Kopf, die weitere Gedanken von gleicher bedrückender Art nährten. Mein Empfinden verschlimmerte sich immer weiter und allmählich schien mein Kopf durch die in mir auftauchenden Gedanken zu platzen. Egal, wie sehr ich mich bemühte, meine Fassung wiederzuerlangen, es gelang mir nicht. Als sei das nicht genug, schlich sich heimlich ein Hauch Begierde hinzu, welche sich nach dem Tod sehnte. Sie war wieder da, die immerwährende Todessehnsucht, die mir auf Schritt und Tritt folgte, mal offenkundig, dann schleichend. In diesem Moment kam mir eine beängstigende Idee. Ich stand auf und bewegte mich an den Rand des Felsbrockens. Der Anblick war angstein-flößend. Ich schätzte die Höhe des Abgrunds auf circa zwanzig Meter. Meine Gedanken drängten mich, in die Schlucht hinabzuspringen und dem elenden Gefühl endgültig ein Ende zu setzen. Niemand würde es an diesem Ort mitbekommen. Irgendwie war ich nicht mehr wirklich ich selbst, sondern ein anderer. Jemand, der mich dazu bewegen wollte, mein Leben zu beenden. Vor meinem inneren Auge tauchten Bilder auf, wie durch den Sturz mein Genick brechen und man meinen verstümmelten Körper finden würde. Es war eine unheimliche Vorstellung, die mir Verkrampfungen in der Magengrube verursachte. Mein Herz begann, schneller zu schlagen. Meine Hände schwitzten. Ich spürte, wie das Gefühl sich in meiner Brust zusammenballte; so, als würde eine Kralle mein Herz ergreifen und zusam-mendrücken. Es war eine ungemeine Seelenqual, die mich plagte. Ich glaubte, dieser Augenblick würde der Augenblick meines Todes werden. Ich versuchte, tief durchzuatmen und zögerte... mein Körper… er wollte keinen Schritt weiter-machen oder ich selbst wollte es nicht, ich weiß es nicht mehr. In mir entfachte sich ein Kampf: einem Teil von mir war das Leben gleichgültig, er trachtete sehnsüchtig nach

Befreiung. Er sagte mir, dass es für mich keine Hoffnung gäbe und wollte es ein für alle Mal beenden. Aber da war noch ein anderer Teil in mir, der sich weigerte – ein innerer Widerstand gegen diese Ansicht und alles, was damit zusammenhing. Ich hatte die Wahl und es war fast so, als ob nur dieser Augenblick zählte: der Augenblick der Entscheidung. Alles, was in letzter Zeit passiert war, all die unscheinbaren Momente, die kleinen und großen Ereignisse, all das führte dazu, dass ich hier auf der Klippe die Möglichkeit wählte: zu leben oder zu sterben. Ich stand nun reglos da und spähte wie erstarrt hinunter, als ich auf dem Blätterdach der Bäume einen dunklen Schatten bemerkte, der sich bewegte. Plötzlich erklang in unmittelbarer Nähe ein unglaublich lauter, schriller Schrei, der mich aufschrecken ließ. Ich blickte auf und nur knapp über mir zog mit ausgestreckten Flügeln eine schwarz-weiß gefiederte Eule ihre Runden. Sie war nicht aggressiv, eher friedlich. Für mehrere Minuten schaute ich ihr im grauen Himmel zu. Sie flog einen weiten Bogen und ließ sich dann nach unten fallen, wo sie auf einem Felspfeiler landete. Während ich die Eule weiter beobachtete, fiel mir Anaqam ein, was dazu führte, dass sich die grauenhafte Stimmung in mir auflöste. Ich setzte mich wieder hin, um mich zu beruhigen und dachte dabei an sie. Die Eule beobachtete mich aus der Ferne mit ihren großen, gelben Augen, dann schlug sie mit den Flügeln und hob erneut ab. Vielleicht hatte Anaqam die Eule geschickt, dachte ich, wer konnte das schon wissen. Es dauerte ein wenig, bis ich mich völlig entspannt hatte und gleich darauf überkam mich ein starkes Gefühl, sie aufsuchen zu müssen. Ich kletterte den Felsen hinab und hatte nun ein Ziel vor Augen; ich wollte sie unbedingt wiedersehen. Ich war mir sicher, dass sie mir helfen konnte, obgleich ich keine Ahnung hatte, wie ich sie finden sollte. Ich wusste nicht einmal, wo ich mich befand, aber ich zweifelte nicht, dass es mir gelingen würde, sie zu finden. Es war eine starke Gewissheit, die mich antrieb. Ich lief einen höhergelegenen Hügel hinauf und sah mich um, um festzustellen, wo ich mich befand. Ich vermutete die Siedlung weiter im Osten, daher machte ich mich in diese Richtung auf. Ich beschritt einen langen, anstrengenden Weg, und obwohl ich glaubte, in der richtigen Gegend zu sein, konnte ich nirgends die Siedlung finden. Ich lief weiter und stieg weitere Hügel hinauf und hinab, konnte aber auf keinem das Tal ausfindig machen. Eine Zeitlang ging ich planlos in der Berggegend umher und versuchte, Markierungspunkte zu erkennen, um mich irgendwie zurechtzufinden, aber nichts in der Umgebung kam mir bekannt vor. Alsbald erkannte ich, dass ich mich verirrt hatte und auch nicht mehr wusste, wie ich wieder zurückfinden konnte. Ich wollte meine Suche gerade abbrechen, da hörte ich Geräusche aus unmittelbarer Nähe. Der Lärm schien vom Pass zu kommen. Ich ging dem Geräusch nach und sah eine kleine Gruppe von Schäfern, die mit ihren Schafen den Pass durchstreiften. Zuerst dachte ich, das seien die Nomaden aus der Siedlung Anaqams, doch als ich mich ihnen näherte, erkannte ich, dass es völlig fremde Personen waren. Sie hatten ein eher kantiges Gesicht und waren von heller Hautfarbe. Ich grüßte sie und erklärte ihnen, dass ich mich verirrt hätte und auf der Suche nach Anaqam sei. Ihr anfänglich freundliches Gesicht verging und sie sagten, dass sie niemand dergleichen kannten und mir nicht weiterhelfen konnten. Ich blieb beharrlich und sagte ihnen, dass ich schon einmal bei ihr gewesen sei und sie nun erneut besuchen wolle. Aber sie gaben mir keine hilfreiche Auskunft. Sie zeigten in die Richtung, in der ich mich erst kurz zuvor aufgehalten hatte, was mir deshalb eher wie eine erzwungene Beschreibung erschien als eine tatsächliche Auskunft. Dann zogen sie weiter. Als sie fortgingen, setzte ich mich auf einen abgeschlagenen Baumstamm, um mich auszuruhen und stellte Vermutungen an. Ich dachte daran, welche Strecke ich damals mit meinem Onkel gegangen war. Sie war so unscheinbar, dass es tatsächlich schwer war, dieselbe Strecke erneut zu finden. Eine andere Möglichkeit war, dass die Schamanin mich nicht sehen wollte und ich die Siedlung deshalb nicht finden konnte. Etwas in der Art hatte Purtas mir einmal gesagt. Vielleicht hatte ich deshalb die Siedlung in der Gegend, welche mir die Hirten gezeigt hatten, nicht sehen können. Während ich weiter darüber nachdachte, fing ein starker Wind zu wehen an. Ich blickte zum Himmel. Dichte Wolken begannen, sich zusammen-zuziehen und verdunkelten den Himmel. Sogar die Vögel zwitscherten kaum noch. Kurz darauf fing es an, in kleinen Schauern zu regnen. Ich hielt Ausschau nach einer Schutz-gelegenheit und fand im nahen Wald einige umgefallene Bäume. Ich setzte mich darunter, um im Regen auszuharren und machte es mir so gut es ging bequem. In Ruhe versuchte ich, meine Gedanken zu ordnen und stellte Überlegungen zu meinem Verhalten auf dem Felsen an. Es war so erschreckend gewesen, dass ich immer noch spürte, wie ich fast gesprun-gen wäre. Ich betrachtete meinen Todeswunsch im Vergleich zu meinen vorherigen Rückfällen und das einzige, was mir einfiel, war, dass ich jedes Mal ein wiederkehrendes Gefühl von Einsamkeit und unerklärlicher Trauer hatte. Ich lehnte meinen Rücken gegen den Baumstamm und wollte mich ein wenig ausruhen. Der ganze Tag hatte mich nicht nur körper-lich, sondern auch emotional mitgenommen. Allmählich wichen meine Gedanken einem Verlangen nach Schlaf. Ich schlief ein und erwachte erst durch das heitere Gezwitscher der Vögel um mich herum. Der Regen hatte nachgelassen und die Gegend in einen saftig grünen Glanz eingehüllt, dessen Duft von feuchter Erde mich umfing. Einige Sonnenstrahlen durchschnitten das dichte Blätterdach und erhellten die Gegend. Ich schaute auf meine Uhr. Ich musste ungefähr eine halbe Stunde geschlafen haben. Ich stand auf, reckte meine Arme und strampelte ein paar Mal mit meinen Beinen, um meine Muskeln zu lockern. Um meinen trockenen Hals zu befeuchten, trank ich Wasser aus meiner Trinkflasche und brauchte dabei alles auf. Trotzdem blieb ich gelassen. Ich besaß eine tief friedliche Empfindung, so dass mich in diesem Augenblick nichts aus der Ruhe bringen konnte. Ich war sogar zuversichtlich, die Schamanin diesmal zu finden, obwohl ich nach wie vor nicht wusste wie. Im nächsten Moment raschelten die Blätter und meine Aufmerksamkeit wurde von einer kleinen Fliege angezogen. Sie flog in Kreisen nahe meinem Kopf. Zuerst wollte ich sie verscheuchen, doch dann wurde ich von der Eingebung ergriffen, der Fliege zu folgen. Ich machte einen Schritt auf sie zu, bis zur rotierenden Stelle und sie flog einige Schritte weiter. Ich ließ mich von meinem Instinkt leiten und setzte ihr erneut nach. Die Fliege flog einige Schritte ins Waldesinnere und drehte erneut ihre Runden. Ich weiß nicht warum, aber ich verfolgte weiterhin ihren matten Flug. Ich kam mir lächerlich dabei vor, doch es war, als führe die Fliege mich tatsächlich. Alle paar Schritte folgend, durchquerte ich das Waldesinnere, bis an eine Lichtung. Irgendwie kam mir die Lichtung vertraut vor. Ich sah mich um, um mich zu orientieren und glaubte, schon einmal hier gewesen zu sein. Die kleine Fliege war auf einmal verschwunden. Aber direkt vor mir erkannte ich einen unscheinbaren Pfad. Er schien dem Trampelpfad ähnlich, den ich mit Purtas benutzt hatte. Ich folgte dem Pfad und erspähte in der Ferne die Bergspitzen, die ich ebenfalls wiederzuerkennen glaubte. Schließlich erkannte ich auch die angrenzenden Hügel. Tatsächlich war ich nicht allzu weit von der Siedlung entfernt und wusste nun, wo ich mich befand. Der Pfad, auf dem ich ging, führte mich auf geradem Weg zur Nomadensiedlung.

Es war tiefer Mittag, als ich den Hügel erreichte, von dem aus ich die Siedlung sehen konnte. Die Wolken hatten sich verzogen. Ich konnte die umliegende Landschaft gut erkennen. Sie hatte vom Mittagsregen einen schimmernden Glanz angenommen. Ich blieb für einige Momente auf dem Hügel stehen und blickte über die sich kilometerlang erstreckende Weite. Mir war die ganze Zeit über nicht klar, wie ich diesen Ort finden sollte, dennoch hatte sich im Verlauf des Tages alles irgendwie gefügt, so dass ich nun tatsächlich hier war. Der Gedanke, Anaqam, die große Schamanin, gleich anzutreffen, rief in mir ein Gefühl tiefer Aufregung hervor. Aber es war nicht nur Aufregung, welche ich verspürte, sondern auch Nervosität. Immerhin verlief unsere letzte Begegnung nicht zum Besten und ich wusste nicht, wie sie mich empfangen würde. Ich begann, den Hügel hinab zu gehen und während ich mich der

Siedlung näherte, erspähte ich sie unweit ihrer abgelegenen Jurte. Ich erkannte sie an ihrem Gesicht und daran, wie sie ihre Pfeife an den Mund führte. Sie war allein. Schon das Erblicken ihrer Person führte dazu, dass mich die gleiche Gefühlsmischung, die ich beim ersten Mal gespürt hatte, erneut erfasste; das Gefühl von Aufregung und Besorgnis, aber auch von Freude. Eigenartig war nur, dass ich sie eigentlich gar nicht kannte und mich trotzdem freute, als sei sie eine alte Bekannte. Sie trug diesmal andere Kleider. Eine Art gefütterten lilanen Overall. Ihre Haare lagen unter einer bunten Kopfbedeckung gescheitelt auf ihren Schultern. Abgesehen von ihrer schrillen Kleidung sah sie wie eine gewöhnliche Nomadin aus, was ihre Ausstrahlung jedoch nicht minderte. Als ich mich ihr schließlich näherte, erblickte sie mich. Sie wirkte nicht überrascht, mich zu sehen, so als hätte sie gewusst, dass ich kommen würde.

»Du kommst gerade rechtzeitig«, rief sie aus der Ferne und gab mir ein Zeichen näherzukommen. »Auf, komm näher.«

Doch je näher ich kam, desto mehr erinnerte ich mich an mein Verhalten ihr gegenüber. Meine Aufregung wich nun einer tiefen Scham. Ich wich ihrem Blick aus und folgte meinen Schritten am Boden. Es gab so vieles, worüber ich reden wollte, doch ich wollte auf alle Fälle vermeiden, dass erneut Missverständnisse zwischen uns entstanden. Deshalb wog ich in Gedanken sorgfältig alle Wörter ab, die ich ihr sagen wollte.

»Ich habe dich bereits erwartet«, sagte sie, als ich unmittelbar vor ihr stand.

Ihre Augen waren wie damals klar und ruhten gelassen auf mir. Sie wirkte anders im Unterschied zu unserer ersten

Begegnung. Sie war keineswegs unfreundlich, sie hatte eher eine eigenartig beherrschte Freundlichkeit. In dem Moment, in dem ich ihr genau gegenüberstand, konnte ich mich nicht weiter kontrollieren und fiel vor ihr auf die Knie. Ich gab beschämt zu, dass ich keine Entschuldigung für mein damaliges Verhalten und meine Frechheit wisse. Ich sagte ihr, dass etwas über mich gekommen sei und ich Dinge gesagt hätte, die ich nicht beabsichtigt hatte und bat sie, mir zu verzeihen.

»Es tut mir wirklich leid, Anaqam. Ich weiß auch nicht, warum ich so zu dir war. Ich weiß nicht, warum ich so geworden bin. Ich würde mich gern ändern, aber ich kann es nicht. Ich weiß nicht, wie«, sprach ich weiter und konnte bei jedem meiner Worte meine eigene Verzweiflung und Mutlosigkeit in meiner Stimme hören. Dann erzählte ich von meiner ewigen Zerrissenheit, meiner Melancholie, von dem Unmut, der mich plagte. Ich sagte ihr auch, dass ich wüsste, dass etwas in meinem Leben und mit meinen Handlungen nicht stimme, ich aber nicht herausfinden könne, was es sei. Ich war aufgeregt und sprach schnell, aber jedes Wort, das ich sagte, strömte tief aus meinem Herzen. Irgendwie war sie in diesem Moment keine fremde Person, die ich gerade das zweite Mal sah. Sie war jemand Vertrautes, der mich kannte und verstand. Nachdem ich zu Ende gesprochen hatte, sah ich auf. Sie hatte mir kommentarlos zugehört. Ich bat sie, mir zu helfen. Nach einem kurzen Augenblick entgegnete sie, wenn ich ihre Hilfe wirklich beanspruchen wolle, dann müsse ich in ihre Pflicht treten. Eine andere Möglichkeit gebe es für mich nicht mehr.

»Aber… aber du wolltest mir doch von deiner Kraft geben – deinem Atem«, wandte ich vorsichtig ein.

»Dafür ist es zu spät«, gab sie ruhig, aber direkt zurück. »Diese Chance hast du vertan. Auch hat sich meine Aufgabe geändert.«

Ich wollte wissen, warum ihre Aufgabe sich geändert hätte und was ihre neue Aufgabe sei. Sie meinte, es sei nun ihre Aufgabe, mich zu unterweisen. Ich fragte, wer ihr diese aufgab. Sie sagte, die Geister hätten es so angeordnet – eine Antwort, die mich einerseits stocken ließ und mich anderseits denken ließ, dass ich verrückt sein musste, solch eine Person aufzusuchen. Aber dann überzeugte ich mich erneut, dass es keinen anderen Mensch gab, der mir helfen konnte, und dass ich nichts zu verlieren hatte.

»Dir steht nun eine andere Möglichkeit offen, mit der du das finden wirst, wonach du suchst. Es ist ein Pfad, der für dich bestimmt ist. Falls du dich entscheiden solltest, ihn zu beschreiten, wird es meine Aufgabe sein, dich zu begleiten. Ich werde versuchen, dich alles Wichtige zu lehren. Aber ich will dir nichts vormachen; es ist ein langer und schwieriger Weg und es wird viele Momente geben, in denen du vor Verzweiflung versuchen wirst wegzurennen.«

»Muss ich denn diesen Pfad gehen, Anaqam?«

»Müssen?«, echote sie. »Nein. Es ist ein Pfad des Herzens und darf niemals aufgezwungen werden. Deine Alternative wäre jedoch, dass du so weiterlebst, wie du es bis jetzt getan hast. Willst du so weiterleben, wie du es bis jetzt getan hast?«

Statt zu antworten, wollte ich wissen, was es mit der Pflicht auf sich habe. Sie entgegnete, sie würde persönlich über mich bestimmen, so als ob ich ihr Diener sei und ich müsse all ihre Befehle befolgen, die sie mir aufgab. Sie sagte, dass mir dabei kein Schaden zukommen werde und meinte weiter, dass die Unterweisung dazu führen würde, dass ich in jeder Hinsicht, körperliche, geistige sowie persönliche Kraft und Stärke erlangen würde. Ferner hätte ich die Möglichkeit, meine persönliche Bestimmung im Leben zu erfahren, damit ich nicht mehr wie eine verlorene Seele leben würde. Ich fragte sie, was denn meine Bestimmung sei. Sie antwortete, dass ich dies, falls ich es tatsächlich wissen wolle, selbst herausfinden müsse, denn falls sie es beantworte, es nur ein Glaube sei, ein Glaube ohne Gewissheit.

»Meinst du, ich solle auch ein Qam werden?«, erkundigte ich mich.

»Ich kann dir nicht sagen, was du werden sollst. Ich kann dir nur sagen, was mir die Geister auftragen und das ist, dass dir ein besonderer Pfad angeboten wird; ein Pfad, auf dem du dir Wissen aneignen sollst – Wissen, das normalerweise verborgen und gewöhnlichen Menschen nicht zugänglich ist. Du solltest wissen, dieses Angebot ist ein Privileg.«

»Über welche Art von Wissen sprichst du, Anaqam?«

»Es ist geheimes Wissen, aber was es letzten Endes genau sein wird, kann ich dir nicht sagen. Nur die Geister entscheiden, was sie offenbaren werden.«

Ich wollte wissen, ob das übernatürliche Fähigkeiten seien, die sich mich lehren werde.

»Sei nicht albern«, antwortete sie trocken. »Diese Art von Wissen ist nichts für Anfänger. Nein, meine Aufgabe ist es, dich vorzubereiten, damit du dein Schicksal erfüllen kannst. Doch zunächst einmal musst du ein gewisses Verständnis entwickeln, um die Mysterien des Lebens zu verstehen. Später werden wir dafür sorgen, dass du deine Begabungen entfaltest. Vielleicht werde ich dir Beispiele aus meinem Leben als Qam geben, um ein besseres Verständnis in dir zu erwirken; vielleicht werden die Geister dich in Gegebenheiten verwickeln, um deine Fähigkeiten zu fördern. Jedenfalls solltest du wissen, dass es für dich kein Zurück mehr gibt, wenn du dich für diesen Weg entscheidest, bis ich dich von deinen Pflichten entbinde.«

Ich wollte wissen, wie lange es dauern würde, bis sie mich von meiner Pflicht wieder entbindet.

»Wie lange das dauern wird, wissen allein die Geister«, sagte sie.

Sie setzte sich auf einen großen Stein, der aus dem Boden ragte, und führte schweigsam die Pfeife an ihren Mund, um einen kräftigen Atemzug daraus zu ziehen. Der Duft des Tabaks hatte einen wohlriechenden Hauch.

»Kannst du mir mehr darüber erzählen, Anaqam?«, versuchte ich mich zu erkundigen.

»Nicht, bevor du eingewilligt hast.«

»Du machst es mir nicht gerade einfach, mich ohne nennenswerte Informationen zu entscheiden.«

»Das ist dein Problem, nicht meins. Aber eine letzte Warnung habe ich für dich: Dieser Weg ist voller Beschwerlichkeiten, die ein Mensch nur schwer erdulden kann. Deshalb ist es wichtig, dass deine Entscheidung, in meine Pflichten zu treten, von deinem Herzen kommt. Es ist wichtig, dass du keine Hintergedanken hast. Erinnere dich daran, was passieren könnte, falls du weiterhin dein Leben auf diese Weise verbringst.«

Sie machte mich darauf aufmerksam, dass, wenn ich mich weigere, mich Plagegeister quälen würden und ich bei meinem nächsten Versuch ohnehin sterben könnte. Sie sagte es in solch einem Ton, dass ich direkt an den Moment auf der Klippe dachte, als mich tatsächlich etwas fast dazu bewegte zu springen.

»Es ist gut, dass du nicht gesprungen bist«, bemerkte sie, als ob sie wüsste, woran ich dachte. Dann sagte sie, dass die Plagegeister mir eine Falle gestellt hätten und da mein eigener Geist nicht in der Lage sei, sie zu abwehren, wäre ich eine leichte Beute für sie. Sie deutete es als ein gutes Omen und meinte, es sei nicht einfach, sich aus den Fängen der Plagegeister zu befreien.

»Woher weißt du das überhaupt?«, fragte ich verwundert.

»Du hast es mir doch eben selbst erzählt«, antwortete sie.

Ich war ihr gegenüber so befangen und hatte komplett vergessen, dass ich ihr bei meiner Ankunft über alles berichtet hatte: mein sentimentaler Rückfall, der erneute Versuch meiner Selbsttötung auf dem Felsen, die Eule – die mich von meinem Vorhaben abgelenkt hatte, die Hirten, die mir den Weg nicht verraten wollten, sogar von der seltsamen Fliege.

»Ich weiß nicht, wie ich mich entscheiden soll. Was soll ich tun, Anaqam?«

»Die Entscheidung liegt ganz bei dir. Wenn du jetzt das neue Leben, das ich dir biete, nicht annimmst, dann kann ich dir nicht weiterhelfen. Mehr gibt es dazu nicht zu sagen.«

Sie schien nicht weiter darüber sprechen zu wollen. Ich hatte nun die Möglichkeit, von einer der geheimnisvollsten Personen, die ich je kennengelernt hatte, unterwiesen zu werden. Zwar scheute ich noch, eine derartige Verpflichtung einzugehen, aber mir war auch völlig klar, dass ich ihre Hilfe brauchte. Ich wusste, was immer sie mir aufgeben würde, musste ich befolgen, doch in diesem Moment war ihre Hilfe wichtiger als alles andere. Sie nahm einen weiteren Zug und schlug die aufgerauchte Asche aus der Pfeife. Dann rollte sie die Pfeife in ein Lederbündel, verstaute es unter ihrem Kittel und stand auf.

»So, nun gehe jetzt und überlege es dir in Ruhe«, sagte sie. »Es liegt ganz bei dir, wie du dich entscheidest. Ich an deiner Stelle würde den Segen deines Onkels nehmen. Er ist mir ein guter Freund und das soll auch so bleiben.«

Dann wandte sie sich um und verschwand zwischen den Bäumen im naheliegenden Wald.

Am selben Abend kehrte ich zurück. Zu Hause erzählte ich Purtas alles, was vorgefallen war. Zunächst war er erfreut, mich und Anaqam in freundschaftlichem Verhältnis zu wissen. Aber als ich ihm mitteilte, dass er mit seiner Vermutung Recht hatte und Anaqam mich anscheinend als ihren Schüler auserkoren hatte, schien er gemischte Gefühle zu haben. Ich konnte den Zweifel in seinem Gesicht erkennen.

»Das hat sie gesagt, ja? Werde mein Schüler?«, verlangte er zu wissen.

»Nun ja, nicht auf diese Weise. Sie sagte, ich solle in ihre Pflicht treten, dann wolle sie mich unterweisen.«

Er zog die Augenbraun zusammen und schien nachzudenken. Ich fragte ihn, was alles auf mich zukommen werde.

»Ich habe keine Ahnung, was auf dich zukommen wird, aber nie zuvor habe ich gehört, dass sie jemand Fremdem ihr Wissen mitgeteilt hat. Ich bin mir sicher, du wirst viel von ihr lernen.«

Ich erwähnte die Zweifel, die mir durch den Kopf gingen.

»Du wirst es nie erfahren, ob es die richtige Entscheidung war, wenn du es nicht versuchst. Vielleicht bereust du es, wenn du es nicht tust.«

Irgendwie bekam ich ein schlechtes Gewissen meinen Onkel auf diese Art zu verlassen. Ich mochte ihn. Mittlerweile sah ich in ihm etwas Väterliches. Vielleicht den Vater, den ich selbst niemals hatte. Tatsache war, dass er einer der wenigen Menschen war, mit dem ich unbefangen reden konnte.

»Wann werde ich dich wiedersehen, Onkel?«

»Das weiß ich nicht, aber falls Anaqam damit einverstanden ist, werde ich versuchen, dich so oft wie möglich zu besuchen. Vergiss nicht, rede mit Bedacht mit ihr, kein Sarkasmus und keine Wiederrede. Haben wir uns verstanden? Es wird eine Weile dauern, bis sie sich an dich gewöhnt.«

Zum Abschied riet er mir eindringlich, meine Unterweisung nicht abzubrechen und betonte, dass Anaqam es unter keinen Umständen gutheißen würde.

Kapitel 6 - Einweihung

Mir wurde für die nachfolgende Zeit eine Jurte zugewiesen, die sonst von einem der Angehörigen bewohnt wurde. Er war vor geraumer Zeit in die Großstadt gegangen, um dort zu arbeiten. Die Jurte war klein und die Ausstattung bescheiden, was mich allerdings nicht störte. Immerhin hatte ich einen Ofen, der gut wärmte. Ich war gerade dabei, die aktuellen Ereignisse in mein Tagebuch einzutragen, als gegen Mittag Anaqam hereinkam. Sie hatte ihren geschnitzten Holzstab bei sich. Auch die kräftige Frau war dabei. Mittlerweile hatte ich sie kennengelernt. Ihr Name war Köktschä Selenge, sie wurde aber Selenge Apa genannt – Schwester Selenge. Sie war Anaqams persönliche Helferin. Dem Anschein entgegen war sie eine bemerkenswert friedvolle und gelassene Frau.

»Was machst du da?«, fragte mich Anaqam.

»Ich notiere meine Gedanken«, antwortete ich beschwichtigend.

»Lass das«, gebot sie. »Wir haben keine Zeit dafür. Wir haben eine Verabredung. Du musst etwas Wichtiges erbringen, bevor wir mit der Unterweisung beginnen können. Bis zum Vollmond muss es erbracht werden, sonst werden wir die Geister verärgern.«

Sie schien ein wenig aufgeregt. Zumindest hatte ich das Gefühl, dass in ihrer Stimme Spannung lag.

»Was muss denn erbracht werden, Anaqam?«

»Ein Eid«, sagte sie und fügte mit Nachdruck hinzu: »Es ist ein äußerst wichtiger Eid, ohne den die Geister dich nicht akzeptieren werden. Es ist eine Voraussetzung, damit sie dir wohlgesonnen sind. Es ist sehr wichtig, dass du dich an deinen Schwur hältst, verstehst du?«

Jetzt sprang ihre Nervosität auf mich über.

»Was ist das für ein Eid?«, wollte ich erregt wissen.

»Es ist ein Eid der vorgibt, wie ein Qam sich zu verhalten hat. Ein Qam sollte diesen Eid ein Leben lang befolgen, denn seine Wirkung ist nicht zu unterschätzen.«

Weiter sprach sie nicht, aber ich verstand, was sie meinte. Offen gesagt machte ich mir Sorgen, ihrer Anforderung nicht gerecht zu werden.

»Was würde mir passieren, wenn ich meinem Eid nicht nachgehe oder mich nicht daran halten kann?«

»Dann wirst du krank, je nachdem, wie stark du deinen Eid verletzt. Wer weiß, vielleicht sogar todkrank. Du solltest verstehen, ein Eingeweihter wird von den Geistern strenger geahndet als gewöhnliche Menschen. Darum ist es ratsam, dass du aufrichtig versuchst, dich daran zu halten. Die Geister sehen es nicht gerne, wenn jemand die Macht für falsche Dinge ausübt, die sie einem vermitteln. Und da du noch nicht mit ihnen umgehen kannst, wärst du ihnen ausgeliefert.«

Die Vorstellung wirkte erschreckend auf mich. Anaqam erkannte meine Besorgnis.

»Ich weiß, du denkst, du wirst versagen«, sagte sie in einem beschwichtigenden Ton, »aber das ist unbegründet. Lass dich nicht durch solche Gedanken aus der Ruhe bringen. Bezwinge sie. Wenn du kein Vertrauen in dich hast, dann vertraue den Geistern. Wenn sie nicht gewollt hätten, dann wärst du jetzt nicht hier. Ihre Gunst ist ausschlag-gebend für unser Vorhaben und diese Gunst ist mit uns. Du brauchst dir also keine Sorgen zu machen. Alles weitere werde ich dir dort erklären.«

Ihre Worte hatten in diesem Augenblick eine ermutigende Wirkung auf mich, so, dass meine Nervosität verschwand.

»Es ist meine Pflicht, dich erneut zu fragen. Bist du dir sicher, dass du den Pfad, den ich dich lehren werde, gehen willst?«

Ohne zu überlegen sagte ich, dass ich dies wolle. Sie meinte, dass wir auf die höheren Berge gehen müssten, um die Nacht dort zu verbringen und verlangte, ihr zu folgen. Ich wollte Versorgung mitnehmen und etwas zu essen, aber sie sagte, dass sie bereits alles Nötige arrangiert hätte. Ich zog mir warme Kleidung und Jacke an und folgte beiden nach draußen. Wir verließen die Siedlung, gingen durch den dicht besiedelten Wald und folgten dem Gebirgsbach stromauf-wärts. Schweigend stampften wir den schmalen, steilen Pfad hinauf und je höher wir kamen, desto steiniger und beschwerlicher wurde der Anstieg. Wir waren sehr lange unterwegs, mehrere Stunden, sodass es inzwischen bereits dunkelte. Am Horizont kam allmählich der Mond zum Vorschein. Die Wanderung verlangte mir Einiges ab, doch im Gegensatz zu mir schienen beide Frauen trotz ihres Alters unglaublich vital und bei Kräften. Irgendwann gelangten wir in ein schroffes Felsgebiet. Unweit davon gab es eine leichte Erhöhung mit vereinzelten Bäumen. Ich blickte zum Himmel, der Mond verschwand hinter einer Wolke und als er wieder auftauchte, erblickte ich einen menschlichen Schatten auf einem unweiten Felsen.

»Anaqam, schau dort!«, rief ich. »Dort ist jemand.«

Sie erhob ihren Kopf und blickte in jene Richtung.

»Ja, er wartet auf uns«, meinte sie ungewöhnlich ruhig. »Er gehört zu deiner Verabredung. Es ist der Zeuge.«

»Ein Zeuge? Wofür ein Zeuge?«, wollte ich wissen.

»Das erfordern die Regeln. Darum ist er da.«

»Wir haben doch Selenge Apa bei uns. Warum ist sie nicht der Zeuge?«

»Sei nicht albern. Selenge kann kein Zeuge werden. Nur ein Qam kann einen anderen bezeugen.«

»Das ist ein schwarzer Qam«, schnitt Selenge Apa leise ein.

Sie kam näher zu mir und, die Stimme zu einem Flüstern gesenkt, sagte sie: »Man sagt, er wäre dem Geheimnis des Lebens so nahe herangekommen, wie ein Mensch nur könne. Darum nennt man ihn auch Der, der alles weiß.«

»Der, der alles weiß…?«, echote ich.

Was für eine absurde Vorstellung, dachte ich und erkundigte mich, warum er so genannt wurde.

»Der Legende nach kann er dem Tod trotzen«, sagte sie immer noch flüsternd.

»Ach, du spinnst doch, Selenge Apa!«

»Nein! Was ich dir sage, ist keine Spinnerei. Es heißt; er hätte mal eine kranke Frau nach ihrem Tod wieder ins Leben zurückgebracht. Das Ritual hätte drei Tage lang stattge-funden, am dritten und letzten Tag sei es ihm gelungen, sie wiederzubeleben. Man erzählt, er hätte sich mit seinem Kör-per in einen Feuerkessel begeben und sich dann an den Leichnam der Frau gepresst. Auf diese Weise hätte er ihren Körper warmgehalten, während er die Erkrankung aus ihr heraussaugte.«

Ich konnte mich nicht dazu entschließen, einer solchen Geschichte Glauben zu schenken.

»Sicher, dass er nicht etwas anderes mit ihr gemacht hat?«, wandte ich sarkastisch ein.

Selenge Apa lachte kurz auf, dann sprach sie im gleichen flüsternden Ton weiter: »Doch wirklich, du kannst Anaqam fragen. Alles was mit dem Tod zu tun hat, ist sein Metier.«

Ihr Geflüster löste eine Unruhe in mir aus. Sie gab mir ein Zeichen, auf den Felsen zu blicken. Der Fremde stand weiterhin genau unter dem Mondlicht dort.

»Warum muss ausgerechnet so jemand mein Zeuge sein?«, beschwerte ich mich. Allein die Annahme, eine solche Person zu treffen, löste in mir ein Gefühl tiefen Schreckens aus.

»Du kannst dich glücklich schätzen, einen so mächtigen Qaraqam als Zeugen zu haben«, meinte Selenge Apa weiter. »Als ich vor etlichen Jahren eingeweiht werden sollte, war meine Zeugin die alte Alma.«

Sie blickte mich an und lachte amüsiert. Mir aber war nicht nach Lachen zumute.

»Bedeutet Qaraqam nicht, ein böser Schamane zu sein?«

»Wer hat dir denn so etwas gesagt«, erwiderte sie bestürzt.

»Nein, ein Qaraqam ist jemand, der mit Kräften der niedrigen Welt arbeitet. Nur sie haben den Mut, sich den Toten zu stellen oder hast du gedacht, es ist jedermanns Sache, die Fratzen der Toten zu sehen?«

»Gibt es vielleicht sonst noch etwas, das ich über den Zeugen wissen sollte?«

»Ich kann dir nur noch eines sagen: Er spricht nicht besonders viel. Er hat wohl doch zu oft die Luft der anderen Welt beschnuppert.«

Sie lachte über ihren Scherz.

»Das reicht jetzt aber!«, fuhr Anaqam uns an.

»Ist doch wahr…«, gab Selenge Apa zurück. Sie warf mir einen verstohlenen Blick zu und zuckte grinsend mit den Schultern.

Als wir uns der Erhöhung näherten, erblickte ich ein größeres Rinnsal, das dem Bach zufloss, welchem wir gefolgt waren. Unmittelbar dahinter war eine Wasserquelle, die wiederum plätschernd das Rinnsal speiste. Der Unbekannte stand davor. Als erstes fiel mir seine große Statur auf. Er war rüstig und komplett schwarz gekleidet. Er trat näher zu uns. Jetzt erkannte ich, dass er auf seinem Kopf einen massiven Rabenkörper als Kopfschmuck trug. In seiner rechten Hand hielt er einen mit Motiven geschnitzten Stab. Beim Betrachten bemerkte ich auch Rabentätowierungen auf seinem Arm. Seine Haare waren lang und lagen lässig auf seinen Schultern. Sein Gesicht war rund und vernarbt. Ich fand, dass er dieselbe selbstsichere Ausstrahlung besaß, wie ich sie von Anaqam kannte. Trotz seiner skurrilen und ungewöhnlichen Erscheinung fand ich ihn weder bedrohlich noch unfreund-lich. Er wirkte sehr kontrolliert. Er musterte mich einige Zeit mit seinen dunklen, kühnen Augen.

»Das also ist er…«, bemerkte er stoisch und das war in der Tat das Einzige, was er an diesem Abend sagen sollte. Anaqam blickte in den Himmel. Der Mond stand inzwischen hoch und erhellte die ganze Umgebung.

»Sehr gut«, bemerkte sie selbstredend. »Das Licht des Mondes ist weiß, nicht silber und keine Wolken versperren das Licht. Das ist ein gutes Omen.«

»Die Zeichen stehen gut für dich«, fügte sie zu mir gewandt hinzu.

Kurz darauf streckte sie ihre Arme gegen den Mond und beschwor folgende Worte: »Bu tün tirgüki ol könilik Törü. Ugan ol könü cin törü birgüci. Törümis kamug lakka yetrü küchi.«

Da ich von all dem nichts verstand, trat freundlicherweise Selenge Apa zu mir und meinte, Anaqams Worte besagten, die Regel, die sich auf Gerechtigkeit stütze, sei die Säule des nächtlichen Himmels. Tängri sei der, der die Regel vorschreibe. Seine Macht sei gerecht. So übersetzte sie mir es. Selenge Apa holte eine Rassel aus dem Beutel und überreichte sie Anaqam, während sie selbst von mir verlangte, die Kleider meines Oberkörpers abzulegen und mich vor dem Rinnsal hinzusetzen. Ich zog meine Kleidung aus und setzte mich genau so hin, wie sie es vorgeschrieben hatte. Sie fing an zu rasseln und zu singen. Ich musste nachsingen, da mir aber die Strophen unbekannt waren, improvisierte und summte ich. Es war eine sanfte und inbrünstige Melodie. Unser Gesang dauerte eine Weile. Die Kälte machte mir interessanterweise nichts aus. Es war sogar so, dass ich eine eigenartige Spannung fühlte. Selenge Apa überreichte Anaqam eine aus Pferdehaaren geflochtene Peitsche und mir band sie ein Tuch um die Augen. Unser Gesang endete von da an. Anaqam sagte, dass sie mir den Schwur vortragen werde und ich alles, was sie mir jetzt auftragen werde, nachsagen müsse. Sie sprach sehr deutlich und dehnte all ihre Worte auseinander, um ihnen eine besondere Betonung zu geben. Und jedes Mal, wenn ich ihre Worte wiederholte, tränkte sie die Spitze der Peitsche in das Wasser und schlug damit auf meinen Rücken. Es war kein fester Schlag und schmerzte nicht, aber trotzdem war es auf eine unangenehme Art spürbar. Der Schwur dauerte lange und war sehr tiefgründig. Er beinhaltete ethisch-moralische Werte, wie etwa die Verpflichtung, eine aufrichtige Person zu werden, der nicht stiehlt, nicht lügt und nicht betrügt. Ich solle in meinen Handlungen weder feige noch übermütig sein, sondern stets versuchen, tapfer und mutig zu bleiben. Die Konsequenzen aus meinen Taten und Handlungen sollte ich ohne zu murren akzeptieren und zu diesen stehen. So lange ich lebe, müsse ich mich menschlich und geistig kontinuierlich verbessern und weiterentwickeln. Ich solle niemanden verleumden. Auch soll ich niemanden für meine Missetaten beschuldigen, niemanden missbilligen oder tadeln – es sei denn, es diene zur Belehrung oder zur Förderung der jeweiligen Person. Statt von der eigenen Unfehlbarkeit eingenommen zu sein, solle ich bereit sein, eigene Fehler einzugestehen und nichts Verwerfliches darin sehen, mich für Missetaten mich zu entschuldigen. Auch Fehler anderer soll ich nicht verübeln und in diesem Sinne auch nichts und niemanden bejammern, schließlich läge die Entwicklung der Ereignisse nicht immer in meinen Händen. Ebenfalls war es mir nicht gestattet, geheimes Wissen weiterzugeben, insbesondere Nichteingeweihten. Wenn ich einmal mit dem erlernten Wissen anderen helfen würde, solle ich die Gegenleistung der Güte der Person überlassen. Ich solle zwischen Reichen und Armen keinen Unterschied machen, im Falle einer Entscheidung, soll ich mich für den Bedürftigeren entscheiden. Für meine Mühen soll ich bei Ärmeren mich mit dem zufriedengeben, was diese mir geben konnten. Falls Wohlhabende meine Dienste erwünschten, solle ich nicht mehr verlangen, als mir zustehe. Ansonsten solle ich möglichst Schwache, Unglückliche und Kranke stärken und ihnen so gut wie möglich helfen. Des Weiteren war es mir untersagt, Natur und Tieren willkürlichen Schaden zuzufügen. Es sei höchstes Gebot, die Natur immer zu respektieren und sie zu erhalten. Ich solle im Rahmen meines Könnens Tiere beschützen und ihr Freund werden.

Mehrmals hintereinander wurden die Gebote wiederholt und dann musste ich meine Bekundung aufsagen:

»Ich gebe mein Wort, dass ich dem Leben selbst und den schönen Dingen, die ich sehe, Ehrerbietung darbringen werde. Ich gebe mein Wort, die Natur und alle Arten von Lebewesen, Pflanzen und Tieren zu beschützen und vor Gefahren zu behüten. Ich gebe mein Wort, dass ich mich durch Aneignung neuen Wissens weiterentwickeln und meine Fähigkeiten verbessern werde. Ich gebe mein Wort, dass ich Unglücklichen helfen, Vater der Armen und Mutter der Waisen sein werde. Ich gebe mein Wort, die Geister der Natur zu respektieren und für ihre Angelegenheiten Sorge zu tragen.«

Nachdem ich die Worte mehrmals wiederholt hatte, ging Anaqam dazu über, mir diesbezüglich Fragen zu stellen.

»Wirst du Menschen helfen, die in Not geraten?«

»Ja, das werde ich«, antwortete ich und kaum nachdem ich das gesagt hatte, gab sie mir zu meiner Überraschung mit der Peitsche einen Hieb auf den Rücken.

»Wirst du Menschen, die dich beleidigt haben, die dir weh taten und dich erzürnten, helfen?«

»Nein«, antwortete ich und bekam erneut einen starken Hieb, worauf ich geschwind die Frage bejahte, nichtsdestotrotz wieder einen Hieb bekam. Sie stellte weitere Fragen ähnlicher Art. Diesmal wusste ich nicht, wie ich antworten sollte, deshalb sagte ich nichts. Dennoch bekam ich einen Hieb. Schließlich, nach einer gewissen Zeit, war die Prozedur zu Ende. Sie nahm mir das Tuch von meinem Gesicht. Ich hatte ein taubes Gefühl in den Augen und musste mehrmals blinzeln. Eine Sekunde lang war mir, als würde ich zittern. Auch meine Ohren fingen an zu pochen und obwohl sie aufgehört hatte, mir die nasse Peitsche auf den Rücken zu schlagen, fing nun in mir das dumpfe Klatschen des Wassers widerzuhallen, das wiederum merkwürdige Energieströme verursachte. Sie waren wie Blitze, die überall in meinem Körper und meinem Kopf entstanden und immer mehr und stärker wurden. Selenge Apa reichte mir ein Handtuch, damit ich mich abtrocknete. Anaqam wandte sich zu dem Fremden. Er hatte weiterhin eine sehr wachsame Haltung und hatte uns die ganze Zeit über aufmerksam beobachtet. Er nickte Anaqam zu und verschwand plötzlich in der Dunkelheit. Ich zog mir meine Kleidung wieder an und war ebenfalls im Begriff aufzubrechen, als Anaqam mir gebot, mich wieder hinzusetzen.

»Wir sind noch nicht fertig.« sagte sie und ging dazu über, mir hintergründige Informationen des Eides ausführlicher zu erklären.

»Was ich dir jetzt sage, ist wichtig. Vielleicht wird irgendwann ein Tag kommen, an dem du meine Worte weitergeben wirst. Daher ist es wichtig, dass du den Sinn hinter den Worten verstehst. Deshalb höre mir jetzt gut zu. Stell dir das Leben als ein Wesen mit einem einzigen Geist vor. Alles in diesem Großen, allumfassenden Geist ist miteinander verflochten und steht in abhängiger Wechselwirkung zueinander. Nichts darin stirbt, sondern wird stets in etwas anderes verwandelt, denn nichts liebt der Große

Geist mehr als das umwandeln des bereits Existierenden, um daraus etwas Neues zu schaffen. Alles, was für uns den Anschein hat, zu faulen oder zu sterben, ist der Samen für etwas anderes. Hierin liegt unsere Verwandtschaft zu allen Dingen. Sein und Schein lässt sich aus den Augen der Zeit erkennen, denn die Zeit ist das einzig beständige darin. Unter diesem Aspekt betrachtet, ist das, was ein Qam mitnimmt, wenn er diese Welt verlässt, seine Erfahrungen und Erkenntnisse. Alles, was ihm in seinem Leben widerfährt, sei es eine Begünstigung oder eine Herausforderung, ist für ihn eine Möglichkeit zur Bereicherung seiner Persönlichkeit. Ein Qam ist immer darauf bedacht, dass seine Handlungen, seine Haltung und seine Gedanken gut sind. Auch wenn es manchmal so erscheint, als ergebe es keinen Sinn. Das Gute ist das höchste Prinzip. Ein Qam handelt immer danach – nicht, weil er Sorge trägt, dass ihm nach seinem Ableben Strafe auferlegt wird oder, weil er auf eine Belohnung aus ist. Nein, ein Qam tut dies in dem Wissen, dass es richtig ist. Daher ist ein Qam immer bestrebt, Gutes zu tun. Gut und Richtig sind die Maße, mit denen er misst. Ihre Wirkungen sind zeitlos und ewig. Lass mich dir sagen, Gutes ist nicht Naivität, wie manche Menschen behaupten. Es ist Bewusstsein; in seinem Kern liegt Weisheit und Klarheit. Der Weisheit wiederum liegt Neugier zugrunde und der Klarheit die Aufklärung. Das Gegenteil von Gut ist nicht Böse, es ist die Unwissenheit und Dummheit. Beides sind Ursachen für Stillstand und Rückständigkeit. Das Leben selbst kennt keine Rückständigkeit, niemals wird sich die Zeit zurückdrehen und etwas Vergangenes wiederkehren. Sei in diesem Sinne immer bestrebt, dir neues Wissen anzueignen, um dein Inneres durch Wissen und Erkenntnis zu erhellen und um die Dunkelheit des Unwissens zu vertreiben. Vergeude also deine kostbare Zeit nicht mit Dummheit. Vergeude deine Zeit auch nicht mit Worten an Dumme. Nichtsdestotrotz behandle keinen Menschen von oben herab. Sprich nicht über Dinge, die du nicht selbst gesehen oder vernommen hast und verhülle, was du gesehen hast. Auch verachte, schmähe und verleumde niemanden. Tue keinem etwas an, das dir selber missfällt. Bleibe aufrichtig und bei der Wahrheit. Denke immer daran, die Wahrheit ist unersetzbar, behüte sie, aber bilde dir nicht ein, du seist unfehlbar. Niemand ist es. Wenn du einmal etwas Falsches getan hast, lerne aus deinen Fehlern und bemühe dich um Wiedergutmachung. Sei auch selbst bereit, Fehler anderer zu vergeben. Wenn es in deiner Macht liegt, dann hilf den Trauernden. Mitgefühl ist eine Eigenschaft unseres Geistes; sie bewirkt Solidarität. Solidarität ist in die Tat umgesetzte Empathie. Gerate jedoch bei dem Versuch, anderen zu helfen, nicht selbst in Not. Zeige Courage, sei aber kein Narr. Sei mutig, aber kein Tor. Mut bedeutet nicht, furchtlos zu sein, Mut bedeutet, sich dem Falschen zu stellen; es ist eine vorsichtige Bereitschaft zur Gefahr – unvorsichtige Bereitschaft ist Torheit. Sei von starkem Charakter. Stärke ist kein willkürlicher Kraftakt, durch Stärke erlangst du den gewünschten Umstand ohne einen Kraftakt. Die Fähigkeit zu lieben ist die wichtigste Fähigkeit im Leben. Liebe das Leben, liebe die Natur, liebe einen Menschen, liebe bedingungslos. Denke immer an den Großen Geist, wenn du eine Quelle des Glücks für andere Lebewesen wirst, wirst auch du glücklich und wenn du ihnen Schmerzen zufügst, wirst auch du Schmerz erfahren.

Übernimm Verantwortung für deine Taten und schrecke nicht zurück vor Schwierigkeiten, sie sind Äußerlichkeiten. Ernste Schwierigkeiten sind immer noch Äußerlichkeiten. Jammere dem Vergangenen nicht nach und klage nicht über die Ereignisse, die dir widerfahren. Stelle hinsichtlich der Ereignisse Überlegungen an, manchmal ist für die Lösung nur ein Schritt nötig und falls es dir nicht gelingen sollte, sei deswegen nicht traurig. Auch wenn einmal der Himmel trüb ist, wirst du auf der Welt einen Ort finden, an dem die Sonne scheint. Vergiss nicht, das Leben ist eine fortwährende Herausforderung. Überdenke dein Vorhaben von neuem und höre auf dein Herz. Betrachte den Samen, der vom Baum fällt und fern von seinem zu Hause neu keimt. Auch er muss unzählige Hürden überwinden. Du kannst auch den Tod um Rat fragen. Du brauchst dich vor ihm nicht zu fürchten. Er ist ein guter Ratgeber. Versuche, erhabene Ziele zu erstreben, wie das Mondlicht am Abendhimmel. Rufe dir immer das Gute, das dir angetan oder zuteil wurde, in den Sinn und sei ein dankbarer Mensch. Grüße den Tag und die Nacht, und bedanke dich bei den Naturgeistern für ihren Beistand und die Erfahrungen, die du dank ihnen machen durftest, dann werden sie dich auf deinem Weg weiterhin unterstützen. Beschmutze niemals Wasserquellen, die Naturgeister würden es nicht gutheißen. Kümmere dich um Muttererde. Ihre Sorgen sollen deine Sorgen sein. Falls du einmal auf deinem Weg eine niedrige Energie spürst, dann tanze und singe, damit du dich von ihr befreist. Lache über dich selbst, so oft wie möglich. Und zuletzt möchte ich dir sagen, wer sich auf diesen Pfad begibt, verpflichtet sich, seine Geheimnisse für sich zu bewahren. Darum darfst du unter keinen Umständen geheimes Wissen an Fremde weitergeben. Es sei denn, die Geister haben es ausdrücklich verlangt.«

An dieser Stelle machte sie eine effektvolle Pause und beobachtete mich prüfend.

»Hast du alles soweit verstanden?«, verlangte sie zu wissen.

»Das habe ich, Anaqam«, bestätigte ich.

Aus ihrem Beutel brachte sie ein weiteres Tuch hervor. Sie band es mir um die Hüfte und verkündete, dass ich nun für die nächsten Monate offiziell ihr Schüler sei. Diese Zeit sei eine Phase des Prüfens. Ich müsse Proben bestehen, damit die Geisterwelt mich anerkenne.

Wir blieben bis Tagesanbruch am Berghang. Derweil stellte ich ihr Fragen, die mir durch den Kopf gingen.

»Warum durfte ich den Zeugen nicht kennenlernen, Anaqam?«

»Er war nicht da, um dich kennenzulernen«, sagte sie. »Er war da, um die Entscheidung der Geister zu bezeugen. Mehr nicht.«

Ich fragte, ob die Bezeugung für alle Schamanen gelte. Sie sagte, dass es für alle Schamanen eine Bezeugung gebe, wenn auch nicht von gleicher Art. Es hänge von der Linie, der Tradition und von der Art des Lehrlings ab. Ich wollte weitere Fragen über den Zeugen stellen, aber sie wollte nicht darauf eingehen.

»Ich denke, fürs erste reichts, was ich dir über den Zeugen gesagt habe. Was du verinnerlichen solltest, sind die Regeln, bis sie ein Teil von dir werden. Darauf kommt es im Moment an. Es ist wichtig, dass du alles verstanden hast. Wenn nicht, können wir darüber sprechen.«

»So wie ich das verstehe, sind das Ratschläge, wie ein Qam zu leben hat, ja?«

»Du kannst sie als Ratschläge für einen gewöhnlichen Menschen betrachten. Für einen Qam sind sie mehr eine Strategie für das Leben. Es ist sozusagen eine Voraussetzung, um das Leben erfolgreich zu leben. Wir nennen sie Törü.«

»Dann ist die Törü also eine Art Moralkodex, dem sich ein Qam verpflichtet?«

»Es ist mehr ein Ehrenkodex und es liegt am Qam selbst, ob er sich daran hält. Die Regel besagt, dass sie zur Lebensweise werden sollte, nicht, weil ein Qam sich zu etwas Verpflichtet oder unbedingt nett und freundlich sein muss, sondern weil er sich über die Konsequenzen bewusst sein sollte. Die Konsequenz ist, falls er etwas falsches macht, dass nicht nur er, sondern auch seine geistigen Helfer zur Rechenschaft gezogen werden. Ein Qam hat eine Verantwortung, er muss im Rahmen seines Könnens unsere Welt und den Kosmos in Harmonie halten. Darum ist es wichtig, dass er Werte und eine bestimmte Grundeinstellung zum Leben besitzt. Manche vergessen dies und verfallen dem Ruf bestimmter Kräfte. Darum gelten die Regeln einem Qam als Anweisung auf seinem Weg und sollen ihn daran erinnern, warum er diesen Beruf ausübt. Genauer gesagt, sie geben ihm diese Werte wieder und regeln seine Handlungen und sein Verhalten.«

»Können sie auch von jemanden befolgt werden, der kein Qam ist?«

»Sicher, man muss kein Qam sein, um sie zu befolgen. Solche Menschen nennt man Ärdämü. Das sind tugendhafte

Menschen«, sagte sie und fügte hinzu: »Qam ärdämlig män – ich bin ein Qam und tugendhaft.«

»Von wem stammten die Regeln, Anaqam?«

»So genau weiß das wohl keiner mehr, aber sie sind sehr alt. Wahrscheinlich von den ältesten Qamanen. Sie werden mündlich von Generation an Generation weitergegeben. Früher, zu meiner Anfangszeit, musste man sie von Anfang an auswendig lernen, Wort für Wort, damit man sie sich gut einprägte.«

»Und die Weitergabe geschieht immer mündlich?«

»Ja, immer. So verlangt es die Tradition. Ich kann mich noch gut erinnern, wie mir strengstens eingetrichtert wurde, sie nicht niederzuschreiben. Früher hatte man die Sorge, dass Wissen in falsche Hände geraten könnte. Es heißt, es gab mal eine Zeit, lange vor uns, als dies geschah, als fremde Menschen, völlig ungeeignete und unfähige, wichtiges und geheimes Wissen erlangten und die Welt zu Grunde richteten. Darum war man mit allem sehr vorsichtig.«

»Dann sind die Regeln nicht veränderbar?«

»Nichts ist unveränderlich. Auch die Regeln haben sich und werden sich verändern. Aber im Idealfall werden sie, so wie man es selbst von seinem Lehrer gelernt hat, an einen Schüler weitergegeben. Viel wichtiger ist der Sinn, den sie vermitteln: Sei ein guter Mensch und tue Gutes. Darauf kommt es vor allem an.«

Hinsichtlich der Regeln verstand ich ihre Erklärung als eine Art schamanischen Kodex, an den sich ein Schamane halten sollte, wenngleich der Kodex bei einem anderen Schamanen anders lauten konnte. Es war also eine Art theoretischer Rahmen der praktischen Lehre und konnte zwischen den verschiedenen schamanischen Linien, Seitenlinien und Traditionen variieren. Im Grunde waren es eine Reihe mündliche Satzungen, die einem Schamanen als Leitgedanke und Grundeinstellung galten und eingehalten werden sollte. Theoretisch war der Kodex nicht veränderbar. Jeder einzelne Schamane hatte die Möglichkeit, sein Verhalten basierend auf dem Kredo zu verbessern. In dieser Hinsicht war das Kredo also ein Minimum an Verhaltens-vorschriften, konnte aber persönlich weiter ausgebaut werden, was eine Sache des persönlichen Strebens war. Selbstdisziplin und Ehrerbietung waren die wichtigsten Aspekte eines Schamanen auf seinem Weg. Nach Anaqams Ansicht muss ein Schamane bestrebt sein, sein Leben mit physischen und kosmischen Kräften in Einklang zu bringen. Gut und Böse waren nach ihrer Überzeugung im Grunde kein Widerspruch. Beides waren zwei Dinge des Einen. Sie erklärte es mit dem Beispiel der Ein- und Ausatmung, welches beide Aspekte eines Ganzen sind. Gemäß ihrer Vorstellung bestand zwischen unserer Welt und dem Kosmos ein ewiges Gleichgewicht. Leid und Schmerz würde es demnach immer geben, dies liege in der Natur des Lebens, sagte sie. Auch wenn es auf den ersten Blick nicht danach aussehe, würde die Beziehung zwischen den metaphysischen Kräften und Mensch auf Liebe und Zuneigung basieren. Damit der Mensch gute Taten vollbringe, benötige er lediglich Leitgedanken, die ihm Werte und Tugenden vermittelten. Ein tugendhafter Mensch sei jemand, der Überlegungen und Berechnungen anstelle, wohingegen ein Leben ohne Tugenden das Leben wie das eines Tieres sei. Ihrer Vorstellung nach gab es die Möglichkeit, sich an übernatürliche und unpersönliche Kräfte zu wenden; sozusagen wohlwollende und hilfsbereite metaphysische Wesen, um Hilfe und Beistand zu erlangen. Nichtsdestotrotz lag die eigentliche Kraft und Lösung in der Person selbst. Hierfür müsse er sich innerlich mit den Problemen auseinandersetzen.

Als schließlich die Morgendämmerung heraufzog, verließen wir das Gebirge und schritten ins Tiefland zurück.

Kapitel 7 - Vier Pforten

Das graue Licht der Morgendämmerung schien durch die Dachöffnung, als ich am nächsten Morgen davon erwachte, wie verschiedene Tierlaute meine Jurte durchdrangen. Ich war noch sehr schläfrig. Ich stand auf und ging zur Tür, um zu sehen, was draußen vor sich ging. Ich sah, wie einige Männer Herdentiere vor ihren Pferden aus der Siedlung hinausdrängten. Ich trat aus der Jurte hinaus, um mich umzusehen. Die ersten Sonnenstrahlen schimmerten über den Bergen in das Tal hinab, die Luft war windig und frisch. Ich wandte mich zu Anaqams Jurte. Zu meiner Überraschung stand ihre Tür offen. Ich dachte, dass sie bereits aufgewacht sei und blickte umher, um sie ausfindig zu machen. Im fernen Gesträuch vor dem Wald sah ich einen der Männer, der dem Anschein nach sich erleichterte. Ich schaute weiter umher und entdeckte Anaqam am Bach. Ich ging zurück in meine Jurte und war gerade dabei, mich anzuziehen, als sie wenig später eintrat. Sie hatte etwas zum Frühstücken dabei. Brot, gekochte Eier, Gemüse, Käse und gegorene Milch. Sie sagte, dass ich essen solle und informierte mich, dass wir einen Ausflug machen würden. Beim Frühstücken lenkte ich das Gespräch auf unseren gestrigen Ausflug und wollte wissen, ob es aus ihrer Sicht zufriedenstellend verlaufen ist.

»Alles verlief zu deinen Gunsten«, sagte sie.

Ich wollte wissen, ob sie etwas Besonderes in Erfahrung gebracht habe.

»Alles, was zählte, war, dass die Geister anwesend waren und der Zeuge ihre Anwesenheit bezeugt hat. Sie haben dich angenommen. Das ist ein gutes Zeichen.«

»Und was wäre, wenn sie mich nicht angenommen hätten?«

»Das wäre ein schlechtes Zeichen.«

»Warum wäre das ein schlechtes Zeichen, Anaqam?«

»Weil wir dann die Gunst der Geister nicht hätten und es den Verlauf deiner Unterweisung hinauszögern würde. Wie dem auch sei, ab heute werden wir Folgendes tun: Wir werden dafür sorgen, deine geistigen Fähigkeiten zu trainieren und zu stärken. Wir müssen alle Aspekte deines Geistes zurückholen, damit er verstärkt in dein Leben tritt. Den Geist völlig behalten können allerdings nur echte Qamanen. Falls du dann auch noch damit beginnst, nach den gestrigen Prinzipien entsprechend zu handeln, dann lebst du schon nach der Lebenseinstellung eines Qam.«

»Das werde ich, Anaqam«, sagte ich.

»Kannst du dich noch an den Inhalt erinnern?«

»Ja, das kann ich.«

»Gut«, bemerkte sie zufrieden.

Sie nahm einen Happen vom Käse.

»Hast du von dem Käse hier schon probiert?«, fragte sie.

»Die sind vom Qotus. Wie schmeckt es dir?«

Qotus war die Bezeichnung für Yak.

»Sehr lecker«, sagte ich.

»Ein wenig salzig, findest du nicht?«

»Ich weiß nicht…«, meinte ich unentschlossen.

»Ich finde, da ist zu viel Salz drin.«

»Also mir schmeckt es.«

»Ach, noch etwas«, bemerkte sie im beiläufigen Ton: »Es ist besser, wenn du mit niemanden über das gestrige Ereignis sprichst.«

»Warum denn nicht, Anaqam?«

»Manche unter uns sind eigenartig. Vielleicht ziehst du unnötigen Neid auf dich. Das muss nicht sein. So ist es besser für dich.«

Ich nickte einwilligend. Wir sprachen nicht weiter darüber. Nachdem wir zu Ende gefrühstückt hatten, verkündete sie, dass sie mir für den heutigen Tag eine Aufgabe zuteil werden lasse. Wir gingen hinaus. Selenge Apa und eine weitere Frau gesellten sich zu uns. Ich erkannte sie wieder. Es war die blonde Frau, die jüngste ihrer Helferinnen. Ihr Name war Tuva. Wir erstiegen den steilen Bergrücken hinter der Siedlung und passierten einen alten, beschädigten Ochsenkarren. Auf der Anhöhe hatten wir einen guten Rundumblick über die Landschaft. In den umliegenden Bergwiesen verstreuten die Schäfer ihre Herden und verschiedene Vogelschreie durchschnitten die Bergluft. Anaqam zeigte mit dem Finger zu einem weit entfernten Hang mit dünn gesätem Nadelwald. Aus der Ferne konnte ich erkennen, wie eine Gruppe Personen über den ganzen Hang verstreut etwas pflückte. Sie erzählten, dass einige der Nomaden in den Bergen und Hügeln nach Gebirgspflanzen und Blüten sammelten, die später als Marmelade, Tee oder Heilmittel verwendet wurden. Anaqam sagte, dass wir dorthin gehen und ihnen helfen werden und meinte, die Arbeit in der Natur würde mir wohltun und mich von meiner Schwermütigkeit ablenken. Zunächst wusste ich nicht, was ich davon halten sollte und zögerte, etwas zu sagen, nicht, weil ich mich vor der Arbeit drücken wollte, sondern weil ich dachte, keine Hilfe sein zu können. Dann wurde mir klar, dass ich keine andere Wahl hatte als mitzugehen. Beim Gehen verlangte Anaqam von mir, jedwede Gegenstände zu berühren, welche mir auf meinem Weg begegneten; seien es Bäume, Äste, Blätter, Pflanzen oder gar Felsen. Die Vorstellung, einen Baum, einen Felsen zu umarmen oder irgendwelche Pflanze zu berühren, kam mir lächerlich vor, dennoch ging ich, wenn auch halbherzig, ihrer Forderung nach. Auf diese Weise nährten wir uns allmählich dem lichten Wald.

»Hier dieser Baum, siehst du ihn?«, rief Anaqam und zeigte auf eine einzelne Ulme, welche etwas abseits von einer Gruppe Bäume herausragte. »Der entspannt sich gemächlich in der Morgensonne. Den solltest du unbedingt umarmen. Auf, geh hin, umarme ihn so lange du kannst. Er wird dafür sorgen, dass du dich entspannst.«

Ich verzog das Gesicht und sah sie prüfend an, um herauszufinden, ob sie es ernst meinte. Ich vermutete, sie wollte mich nur veralbern.

»Schau mich nicht so an«, sprach sie mit freundlicher Strenge. »Von diesem Baum kannst du viel Ruhe bekommen.«

»Wie soll mir das Umarmen von Bäumen oder das Berühren von Pflanzen helfen, Anaqam? Das macht doch keinen Sinn.«

»Wer sagt das? Nur deiner Meinung nach macht es keinen Sinn. Ich sagte dir bereits, dass du eine Verbindung zur Natur brauchst. Du gehst an den Dingen vorbei und beobachtest sie nicht. Wir müssen deine Lebenseinstellung ändern. Auch wenn dir das jetzt noch nicht verständlich erscheinen sollte, die Berührungen werden deinem Geist helfen. Du bist sehr starrköpfig. Du solltest, sobald das Wetter geeignet ist, auch Barfuß gehen. Das wird dir ebenfalls helfen.«

Sie warfen mir alle einen Blick zu, so als ob sie darauf warteten, dass ich endlich den Baum umarme. In einer fast theatralischen Art befolgte ich ihre Anweisung und umarmte die Ulme. Ich bezweckte damit, sie zu belustigen. Selenge Apa und Tuva lachten amüsiert, aber Anaqam gefiel es keineswegs.

»Hört auf, ihn auch noch zu ermutigen«, meckerte sie mit den beiden. »Du nimmst meine Worte nicht ernst.«

Ihre Miene erhärtete sich.

Ich sagte ihr, dass mir die Vorstellung, Hilfe durch einen Baum zu erhalten, lächerlich vorkam.

»Na und?«, entgegnete sie harsch. »Was sagt das schon aus, ob es dir lächerlich erscheint oder nicht! Der Große Geist könnte durch alles Mögliche wirken; durch einen Menschen, ein Tier, ein Licht oder eben diesen Baum. Nur weil du es nicht bemerkst, heißt das noch nicht, dass dem nicht so ist.«

Sie zeigte auf die Landschaft um uns herum.

»Schau dir die Natur an«, fuhr sie fort: »Die Sonne, den Himmel, den Wind. Begrüße sie, wenn du sie siehst. Begrüße alles in der Natur; die Täler, Wälder, Flüsse, Berge – alles, was du antriffst. Sie werden dir wohlgesonnen sein und dir helfen, wenn du sie brauchst. Im Augenblick magst du nicht daran glauben, aber sie alle können deine Freunde sein. Alles kann dir helfen und du kannst ihnen helfen. Egal wie klein und scheinbar belanglos sie auch sein mögen. Erinnere dich daran, als du versuchtest, mich aufzusuchen, da hat dir eine Fliege den Weg gezeigt. Ein Qam kennt um diese Verbin-dungen, deshalb beobachtet ein Qam alles in der Natur und in seiner Umgebung. Alles kann ein Zeichen sein und etwas bedeuten. Aus diesem Grund lässt ein Qam sich vom Strom des Lebens tragen, anstatt dagegen zu schwimmen. Es kommt auf deine geistige Reife an, ob du diese Verbindung erkennst oder nicht. Noch bist du blind für diese Verbindung, aber schließlich wollen wir das ändern.«

Ich entgegnete, dass es nicht meine Absicht war, sie zu verärgern, sondern dass ich nur verstehen wolle und dass es mir leidtue, falls ich sie verärgert hätte.

»Momentan hat es keinen Zweck zu versuchen, alles verstehen zu wollen. Irgendwann, wenn du ein Verständnis dafür entwickelt hast, können wir darüber sprechen. Im Moment ist das einzig Wichtige, dass du einfach nur tätig wirst. Fühle den Augenblick. Denke nicht, der Baum hat dir nichts zu geben. Umarme ihn einfach.«

Diesmal folgte ich ihrem Rat ohne zu murren und berührte alles, was auf meinem Weg meine Aufmerksamkeit anzog. Ich streichelte Pflanzen, umarmte Bäume, berührte Steine oder nahm sie in die Hand, um sie für einige Augenblicke anzusehen. Auf diese Weise erreichten wir nach einer Weile die Böschung mit dem lichten Wald. Überall in der Gegend wuchsen unterschiedliche Pflanzenarten. Anaqam und die anderen zeigten mir bestimmte Pflanzen- und Beerensorten und gaben mir Anweisung, wie ich sie einzusammeln hatte. Ich machte mich an die Arbeit und suchte die Gegend ab. Manche von ihnen befanden sich an den säulenförmigen Bäumen, andere an auseinanderstrebenden Sträuchern, wieder andere an fern abgelegenen Bergregionen. Über den

Wacholder erklärte Anaqam, dass dieser für viele Schamanen sowohl zu Reinigungsritualen und Zeremonien gebraucht wurde als auch wesentlicher Bestandteil ihrer Trommeln und Rasseln sei. Auch galt er als Heilpflanze. Sie riet mir, mich bei dem Strauch oder Baum zu entschuldigen und den Grund meines Handels zu begründen, falls es einmal nötig sei, ihren Ast oder Zweig zu brechen. Die Veranschaulichung dessen sah ich, als Selenge Apa einen Ast zerbrach. Sie bat den Baum um Vergebung und erklärte den Grund ihres Handelns.

»Es ist unsere Pflicht, mit allen Lebewesen dieser Welt, sei es Mensch, Tier oder Pflanzen, ein gutes Verhältnis zu haben«, sagte Anaqam. »Deshalb machen wir keinen Unterschied und sprechen zu ihnen. Wenn wir uns einmal falsch verhalten oder es unumgänglich ist, dann entschuldigen wir uns für unsere Tat und nennen den Grund unserer Handlung oder wir geloben, dass wir ihre Art gut behandeln und unsere Tat einem Nutzen dienen wird. So erwirken wir Harmonie mit der Welt.«

»Und was ist, wenn man das nicht tut, Anaqam?«

»Dann wird das Leben im Maß unserer Tat sich gegen uns wenden. Ein einzelner Ast wird da noch keine große Auswirkung haben, nichtsdestotrotz ist Unrecht eine schwerwiegende Tat. Wenn du dem Leben Unrecht zufügst, wird es sich früher oder später revanchieren. Die Zeit ist für das Leben belanglos, irgendwann wird es einen zur Rechenschaft ziehen. Tun wir hingegen etwas Gutes, wird auch das Leben für uns etwas Gutes tun.«

Sie blickte mich prüfend an und erwartete einen Kommen-tar. Ich wollte sie mit meinen Bemerkungen nicht erneut verärgern.

Gegen Mittag, nachdem sich das Wetter einigermaßen erwärmt hatte, legten wir eine Pause ein und setzten uns auf einen glatten Felsstein, um uns auszuruhen. Selenge Apa und Tuva verteilten mitgebrachtes Essen. Nach dem Essen machten wir uns wieder an die Arbeit. Das Beeren zupfen enthüllte sich mit der Zeit als sehr unangenehm und mühsam. Es war keine Arbeit, die mir Freude bereitete, und ich wurde oft durch die spitzen Nadeln gestochen, aber ich wollte nicht gleich am ersten Tag nörgeln. Einige Male probierte ich von den Beeren. Sie schmeckten süßlich und hatten einen bitteren Nachgeschmack. Bis Spätnachmittag hatten wir mehrere Körbe und Säcke gesammelt, und als wir uns auf den Rückweg machten, verschwand langsam die Sonne hinter den Bergen. Im Dorf angekommen, verlangte Anaqam, mit zu ihr zu gehen. Vor ihrer Jurte lagen mehrere teppichartige bunte Kelim. Wir setzten uns darauf.

»Du beschreitest nun einen besonderen Pfad«, eröffnete sie das Gespräch. »Es ist Zeit, dir mehr über den Pfad zu erzählen. Gestern hast du die Regel gelernt, nach denen ein Qam sich richten sollte. Auf ihnen basieren die praktischen Handlungen eines Qam, mit anderen Worten: der Weg, den ein Qam beschreitet. Wem es gelingt, diesen Pfad zu absolvieren, der wird zu einem Eereni. Wie du siehst, ein Qam ist nicht eben einfach nur ein Qam, es gibt unterschiedliche Arten.«

»Was ist ein Eereni«, unterbrach ich sie, denn das war das erste Mal, dass ich davon hörte.

»Das ist keine einfache Frage. Ein Eereni lässt sich am einfachsten als ein Erkenner erklären; jemand, dem es gelungen ist, die Wirklichkeit hinter den Dingen zu erkennen. Mit anderen Worten, er ist jemand, der Erkenntnis über das Leben und sein wahres Wesen erlangt hat, indem er sich über alle Zwänge des Lebens erhoben hat. Er ist jemand, der eins mit sich selbst ist. Niemand kann einem Eereni Schaden zufügen oder ihn manipulieren, weder körperlich noch psychisch. Doch es bedarf ein ganzes Leben, um dies zu erreichen. Wie ich dir schon sagte, der Weg der Eereni ist ein schwieriger und einsamer Pfad, voller Inbrunst, Demut und sogar Verzweiflung. Aber am Ende dieses Pfades, falls du beharrlich bleibst, erlangst du unglaubliche Einsicht über dein Leben und dich selbst.«

»Bist du ein Eereni, Anaqam?«, fragte ich.

»Nein, ich bin kein Eereni«, bemerkte sie fröhlich.

»Welche Unterschiede gibt es zwischen einem Qam und einem Eereni?«, wollte ich diesmal wissen.

»Ein Qam ist jemand, der sich dem Leben verschreibt und ein Mittler der Welten ist, den Menschen hier und den Toten der anderen Welt. Ein Qam untersteht dem Leben, im besten Fall ist er eins mit dem Leben. Ein Eereni hingegen ist jemand anderes, wenngleich er einmal ein Qam gewesen ist. Ein Eereni geht seinen Weg aus Eigensucht, was nicht unbedingt etwas Schlechtes heißen muss. Er kennt sein Wahres Selbst und ist hinter das Geheimnis seines Lebens gekommen. Einem Eereni untersteht das Leben, ohne dass er den Wunsch hegt, über das Leben zu gebietet. Er ist sogar darauf aus, sich davon loszusagen. Genauer gesagt, er interessiert sich nicht mehr für die Dinge dieser Welt. Er ist auf ewige Freiheit aus. Das ist sein vorrangiges Bestreben.«

»Wie wird man ein Eereni, Anaqam?«

»Wie gesagt, wenn man seinen Weg beharrlich zu Ende beschreitet. Es gibt verschiedene solcher Wege, doch ich kann dir lediglich das aufzeigen, was ich selbst von meinen Lehrern gelernt habe. Ein anderer könnte dir auch einen anderen Weg zeigen. Egal, welchen Weg ein Mensch gehen will, es ist wichtig zu verstehen, dass diese Wege erst entdeckt werden mussten, damit andere sie beschreiten können. Vielleicht hast du inzwischen erfahren, dass ich einer alten Qamanenfamilie entstammte, die am Aussterben ist. Das Wissen hierum hat mich mein Großvater gelehrt. Er war ein angesehener Qam unseres Stammes. Er seinerseits hat es von seinem Vater gelehrt bekommen, der ebenfalls ein Qam war. Es ist ein jahrhundertealtes Wissen, welches immer mündlich an den nachfolgenden Qam innerhalb der Familie überliefert wurde.«

Sie schwieg einen kurzen Augenblick, als ob sie auf eine Frage meinerseits warte. Ich hatte keine und hörte ihr sehr aufmerksam zu. Sie wandte ihren Blick zum Horizont.

»Das Wetter ist freundlich und die Luft angenehm mild. Es scheint eine gute Zeit zu sein, um dir mehr darüber zu erzählen. Alles, was ich dir jetzt sagen werde, solltest du dir gut merken. Der Weg der Eereni setzt sich aus vier Pforten zusammen, die man Tört Süzgek nennt«, erklärte sie ruhig und fügte in ihrem Dialekt hinzu: »Tört süzgek hem tört yön hem tört olut hem tört belgi hem tört tüs hemde tört bulung payda boluv. – Den vier Pforten werden je vier Himmelsrich-tungen, vier Elemente, vier Symbole, vier Farben und vier Winde zugeteilt. Du solltest ihre Eigenschaften kennen und gut einprägen. Jede Pforte beinhaltet einen essenziellen Aspekt des Weges und muss vom Lehrer an den Schüler weitergegeben werden. Die ersten beiden Pforten betreffen unser menschliches Wirken und können bezeugt werden, die beiden letzten betreffen unser geistiges Wesen und bedürfen einer besonderen Art von Bezeugung. Jede Pforte setzt sich aus weiteren untergliederten Stufen zusammen und jede Pforte ist schwieriger zu erreichen als die vorherige. Wie bereits erwähnt, ein Qam lebt im Dienste der Natur, dem Leben, der Gemeinschaft und seiner Welt. Die vier Pforten spiegeln diese Anschauung wider. Die erste Pforte betrifft das Verhalten im irdischen Leben, es ist die Pforte des Kriegers, nicht, weil er einen Krieg zu führen hat, sondern weil alles im Leben ums Überleben geht und Überleben mit Anstrengung verbunden ist. Aus diesem Grund ist ein jeder Qam zunächst ein Krieger. Ein Krieger ist wie gesagt keine Person des Krieges oder der Gewalt, wenn auch er diese nicht fürchtet. Während dieser Phase wird ein Qam viele Niederlagen erleiden und viele Enttäuschungen schmecken. Das liegt in der Natur der ersten Pforte. Die alten Qamanen trugen als Zeichen an diese Vorstellung kleine Holzschwerter bei sich, heutzutage machen das nur noch wenige Qamanen. Wie die menschlichen Phasen von Geburt, Wachstum, Rückgang und Sterben beginnt auch die erste Pforte mit einem Anfang. Die Himmelsrichtung der ersten Pforte ist der Osten. Osten ist hier.« Sie deutete mit ihrem Arm in die Richtung vor uns. »Im Osten geht die Sonne auf. Unsere Türen zeigen nach Osten, damit wir morgens die Sonne begrüßen können. Der Ostwind, Öngdinyäl genannt, ist der Wind des Frühlings und bläst den Schnee weg. Er ist ein freudiger und sanfter Wind, wie die jugendliche Liebe und bringt Glück mit sich. Ein Qam kann diesen Wind anrufen und ihm um Hilfe bitten. Die Farbe der ersten Pforte ist die der Sonne, gelb. Ihre Wirkung ist wie die der Sonne situationsabhängig. Sie kann Glück und Lebensfreude verheißen, aber auch, der Gefahren wegen, denen ein Krieger ausgesetzt ist, Warnung und Widerspruch. Das Symboltier dieser Pforte ist der himmlische Wolf, Qökböri. Er steht für den Kriegergeist. In deiner Vision sahst du ihn, erinnerst du dich noch? Wenn du dich einmal auf deinem Weg irren solltest, kannst du ihn rufen. Der himmlische Wolf zeigt dir dann den Weg. Machen wir weiter; das Element der ersten Pforte ist das des Erdbodens, Topurag genannt. Die Erde ist das Fundament unserer Welt und das wichtigste Element. Darum wird sie auch Muttererde genannt. Sie wird gepflügt, ihre Felder werden gesät, ihre Haut zerstückelt und verbrannt, trotz all dem kümmert sie sich um alle Lebewesen auf ihr. Sie gibt uns alles, was wir zum Überleben benötigen. Sie ist der Inbegriff für Toleranz, Selbstlosigkeit und Bescheidenheit, obgleich die Menschen sie tagtäglich foltern. Du reichst ihr einen Kern und sie gibt dir vier Mahl. Muttererde ist der Grund unserer Existenz. Kenne den Boden unter deinen Füßen. Egal, wo du stehst, es ist immer die Muttererde.«

Sie machte eine kurze Pause und sah mich fragend an, so, als ob sie herausfinden wolle, ob ich ihrer Erklärung nachkomme. Nachdem ich keinen Kommentar von mir gab, fuhr sie fort:

»Falls du keine Fragen hast, möchte ich dir erklären, welche Qamanen der ersten Pforte angehören. Allgemein bezeichnet man alle Qamanen der ersten Pforte als weiße Schamanen, Akqam. Sie werden je nach ihren Fähigkeiten in verschiedenen Klassen unterteilt und beschäftigen sich vor allem mit einfacheren Heilmethoden; Wahrsagen, Schutzzauber, Kraftlieder, magischen Gegenständen; dem Wiederauffinden von Gegenständen oder dem Betreuen von

Verstorbenen. Unter ihnen gibt es beispielsweise die Otachi; sie beschäftigen sich hauptsächlich mit Pflanzenheilkunde. Sie wissen, welche Pflanze oder welches Kraut essbar ist und welche nicht, oder welche Schmerzen und Krankheiten diese lindern und heilen. Ein guter Otachi kann sogar die Sprache der Pflanzen sprechen und steht unter dem Schutz des Pflanzengeistes. Ein guter Akqam kann sogar mit einer einzigen Berührung Schmerzen entfernen.«

»Kennst du einen Otachi, Anaqam?«, fragte ich neugierig.

»Hier unsere Tuva«, sagte sie und deutete in Tuvas Richtung. »Sie ist eine Otachi, zumindest eine in der Lehre. Du wirst sie die Tage begleiten, dann erfährst du mehr über ihre Tätigkeit.«

»Unterrichtest du Tuva auch in den vier Pforten?«

»Tuva geht einen anderen Weg. Einen Weg, der ihrer Person besser entspricht.«

»Welche Klassen gibt es noch, Anaqam?«

»Ich will sie dir erklären. Du solltest zunächst wissen, dass manchmal die Pflanzen nicht ausreichen, um Kranke zu heilen und man andere Mittel benötigt. Die Afsundchu's beispielsweise benutzen Amulette oder Talismane als Schutz-zauber oder rufen niedrige Geister, um andere niedrige Geister zu vertreiben.«

»Aus welchem Grund rufen sie niedrige Geister statt gute?«

»Das hat damit zu tun, dass viele niedrige Geister etwas Gutes tun wollen, damit sie aufsteigen können. Aus diesem Grund sind solche gern gesehene Helfer. Um gegen böswillige Geister erfolgreich anzugehen, muss ein Qam mehr über sie erfahren, darum beschäftigt er sich mit ihnen. Er taucht in ihre Welt ein und lernt über sie, nur so erfährt er ihre List und die Krankheiten, die sie verursachen. Neben den Afsundchu's gibt es die Duha, die mit Gebeten arbeiten. Sie sind voller Ehrerbietung gegenüber dem Leben und der Natur. Dann gibt es noch die Oz-An. Diese haben sich der Poesie gewidmet. Sie singen für die Toten und werden wiederrum von diesen inspiriert. Ihre Gedichte sind meistens trübsinnig und melancholisch. Man kann auch ein Oz-An ohne eine schamanische Ausbildung werden. Die kundigsten Akqamane sind die Böö's. Böö's können im Laufe ihrer Ausbildung lernen, wie sie all ihre Körperfunktionen kon-trollieren. Sie können ihren Hunger und Durst kontrollieren, sogar, ob sie bluten oder nicht. Viele von ihnen können sich Wunden zuschneiden oder Eisengegenstände in ihren Kör-per stechen, ohne dabei zu bluten.«

»Warum machen die so etwas? Sind die verrückt?«

»So wurden sie früher bezeichnet: Verrückte. Menschen, die nichts über das Können eines Böö's wussten, bezichtigten sie der Spinnerei. Sie lieben nun einmal die Theatralik, aber sie machen das nicht, weil sie verrückt sind, sondern im Versuch, schneller ein Zustand der Ekstase zu erreichen, um den Leuten besser helfen zu können. Sie tun das aber auch, um den Geistern zu zeigen, dass sie keine Angst vor dem Tod haben.«

Obwohl ich aufmerksam zugehört hatte, verwirrten mich die ganzen Bezeichnungen. Mir war gar nicht bewusst, dass es derart viele Klassifikationen gab.

»Welchen Unterschied gibt es zwischen einem Böö und einem Qam?«, erkundigte ich mich.

»Das ist eine einfache Frage und doch nicht so leicht zu beantworten. Obwohl sie sich gleich sind, bestehen doch große Unterschiede. Der größte Unterschied ist, dass ein Böö nicht in andere Welten reist. Die Frage des Könnens und Wollens lasse ich aus. Ihre helfenden Geister sind meistens Erd- und Naturgeister. Ein Böö sorgt für Harmonie in seiner Gesellschaft. Er liebt Poesie und Geschichten und ist eine Person des Herzens. Da er nicht in andere Welten reist, benötigt er die Trommel nicht. Rasseln und andere Musikin-strumente reichen ihm zur Entspannung und Genuss völlig aus. Meistens begleitet ihn ein Oz-An. Ich muss zugestehen, die Zeremonien eines Böö sind deutlich unterhaltsamer als die eines anderen Qam. Sie sind wie Schauspieler, sie üben eine kontrollierte Gleichgültigkeit aus. Sie sind Krieger, aber keine Kämpfer. Sie siegen und lassen sich freiwillig besiegen. Für sie ist schwarz und weiß gleichbedeutend. Falls wir einmal die Gelegenheit haben, sollten wir einen aufsuchen, damit du den Unterschied siehst. Ich bin mir sicher, du würdest dich amüsieren. Die Böö sind die wenigen, die weiterhin noch Kriegersymbole der alten Qamanen mit sich tragen: Schwert, Pfeil und Bogen.«

Ich konnte mir gut vorstellen, dass eine derartige Ausbildung sehr lange dauern musste.

»Wie lange praktiziert ein Akqam die erste Pforte?«, fragte ich.

»Auch diese Frage lässt sich nicht so einfach beantworten. Jahre, wenn nicht Jahrzehnte. Es gibt keine vorgeschriebene Zeit für all das. Tuva ist beispielsweise seit fast fünf Jahren bei mir und sie ist immer noch am Lernen. Allein die Geister entscheiden, wann eine Person bereit ist, weiteres Wissen zu erhalten. Lernt und praktiziert jemand viel, dann benötigt er neues Wissen. Lernt er nur mühsam und wenig, dann werden die Geister ihm kein neues Wissen verschaffen.«

Ich gestand ihr, dass mir nie bewusst war, wie viele und unterschiedliche Klassen es gab.

»Wenn ich dich richtig verstanden habe, Anaqam, so betrifft die erste Pforte unsere Beziehung zu unseren Mitmenschen?«

»Damit liegst du richtig, aber das ist nicht alles. Die erste Pforte beinhaltet auch die Beziehung zu uns selbst, zur Gesellschaft, zur Natur und auch ein wenig zu den Geistern. Eigentlich alles, womit unsere eigene Person in Beziehung steht. Auf dem Pfad dieser Pforte streben wir danach, mit uns selbst besser umzugehen, um uns persönlich und geistig zu stärken. Aber das allein wäre eigensüchtig; kenne auch die Gesellschaft, in der du lebst; kenne ihre Regeln und Bräuche. Bewahre die Tradition, doch was rückständig und veraltet ist, dort hast du dich um Verbesserung und Aufklärung zu bemühen. Meistens ist der Grund für Rückständigkeit Unwissenheit. Gestern haben wir darüber gesprochen. Unwissenden Menschen fehlt es an der Fähigkeit, die Dinge zu hinterfragen. Solche Menschen besitzen oft die Ansicht, dass sie viel wissen, auch wenn das, woran sie glauben, was sie denken zu wissen oder was sie praktizieren, ihnen in keiner Weise hilft, sie nicht fördert, ja sogar schädlich ist, können sie davon nicht ablassen. Solche Menschen sind nicht nur beharrlich in ihrer beschränkten Meinung, sie tolerieren auch keine andere Meinung und sprechen anderen das Recht zur Wahrheit und die Fähigkeit zum Denken ab. Solche Menschen sind von Erneuerung und Veränderung beängs-tigt. Deshalb ist es umso mehr unsere Aufgabe, eine Welt anzustreben, in der es besser, weiser, friedlicher und respekt-voller gegenüber allen Lebewesen und der Natur zugeht. Dir ist sicherlich schon aufgefallen, dass die Menschen die Natur inzwischen nicht mehr als ein Geschenk des Himmels betrachten, sondern mehr als eine Ressource – etwas, was sie auszubeuten versuchen. Leider sind viele Menschen Kleingeister, sie verstehen nicht, dass sie mit solchen Handlungen die Erhöhung ihres Geistes verhindern. Sie erkennen nicht, dass keine Saat wachsen kann, wenn die Erde verschmutzt ist und kein Handeln richtig, wenn das Gewissen unrein ist.«

Sie stand auf und ging in die Jurte. Als sie wieder herauskam, schlug sie einen Spaziergang vor. Wir gingen im umliegenden Waldgebiet umher.

»Lass mich meine Erklärung fortführen«, sagte sie beim Gehen. »Die erste Pforte verpflichtet uns, Ehrerbietung und Demut gegenüber allen Dingen zu zeigen, egal wie unbedeutend sie auf den ersten Blick erscheinen mögen. Erinnere dich daran, was ich dir über den Großen Geist gesagt habe; alles lebt für einander. Wo immer du in der Natur hinsiehst, erkennst du dieses Prinzip. Mistkäfer vergraben Dung; Ameisen verbreiten Samen; Eichhörnchen pflanzen Kerne; Pflanzen stärken den Erdboden; Bäume schließen sich zu einem Wald zusammen und geben Luft zum Atmen; der Wind bewegt die Luft; Wolken schenken Regen; Flüsse spenden Wasser; die Sonne gibt Wärme und der Mond bietet Sicherheit. Nichts kommt für sich selbst hervor, was für den einen Gift ist, ist Samen für etwas anderes. Auf diese Weise werden Widrigkeiten überwunden, um zu überleben. Solidarität ist das Prinzip der Natur. Wir sind ebenfalls ein Teil der Natur, wir sind nicht ihre Besitzer. Wenn wir ein zusammengebrochenes Ameisennest sehen, dann wird uns das nicht schlafen lassen, weil wir uns darum sorgen. Wenn ein Ast zerbricht, dann sorgen wir uns um den Baum. Wenn ein Baum gefällt werden muss, dann fragen wir den Waldgeist, damit er uns einen Baum herausgibt. Wir tun das, weil das Leben eine Einheit ist. Andernfalls entsteht weder Respekt noch Verantwortung gegenüber dem Leben. Du hast mich gestern gefragt, was einen guten Menschen ausmacht, jetzt will ich dir die Antwort darauf sagen. Ein guter Mensch ist vor allem jemand, der sich Gedanken darum macht, wie er die Welt der nachfolgenden Generation vererbt. Darum ist es wichtiger, dass junge Menschen wie du und Tuva, die besondere Pfade beschreiten, im Reinen mit der Natur und sich selbst sind.«

Ich nickte beipflichtend. Sie blieb stehen und brachte ein Lederbündel hervor. Es waren dutzende Kerne und Samen darin. Sie zählte ab und übergab mir acht davon. Sie sagte, dass es nach der Lebensphilosophie der Schamanen Pflicht sei, mindestens acht Bäume im Leben zu pflanzen und dafür Sorge zu tragen, dass diese wachsen und überleben. Sie verlangte von mir, dass ich mich in kommender Zeit dieser Aufgabe widmen solle und beschrieb mir, wie ich vorzugehen hatte.

»Die Kerne haben den Winter gut überstanden«, bemerkte sie. »Die Zeit ist geeignet. Wenn du sie pflanzt, singe ihnen etwas vor, damit sie sich an deine Stimme gewöhnen. In jedem einzelnen Kern steckt das Verlangen zu leben. Darum sorge dafür, dass sie wachsen und leben.«

Sie wolle Selenge Apa damit beauftragen, mir zu helfen und meinte, unsere gegenwärtige Unterhaltung solle voranging als Einführung dienen, damit ich für meine künftige Unterweisung ein erstes Verständnis erlange. Ich fragte, was ich sonst noch tun müsse.

»Ich werde dir täglich Arbeiten aufgeben«, sagte sie. »Ich werde sie dir zu gegebener Zeit sagen. Sie werden dazu dienen, dass du allmählich eine andere Einstellung zum Leben bekommst. Dein Problem ist, du lebst zu sehr in der Vergangenheit. Vielleicht denkst du, dass es mit deiner Depression zu tun hat. Doch du bist nicht depressiv, du bist unentschlossen; du kannst dich nicht entscheiden und das lässt dich verzweifeln. Das passiert, wenn man seinen Platz im Leben nicht kennt. Wie soll es auch anders sein, wenn man alle Zeichen ignoriert oder verdrängt. Doch Muttererde ist eine großartige Heilerin. Die Aufgaben, die ich dir geben werde, sie werden dich wieder ins Gleichgewicht bringen.«

Kapitel 8 - Erste Pforte

An den darauffolgenden Tagen gab Anaqam mir andere Aufgaben. Sie wollte, dass ich den Frauen beim Scheren der Schafe und Melken der Stuten oder Rentiere helfe, wobei ich den letzteren meistens nur zuschaute. Mehrmals täglich mussten die Tiere gemolken werden. Auch die älteste unter ihren Helferinnen war dabei Ihr Name war Alma Tayece – Tante Alma. Äußerlich und charakterlich ähnelte sie ein wenig Anaqam, aber anders als Anaqam wirkte sie nicht sehr vital, besaß aber wie sie eine Persönlichkeit von herzlicher Strenge. Sie zeigte mir, wie ich die Schafe zu scheren hatte und lachte, wenn ich mich ungeschickt anstellte. Junge Frauen und Mädchen mit geflochtenen Zöpfen wuschen daraufhin das geschorene Fell und verstauten es. Da ich es nicht gewohnt war, harte ländliche Arbeiten zu verrichten, ermüdete ich schnell. Täglich schmerzte mein ganzer Körper; meine Muskeln wurden steif und krampfhaft. Manchmal, während den Beschäftigungen, legte ich mich mehrmals für einige Minuten hin, um zu Kräften zukommen. An anderen Tagen verlangte Anaqam, dass ich den Hirten des Dorfes beim Hütender Herden helfe. Jeden Morgen bei Beginn der Dämmerung brach ich mit einem Hirten Namens Karabek auf, um die Herden in den naheliegenden Bergwiesen zu hüten. Unweit der Siedlung gab es ein wässriges, grünes Gebiet, wohin ich manchmal die Rentiere brachte oder mir allein die Zeit vertrieb. Über die Rentiere lernte ich, dass man ihnen regelmäßig zusätzliches Salz zum Essen gab. Da in den Bergregionen vor allem kräftige Riedgräser wuchsen, würden die Tiere ohne Salz nicht an Gewicht zunehmen. Um zu unterscheiden, welches Tier zu welcher Familie gehört, band man farbige Stofftücher an ihre Hörner. Wieder ein anderes Mal schickte Anaqam mich in Begleitung in die nahegelegene Kleinstadt, um Besorgungen zu machen und zwang mich somit zu einem stundenlangen Ritt zu Pferd. Da kaum jemand im Dorf ein Auto besaß, wurden die Pferde hauptsächlich hierfür genutzt. Manchmal nahm Selenge Apa mich mit in die naheliegende Steppe und zeigte mir dort Gräber von ehrwürdigen Persönlichkeiten. Sie erklärte mir, um wen es sich handelte und erzählte Legenden über sie. Eines Tages lenkte sie meinen Blick auf eine merkwürdige Anhäufung von Steinen am Straßenrand und nannte diese Oba. Sie sagte, dass diese der Region eigen wären und nach altem, heimischem Glauben Ruhestätten großer Persönlich-keiten oder freundlicher Geister seien. Dieser Glaube würde allerdings immer weiter aus dem Bewusstsein der heim-ischen Bevölkerung verdrängt.

Einer der interessanteren Tage war, als ich mit Tuva Pilze sammeln musste. Auf diese Weise ergab sich die Möglichkeit, sie näher kennenzulernen. Sie war 35 Jahre und im Unterschied zu Alma Tayece und Selenge Apa war sie nicht mit Anaqam verwandt. Sie konnte mehrere Fremdsprachen, darunter auch Englisch. Sie erzählte, dass sie im Ausland studiert hatte und vor fünf Jahren wegen einer schweren Krankheit Anaqam aufsuchte. Seitdem sei sie bei ihr geblieben. Beim Gehen bemerkte ich, dass sie mit einem Bein leicht hinkte, aber ich mied es, sie darauf anzusprechen. Ich nahm an, dass es etwas mit ihrer Krankheit zu tun hatte. Sie erzählte, dass sie, nachdem sie beschlossen hatte hier zu leben, einen der einheimischen Nomaden geheiratet hätte. Er sei aber letztes Jahr verstorben. Sie hatte einen zweijährigen Sohn, einen ziemlich herzhaften sogar. Er konnte kaum richtig laufen, versuchte aber immer zu treten. Sein Lieblingssatz war: »Mänim adym… Sabuko! – Ich heiße... Sabuko!«

»Was stimmt mit dem Jungen nicht?«, fragte ich scherzhaft, worauf sie lachte und sagte, dass der Junge den Geist eines Kriegers besitze.

Falls es mal für mich nichts Spezielles zu tun gab, half ich, wo ich nur konnte, um mich irgendwie nützlich zu machen. Ich sammelte Futter für die Tiere, spaltete Holz, stutzte die gesammelten Pflanzen oder sammelte in den Wäldern Sträucher und Ästen. Anderntags half ich einigen der Bewohner beim Aufbau und Justieren von Satellitenschüssel, da den meisten das technische Verständnis hierzu fehlte. Einmal im Monat kam Purtas mich besuchen. Meistens blieb er über Nacht und ging am nächsten Morgen wieder. Es stimmte mich traurig, ihm keine Hilfe auf dem Land zu sein. So verbrachte ich Tage damit, banale Dinge zu erledigen. Es war nicht immer leicht und ich hatte anfänglich Schwierig-keiten, mich an das bescheidene und einfache Leben zu gewöhnen. Trotzdem gelang es mir, mit den alltäglichen Widrigkeiten gut fertig zu werden. Grund dafür waren zwei Dinge, die ich seitens Anaqam erhielt und denen ich täglich nachgehen musste. Zum einen war es erforderlich, über beklemmende Gefühle zu sprechen, sei es zu Tieren, Bäumen oder Pflanzen. Sie meinte, allein das Wiedererzählen besäße eine heilende Wirkung und dass ich dies, da ich keine vertraute Person um mich hätte, der Natur erzählen solle. Das Erzählen sei wie ein Denkprozess. Sie selbst hätte einen Baumfreund, dem sie alles erzähle, was ihr auf dem Herzen liege. Das zweite war eine Teemischung aus Wurzeln der gesammelten Kräuter und Pflanzen, die ich täglich zu mir nahm. Es war ein starker Tee, der mir über den ganzen Tag auf seltsame Weise ein glückliches und kraftvolles Gefühl gab. Allerdings gab es da noch etwas, was mich auf Trab hielt, und zwar die Arbeiten im Klima der hohen Berge, wo die Luft frisch und rein war.

Auf diese Weise wurden die Tage zu Monaten und nach einer bestimmten Zeit hörten die Menschen im Dorf auf, Fremde zu sein und freundeten sich mit mir an. In dieser Zeit fiel mir leider auch auf, dass viele der Männer Säufer waren. Eine hingegen bemerkenswerte Eigenschaft der Bewohner war, dass möglichst viele Sachen untereinander aufgeteilt wurde. Obgleich ich weiterhin Schwierigkeiten hatte, alles zu verstehen, was sie sagten, entwickelte ich ein Ohr für ihren Dialekt. Besonders im jungen Ziegenhirten schien ich ein Freund gewonnen zu haben. Sein Name war Dingling. Er war der Enkelsohn von Alma und kaum mehr als zwölf Jahre alt. Sein Vater war eine der Personen, die in Großstädten ihr Glück versuchten und nur für wenige Tage im Monat in der Siedlung waren. Dingling hatte wie die meisten Jungen in seinem Alter eine freundlich verspielte Natur. Aber der ihn begleitende Schäferhund war das Gegenteil von ihm. Er knurrte, bellte und versuchte mich jedes Mal anzuspringen. Dingling rief dem Hund jedes Mal etwas zu, damit er zu bellen aufhöre. Einmal, während unseres Beisammenseins, stiegen wir einen Bergpfad hinauf und trieben die Ziegen auf entfernte Bergwiesen. Nach meiner Einschätzung hatte er eine gute Beziehung zu den

Tieren. Er sprach zu ihnen und verwöhnte sie nicht zu sehr. Er erzählte mir, dass der beste Käse aus der Milch von Bergziegen stamme, da diese nur Bergpflanzen essen würden, welche reichlich Vitamine und Minerale enthielten. Er erzählte mir auch, dass es sein Traum sei, von hier wegzuziehen, wenn er groß werde, um fremde Länder zu bereisen. Er interessierte sich sehr für meine Heimat und wollte alles darüber erfahren. So sprachen wir eine Weile darüber. Dann beschloss ich meinerseits, ihn über Anaqam zu befragen.

»Was denkst du über Anaqam, Dingling?«

»Ich weiß nicht, aber ich mag sie«, antwortete er knapp.

Ich bemerkte, dass es ihm unangenehm war, über Anaqam zu sprechen, denn er genierte sich dabei wie ein Junge, der etwas angestellt hatte.

»Fürchtest du dich etwa vor ihr?«

»Natürlich fürchte ich mich vor ihr«, sagte er, die Stimme zu einem Flüstern gepresst. »Du etwa nicht?«

»Man erzählt, sie könne in andere Welten reisen, um mit den Seelen Verstorbener zu sprechen. Meinst du, das stimmt?«

»Das weiß ich nicht. Ich weiß nur, dass sie mit Tieren spricht«, sagte er in einem ehrfürchtigen Ton.

»Woher weißt du das? Hast du es mal selbst gesehen?«

»Das darf ich dir nicht sagen. Das ist geheim.«

In seiner Stimme lag ein Hauch von Spannung.

»Warum denn nicht? Wir sind doch jetzt Freunde.«

»Ja, aber du bist ein Fremder.«

»Ist es denn nicht möglich, dass du mir etwas darüber erzählst?«, beharrte ich.

»Mit Fremden dürfen wir nicht über Anaqam reden.«

Er sprach nicht weiter darüber. Ich versuchte es noch einige Male, aber ohne Erfolg. Schließlich sagte er, ich solle mit seiner Großmutter über solche Themen sprechen. Ich beließ es dabei, beschloss aber anhand seiner Erwähnung, Alma zu befragen. Nach einigen Tagen fand ich sie zwischen zwei Frauen sitzend auf. Ich erzählte ihr, was ich bis jetzt von meinem Onkel, Dingling und von den anderen gehört hatte und stellte ihr diesbezüglich Fragen. Und zum ersten Mal gelang es mir, jemanden anzutreffen, der ohne Hemmungen darüber berichtete. Alma erzählte mir von einer roten Mähre, die sie nach ihren Angaben kurz nach der Entbindung ihres ersten Kindes selbst gesehen hatte. Sie nannte die rote Mähre Albis, und beschrieb sie als drei Meter großes, unschönes Wesen mit langen Zähnen. Ich war von unglaublicher Neugier getrieben. Wahrscheinlich hätte sie in diesem Moment keinen besseren Zuhörer finden können als mich. Ich bat sie, mir mehr darüber zu erzählen.

»Ibila Aka sah die rote Mähre als ersten«, sagte sie gesprächig.

»Wer ist Ibila Aka?«, fragte ich.

»Er ist der Großvater der Yakzüchter, am anderen Ende des Tals. Die rote Albis ritt jeden Abend bis früh morgens einen seiner Pferde. Jeden Morgen sah Ibila Aka, wie das Pferd erschöpft am Boden lag und schwer atmete. Zunächst wusste niemand warum. Eines nachts legte er sich auf die Lauer und wartete. Er sah ein langgewachsenes Wesen mit langen, struppigen Haaren, welches das Pferd wild ritt. Ibila Aka war selbst ein Qam und wusste, was er zu tun hatte. Er packte die Mähre am Arm und stach sie mit einer langen, dünnen Nadel in ihre Schulter, welche sie wegen ihrer langen Nägel nicht herausziehen konnte. Sie fing an, um ihr

Leben zu betteln und gelobte Ibila Aka, alles Erdenkliche zu tun. Sie schenkte ihm sogar ihren Ring. Aber er befreite sie trotzdem nicht von der Nadel. Du wirst nicht erraten, was er mit ihr angestellt hat; der alte Fuchs machte sie zu seiner Dienerin. Haha«

Sie schlug sich lachend auf die Schenkel.

»Die arme Mähre...«, fuhr sie fort. »Sie musste bei ihm zu Hause waschen, kochen, backen, Wasser tragen, saubermachen, einfach alles. Und alles, was sie tat, war unglaublich gründlich und nachhaltig. Ich kann mich noch gut erinnern, wie der Teig, den sie machte, über Monate hielt, egal wie viel wir daraus buken. Der Teig wollte einfach nicht fertig werden. Es war wirklich unglaublich.«

»Was passierte dann?«, fragte ich neugierig.

»Die Mähre täuschte einen seiner Söhne. Weißt du, seine Kinder sind nicht besonders hell hier oben.« Sie deutete auf ihren Kopf. »Er nahm ihr die Nadel aus ihrer Schulter heraus, dann verschwand sie. Man hörte nur noch einige Male ihr Lachen in den Wäldern schallen.«

Ich hatte ihr gebannt zugehört und war beeindruckt von der Geschichte.

»Wann war das ungefähr, Alma Tayece?«

»Das weiß ich nicht mehr genau. Ich war damals noch ein junges Mädchen.«

»Aber hast du nicht gesagt, du hast es selbst nach deiner Entbindung gesehen?«

»Ja, das stimmt, kurz nach der Entbindung meines ersten Kindes. Aybyke, die in jener Nacht bei mir war, hat es auch gesehen.«

Sie wandte sich zu der Frau neben ihr. Eine schmähliche Frau im gleichen Alter wie Alma stimmte zu

»Was ist passiert?«, wollte ich gespannt wissen.

»Das blöde Ding sprang in meine Jurte und erschreckte mich. Ich musste sogar Blut spucken. Sie sah grässlich aus, wirklich grässlich, aber wäre ich nicht gerade beim Gebären gewesen, hätte ich sie an ihren roten Haaren gezogen.«

Sie fing an zu lachen, auch die anderen Frauen lachten mit ihr.

»Vielleicht war es jemand anderer, der in die Jurte kam.

Vielleicht war es ein Mensch?«

»Ich bitte dich«, bemerkte sie ablehnend und schüttelte ihren Kopf. »Wenn du durchsichtige Riesenaffen als Menschen bezeichnest, dann vielleicht…«

Erneut lachte sie über ihre Bemerkung.

»Was war es dann?«, fragte ich.

»Das sagte ich dir doch; die rote Mähre ist ein Geistwesen.«

»Was ist dann mit dir passiert?«, fragte ich und versuchte, sie wieder auf das Thema zurückzuführen.

»Ibila Aka, der damals noch lebte, gab mir den Ring, den er von ihr bekommen hatte. Seitdem trage ich ihn. Er beschützt mich vor bösen Geistern.«

»Warte mal, willst du sagen, du hast ihn immer noch?«

»Ja sicher, schau.«

Sie streckte mir ihren Arm und zeigte einen Armreif aus Bronze. Es hätte aber auch Holz sein können, ich konnte es nicht genau identifizieren, denn in dem Moment, in dem ich ihn anfassen wollte, um ihn näher betrachten zu können, zog Alma ihren Arm zurück.

»Niemand außer mir darf ihn anfassen«, gebot sie energisch.

»Du hast gesagt, es wäre ein Ring. Das hier ist ein Armreif!«

»Das ist ihr Ring. Sie trug ihn an ihrem Finger.«

Ich war verwirrt und zugleich auch erregt. Nicht die Geschichte als solches verwirrte mich, sondern die Tatsache, dass ich Alma tatsächlich Glauben schenkte. Was sie erzählte, mochte vielleicht unwirklich klingen, aber für mich war sie in keiner Weise jemand, der log oder Geschichten erfand. Sie war eine scharfzüngige Frau, die stets zu ihren Worten und Taten stand und nicht einmal vor den harten Männern des Dorfes zurückschreckte, wenn es um ihre Meinung ging.

Jedenfalls verbrachte ich auf diese Art und Weise meine Tage, die sich durch Wochen und Monate aneinanderreihten, während ich noch immer darauf wartete, weitere Unter-weisung von Anaqam zu erhalten. Das Leben und die Arbeiten in den Bergen, umgeben von Seen, Wäldern und Wiesen gaben mir aber ein Gefühl emotionalen Ausgleichs. Sie erlaubten mir Distanz zu meiner inneren Zerstreuung, womit meine depressiven Zustände oft in Vergessenheit gerieten oder in den Hintergrund rückten, was dazu führte, dass ich mich mit meiner Lage arrangierte. Hinzu kam, dass ich zwischenzeitlich auch ein Verständnis für den Umgang mit Anaqam entwickelte. Ich wusste nun, mit ihrem Temperament umzugehen. Sie hatte nicht wie Purtas etwas Väterliches, sie war mir gegenüber zwar recht freundlich, jedoch auf eine kühne und kontrollierende Art. Auch war es nicht selbstverständlich, Anaqam täglich anzutreffen. Manchmal war sie tagelang allein in den Bergen und blieb über mehrere Nächte weg. Manchmal wurde sie von

Fremden besucht, die um Rat oder Heilung baten und so geschah es, dass sie sich den ganzen Tag oder sogar Tage um einen einzigen Patienten kümmerte. Einmal sah ich aus der Ferne, wie sie an einem regnerischen Tag die Beschwerden eines Kranken kurierte. Sie hielt in einer Hand eine Schale, um darin das Regenwasser aufzufangen und mit der anderen Hand hielt sie das Handgelenk des Kranken fest. Sie gab dem Kranken das Regenwasser zu trinken und sprach Gebete dabei. Ich fand heraus, dass sie auf diese Weise die zu behandelnden Körperstellen herausfand. Ein anderes Mal bekam ich mit, wie ein unter Impotenz leidender Mann aus dem Dorf genesen wurde. Anaqam malte merkwürdige Zeichen auf ein Gänseei und gab es dem Mann, damit er es verspeise. Der Meinung des Mannes nach war er von da an von seinen Leiden befreit. Wieder ein anderes Mal sah ich, wie sie Schlangen mit laut gerufener Beschwörung aus dem Dorf jagte. Selenge Apa erzählte mir, dass es sich um einen Bannzauber handle, um ungewollte Tiere oder Insekten fernzuhalten.

Eine Zeit lang durfte ich an keiner der Sitzungen teilnehmen, nicht einmal als Beobachter. Nach einer gewissen Zeit erlaubte Anaqam mir, an bestimmten Heilritualen teilzunehmen, allerdings nur dann, wenn Tuva unterwiesen werden sollte. Seelenheilung und Seelenreise blieben mir nach wie vor verwehrt. Die Sitzungen, an denen ich mit Tuva teilnahm, fingen immer damit an, dass zunächst seitens Anaqam ein in Medizin kundiger Hilfsgeist angerufen wurde. Danach wurde eine Art psychoanalytische Diagnose gemacht, gefolgt von einer sorgfältigen Prüfung von Gesicht, Zunge, Ohren und Händen des Patienten, um nach pathologischen Hinweisen zu suchen. Anaqam erklärte Tuva, dass auf diese Weise bereits äußere Eigenschaften wie Form und Farbe Rückschlüsse auf Symptome geben konnten. Je nachdem, was sie dann mit Hilfe des Hilfsgeistes diagnostizierte, wurde eine Methode ausgewählt. Prinzipiell wurden zwischen physikalischen, psychologischen und psychosomatischen Symptomen unterschieden, welche wiederum in äußere und innere Ursachen gegliedert wurden. Basierend darauf gab es somatische und spirituelle Behandlungsansätze.

Spirituelle Behandlungen bei den äußeren Krankheitsursachen waren, wenn ein fremder Geist eine Person besetzte; dann wurde der fremde Geist durch exorzierende Methoden vertrieben. Ein fremder Geist musste aber nicht zwangsläufig den Körper besetzen; solch ein Geist mit schlechten Absichten konnte auch in allen Aspekten des Lebens eine Person negativ beeinträchtigen. Zunächst musste herausgefunden werden, warum der fremde Geist so handelte oder wer ihn geschickt hatte. In solch einem Fall nahm Anaqam eine mentale Verbindung zum fremden Geist auf, um ihn wieder günstig zu stimmen. Oft handelte es sich bei fremden Geistern um plötzlich verstorbene Verwandte ohne böse Absichten. Sie meinte hierzu, dass der Einfluss solcher Geister weitaus geringer sei als vermutet. Spirituelle innere Faktoren hingegen lagen in Verbindung mit dem eigenen Geist der Person. Anaqam sagte, wenn der Geist ins Ungleichgewicht gegenüber sich selbst, seinen Mitmenschen oder dem Universum falle, bringe er Krankheit hervor; dies könne so weit gehen, dass die Person Seelenanteile verliere. In diesem Fall wurde eine eintreibende Methode angewandt, um die fehlenden

Seelenteile wieder zurückzuholen. Hierfür unternahm sie eine schamanische Reise, um den Geist der Person aufzufinden. Da mir solche Sitzungen nach wie vor verwehrt blieben, konnte ich das Wesen einer solchen Therapie nicht erforschen. Weiter erklärte Anaqam, dass die inneren Ursachen der psychosomatischen Symptome eng verbunden mit den Gedanken und Einstellungen der Person waren. So konnten beispielsweise negative Gefühle und Gedanken, etwa wie Groll und Hadern oder ein nicht gewollter Zustand, Krankheiten verursachen. Stress galt generell als Grundursache. Als eine depressive Frau mittleren Alters Anaqam aufsuchte, führte sie die Auswirkungen vor Auge. Die Frau beschwerte sich über schlechte Lebensumstände und darüber, vom Pech verfolgt zu werden. Nach dem Ritual meinte Anaqam zu Tuva und mir, dass die Frau in Besitz des ‚bösen Blickes' sei und aufgrund ihres Grolls und Neids schlechte Energien versende, diese aber zu ihr zurückkämen. In diesem Fall könne kein Amulett, kein Rezept ihr helfen. Man müsse ihr den ganzen Kopf zurechtrichten.

Dies war einer der Gründe, warum es in der Vorstellung von Anaqam keine zufälligen Krankheiten gab. Alles gründete sich in der wechselseitigen Beziehung zwischen der Person, seinem Geist und dem kosmischen Leben. Beispiels-weise diagnostizierte Anaqam einer Frau mit chronischer Sinusitis, dass der Grund ihrer Entzündung darin lag, dass sie ihr Leben nicht ausstehen könne. Die Symptome der Frau behandelte sie mit einer speziellen Kräutermischung aus Eukalyptus und Holunder. Während der Sitzung stellte sich heraus, dass die Frau ihren Mann auf den Tod nicht ertragen konnte und insgeheim wünschte, dass er sterben solle. Anaqam gab der Frau Ratschläge, wie sie ihr Leben und die Beziehung zu ihrem Mann wieder in den Griff bekommen könne. Zu meiner Überraschung beinhalteten diese auch Ratschläge, welche sie mir bei unserer ersten Begegnung auch gegeben hatte; sie sah in den Krankheiten nicht vorrangig etwas Schlechtes, sondern eher etwas, das das Bewusstsein einer Person zu einem Paradigmenwechsel veranlassen sollte. Ein anderes Beispiel war das eines stämmigen Mannes mit Bierbauch, der sie wegen seinen Nackenschmerzen und Atembeschwerden aufgesucht hatte. Nachdem sie seinen Körper abgehört hatte, legte sie Eukalyptusblätter auf seine Brust, um die Atembeschwerden zu lindern. Dann sagte sie ihm, dass seine Organe intakt seien und ihr Hilfsgeist mitgeteilt hätte, dass seine Nacken-schmerzen und Atembeschwerden von negativen Emotionen herrühren, welche dem Mann seit Jahren auf der Schulter lasteten. Im weiteren Gespräch stellte sich heraus, dass er seit Jahren seine Frau betrog und sein hart verdientes Geld sinnlos verprasste. Er fing an zu heulen und sagte, dass er deshalb ein äußerst schlechtes Gewissen habe, wenn er nach Hause komme und seinen Kindern in die Augen schauen musste. Anaqam machte ein Ritual, um seinen Geist zu stärken und schlug ihm gegen Ende der Sitzung mit einem starken Schlag auf den Rücken. Als er die Jurte verließ, sah man die Erleichterung in seinem Gesicht. Er verabschiedete sich freundlich und lächelte freudig.

Unter den somatischen Behandlungsmethoden gab es unterschiedliche Verfahren; eine davon war zu meinem Erstaunen äußerst interessant und unerklärlich zugleich. Eine Frau brachte ihre Tochter zu Anaqam und bat sie um

Hilfe. Das Mädchen war ungefähr neun Jahre. Sie hatte am ganzen Arm, der Schulter und am Rücken Rötungen und unschöne Schwellungen. Laut der Mutter hatte sie die Rötungen bereits seit mehreren Wochen und keine der ärztlichen Behandlungen hätten bis jetzt geholfen. Dem Mädchen nach juckte es auf ihrer ganzen Haut. Ich hielt es zunächst für Nesselsucht, bei genauerer Betrachtung vermutete ich aber, dass es auch Schuppenflechte sein konnte.

Die Behandlungsmethode war recht schlicht; Anaqam nahm ein Dutzend Hartweizenkörner in den Mund und bespuckte mit undeutlichen Worten die Haut des Mädchens. Ob die Erkrankung dadurch kuriert wurde, konnte ich nicht nachprüfen, aber nach einigen Tagen sah ich die Mutter erneut im Dorf. Sie hatte Geschenke für Anaqam mitgebracht und bedankte sich recht herzlich bei ihr. Als ich Anaqam fragte, was die Mutter des Mädchens von ihr wollte, sagte sie, dass sie gekommen sei, um sich bei ihr zu bedanken, weil die Erkrankung verschwunden sei.

»Die Rötungen des Mädchens sind völlig weg?«, fragte ich erstaunt.

»Warum sonst hätte die Frau sich bedankt?«, entgegnete sie.

»Aber du hast sie doch nur mit irgendwelchen Körnern bespuckt.«

Sie schaute mich eindringlich an.

»Ich habe das Mädchen nicht bespuckt; ich habe sie geheilt. Diesen Unterschied solltest du mittlerweile kennen.«

»Kannst du mir das auch beibringen, Anaqam?«

»Das geht nicht.«

»Warum denn nicht?«

»Diese Heilkunst darf nur innerhalb eines Odschak weitergegeben werden; einer Qamanenfamilie oder ihren Nachkommen, den Odschakkiji. Ihnen allein ist es gestattet.«

»Und warum ist das so?«

»Weil sie eine natürliche Begabung in der Heilskunst besitzen. Wenn ein Qam merkt, dass sich seine Zeit dem Ende nähert, dann gibt er seinen Segen und sein Wissen an einen Nachfolger. Nur unter solchen Bedingungen kann man diese Gabe erlangen.«

»Dann ist das eine geheime Heilkunst?«

»Ich würde nicht sagen, dass es eine geheime Heilkunde ist, aber es ist eine gehütete Gabe, die seit den alten Qamanen weitergereicht wird. Ich kenne weitere Methoden dieser Art. Es gibt für unterschiedliche Erkrankungen unterschiedliche Methoden. Gegen Warzen zum Beispiel benutze ich Gerste und gegen Geschwüre Kupfer.«

»Was würde passieren, wenn du mir diese Gabe trotzdem weitergeben würdest?«

»Du verstehst nicht, das liegt nicht in meiner Entscheidung. Nicht einmal Tuva kann ich diese Gabe geben. Nur Angehörige eines Odschaks können diese Gabe erwerben und anwenden. Davon abgesehen haben die Geister mit dir andere Pläne. Du musst dich nur gedulden.«

Eine weitere Behandlung neben diesen waren die vorbeugenden Methoden, bei denen es nicht darum ging, Seelenanteile zurückzuholen, sondern vorhandene, aber unterdrückte Energien zu finden und wiederherzustellen. Dafür wurden Energiepunkte des Körpers bereinigt, so dass Körper und Geist sich wieder in Harmonie und Balance befanden. Die Personen wurden hierfür in physiologische Klassifizierungen unterteilt und Elementen wie Feuer, Wasser, Luft und Erde zugeordnet. Zunächst galt es herauszufinden, welchem Typus eine Person angehörte; ein feuriger Mensch sei wie ich, sagte Anaqam; temperamentvoll, jemand, der schnell Feuer fing, hochlodert, aber auch schnell wieder eine kleine Flamme wurde. Ein Luftmensch hingegen sei hyperaktiv, jemand, der rastlos sei und keine Ruhe besaß; jemand mit einem Hang zur Unachtsamkeit, der aber gleichzeitig auch ziemlich resistent und weise sei. Wohingegen ein Erdmensch ruhig, besonnen und geduldig sei und seinen Schmerz eher begrub als sich mitzuteilen. Dies traf auf Tuva zu. Wassermenschen seien anpassungsfähige und konzentrierte Personen, konnten aber auch labil werden, um nur einige der Merkmale, die sie beschrieb, aufzuzählen. Wenn das zugehörige Element herausgefunden wurde, wurde der Körper des Menschen in drei Teile gegliedert. Der Kopf wurde der Luft zugeordnet, Hals bis Unterleib dem Wasser und Unterleib bis Füße der Erde; Herz und Energiepunkte galten dem Feuer. Dann wurde durch Abtasten der Körper untersucht. Anaqam zeigte Tuva wie sie hierbei vorzugehen hatte; die Untersuchung geschah mit geschlossenen Augen, indem sie mit den Händen, einer Feder oder Kerze den Körper abtastete, um eine bestimmte Vibration oder Energie auszumachen. Je nachdem, wo sich der Schmerz zeigte, wurde eine dem Typ entsprechende dampfende, erhitzende oder abkühlende Behandlungsme-thode angewandt. Falls nach der Behandlung am Körper keine Vibration auftrat oder Energie durchdrang, war die Behandlung erfolgreich. Mir wurde gesagt, dass diese Art der Behandlung eine den

Schamanen vorbehaltene Behand-lungsmethode sei, die im Laufe der Generationen entwickelt worden war. Sie schienen mir so komplex und umfassend, dass es mir nicht gelang, ihr methodisches Vorgehen wirklich zu verstehen.

In den meisten Sitzungen, an denen ich teilnahm, ging es um alltägliche Beschwerden. In solchen Fällen wurden Kräuter oder Pflanzen verordnet. Dagegen staunte ich nicht minder über Anaqams fundiertes Wissen in Physiologie, Medizin und Botanik; es war ein Wissensschatz, für den im Westen jahrelang studiert werden musste. Nach jeder Sitzung bedankten sich die Leute mit Gebeten, Ehrerbietung, Geschenken oder auch mit Geld.

Irgendwann nach einer Seance, an der ich nicht teilnehmen durfte, trat ich in Anaqams Jurte. Sie hatte ihre Trommel liegen lassen. Ich betrachtete sie voller Bewunderung. Schon damals, während unserer ersten Begegnung, war mir etwas an der Trommel aufgefallen. Irgendwie hatte sie etwas Magisches. Ich wollte sie gerade in die Hand nehmen, um sie an die Wand zu hängen, als Anaqam mich mit einem scharfen Ton warnte.

»Ich habe die Kräfte darin noch nicht entbunden«, sagte sie mit nachdrücklicher Betonung. »Diesen Kräften bist du nicht gewachsen, darum darfst du sie nicht anrühren. Wenn die Zeit kommt, werde ich dir eine bauen, oder ich zeige dir, wie du selbst eine bauen kannst. Dann werde ich dich in ihre Macht einweisen. Aber noch ist die Zeit hierfür nicht gereift.«

Von diesen Ereignissen abgesehen, hatte Anaqam mir nichts weiteres vermittelt. Ich fing sogar an zu glauben, dass sie nicht recht wusste, was sie mit mir anfangen solle und war deshalb nicht wirklich glücklich über den Verlauf. Nach einiger Zeit nahm ich mir vor, mit ihr darüber zu sprechen. Ich ging immer wieder mal zu ihrer Jurte oder spähte hinüber. Ich musste sehr lange auf ihr Erscheinen warten. Gegen Abend schließlich fand ich sie allein vor ihrer Jurte sitzen. Sie saß auf dem bunten Kelim, welcher gelegentlich als Sitzmöglichkeiten genutzt wurde, und schien mit geschlossenen Augen vor sich hin zu murmeln. Ich ging zu ihr hinüber. Sie öffnete ihre Augen. Ich fing das Gespräch mit meiner Vermutung an und fragte sie, ob sie denn nicht wisse, was sie mit mir anfangen solle. Sie lauschte mir kommentar-los. Ich wollte mich gerade neben sie setzen, als sie mich davon abhielt.

»Nicht hierhin, setz dich dorthin.«

Sie zeigte auf einen anderen Kelim.

»Warum nicht hierhin?«, fragte ich verdutzt.

»Weil hier bereits jemand sitzt.«

Sie meinte das äußerst ernst. Mir schien es lächerlich, denn niemand außer ihr saß auf dem Kelim.

»Aber hier sitzt doch niemand, Anaqam.«

»Doch, das tut jemand«, meinte sie unbeirrt.

»Ich sehe aber niemanden.«

»Das mag sein, trotzdem sitzt hier jemand.«

Ihre Ernsthaftigkeit sprach nun meine Neugierde an.

»Wer sitzt denn neben dir, Anaqam?«, fragte ich und versuchte, dahinter zu kommen. Mit einer ablehnenden Geste gab sie zu verstehen, dass sie nicht darüber sprechen wolle, stattdessen sagte sie:

»Ich weiß, was du fragen möchtest; du willst wissen, wie es mit dir weitergeht, stimmt's? Nun, das möchte ich dir sagen. Ich werde dich in der nächsten Pforte unterweisen, ich warte nur auf den richtigen Zeitpunkt.«

»Wann wird das sein, Anaqam?«

»Das weiß ich noch nicht«, antwortete sie beschwichtigend.

»Wie meinst du es, du weißt es nicht?«

»Ich sagte dir bereits; alles hängt von dir ab, inwieweit du dich entwickelst. Sobald du die nötige Voraussetzung erreichst, werden wir voranschreiten. Du machst zwar Fortschritte, aber noch bist du nicht so weit. Du stehst weiterhin im Streit mit deinem Leben.«

Sie bemerkte meine Unzufriedenheit und versuchte, vom Thema abzulenken. Sie fragte mich, ob ich bereits meine acht Bäume gepflanzt hatte. Ich sagte, dass ich alle acht Kerne in den naheliegenden Wäldern gepflanzt hätte und sieben von ihnen gekeimt hätten. Sie sagte, ich solle mich gut um sie kümmern. Ich sagte, dass Selenge Apa mir bereits dabei behilflich sei. Nach einem kurzen Moment des Schweigens versuchte ich erneut herauszufinden, wann ich ihrer Meinung nach soweit wäre. Als Antwort sagte sie, dass nur die Geister es wissen würden, wann ich soweit wäre. Es war eine Antwort, die mich tief bestürzte, denn ich war davon ausgegangen, dass sie die ganze Zeit einem Plan folgte. Nun musste ich aber feststellen, dass es vom Wohlwollen von etwas Abstraktem abhing. Ich setzte mich auf den Boden und lehnte verärgert meinen Rücken gegen die Jurte. Lange Zeit sprach keiner von uns.

»Wenn du soweit bist, werden uns die Geister ein Zeichen geben«, meinte sie nach einer Weile des Schweigens.

»Wie wird das Zeichen aussehen?«

»Auch das ist schwer zu sagen. Der Ruf der Geister kann sich auf verschiedenste Art bemerkbar machen. Vielleicht wird es etwas Unauffälliges sein, vielleicht aber auch etwas

Offenkundiges. Wir werden es sehen, sobald es sich uns offenbart.«

Es war nicht meine Absicht, mit ihr zu streiten, aber ihre Worte stellten mich überhaupt nicht zufrieden. Ich beharrte auf einer konkreten Erklärung. Sie warf mir erneut vor, keine Geduld aufzubringen.

»Es gibt im Moment nichts, was ich dir erklären könnte, weil es nichts zu sagen gibt«, sagte sie trocken und fügte mit Nachdruck hinzu: »Die einzige Aufgabe, die du momentan hast, ist, dich in Gleichmut und Geduld zu üben. Ich erkenne immer noch Selbstsucht in dir.«

»Aber ich tue doch schon alles, was du sagst, Anaqam.«

»Das bestreite ich auch nicht, aber du tust es um der Belohnung willen, nicht wegen der Liebe zur Sache. Ich halte dir das nicht vor, andere würden Jahre dafür brauchen. Aber es ist nun einmal eine wichtige Sache, worin du noch reifen musst, was dir nur gelingt, wenn du anfängst zu handeln, ohne einen Nutzen dafür zu erwarten, bis die Geister ihr Zeichen offenbaren.«

Ich war verärgert und bekam schlechte Laune. Um nicht weiter mit ihr zu streiten, ging ich fort. Ich spazierte ein wenig umher. Ich musste mir eingestehen, wie leichtgläubig ich die Entscheidung getroffen hatte, hierher zu kommen und mich ihr zu verpflichten. Ich ging in meine Jurte und legte mich hin, um mich zu beruhigen. Doch in dieser Nacht wurde ich krank, schwerkrank sogar. Ich bekam hohes Fieber und fiel irgendwann in der Nacht ins Delirium, wobei ich andauernd irgendwelche Träume sah. In einem davon sah ich, wie eine Schlange oder besser gesagt eine schlangen-ähnliche Kreatur von etwa 40 Zentimetern mir in den Hals biss. Ich bekam äußerst starke Halsschmerzen, so dass Schlucken und Atmen mir kaum noch möglich waren und musste mich mehrmals übergeben, als würde mein Herz rausreißen. Das nächste, woran ich mich erinnerte, war, wie am nächsten Tag zu einer unbestimmten Uhrzeit Anaqam um mich herumstand und Wassertröpfchen auf mich spritzte. Sie legte ihre Hand auf meinen Kopf und flüsterte etwas dabei, was ich als eine Art Gebet oder Zauberspruch vernahm:

»Aza-la tshylgan tshanyptenar! Tshovulanga tshozulug, aarygga atshyeg bolsun.«

Ich war müde, erschöpft und nicht in der Lage, mir den genauen Wortlaut zu merken, aber ich glaube, es bedeutete so viel wie: Verschwinde, Schlangengeist, befreie dich von den Qualen, geheilt werden sollst du! Sie sagte noch mehr, der Rest allerdings entzog sich meiner Aufmerksamkeit. Ich hatte immer wieder Bewusstseinsunterbrechungen. Das nächste, woran ich mich erinnerte, war, dass ich mich nicht mehr in meinem Bett befand. Ich lag an einem anderen Ort. Vor meinem Auge flimmerten Kerzen, die rötlichen Schein an steinerne Wänden warfen. Der neue Raum war angenehm kühl. Irgendwann fing ich an, unkontrolliert zu zittern, meine Zähne klapperten, obwohl ich schwitze. Ich hatte sogar das Gefühl, dass mein Gehirn zitterte oder es war ein Nebeneffekt meines Körperzitterns. Ich bemerkte, wie aus meinem Mund Sekrete flossen. Ich kann mich nicht mehr erinnern, wie lange das Ganze andauerte. Als ich das nächste Mal zu Bewusstsein kam, bemerkte ich einen Schatten um mich. Ich nahm an, es sei Anaqam. Ich wollte fragen, was mit mir los sei, konnte aber keinen Ton herausbringen. Mir wollte es einfach nicht gelingen, wieder gesund zu werden. In dieser Nacht, obgleich ich mir nicht sicher bin, ob es Tag oder Nacht war, träumte ich zunächst von einem Flug über einen dichten Bergwald, während ich versuchte, die Quelle eines Gesangs ausfindig zu machen. Es war eine sanfte und beruhigende Melodie, die eine besinnliche Wirkung auf mich hatte. Dann träumte ich von einem Weg voller Stachel, Insekten und Blut. Der Traum ging unendlich lang und schien nicht enden zu wollen. Auch in diesem Traum hörte ich den Gesang. Er klang magisch und hatte eine besondere Anziehung auf mich. Er begleitete mich auf meinem Weg. Noch während ich träumte, dachte ich, dass es Anaqam sein musste, denn für einen Moment hatte ich gemeint, sie sei bei mir. Ich zwang mich, meine Augen zu öffnen und bemerkte verschwommen die flackernde Kerze. Anaqam saß daneben. Sie empfiehl mir, mich schlafen zu legen, um Visionen zu erhalten. Sie sagte so etwas wie, dass sie den Ruf der Geister hören könne, auch jetzt, während sie mit mir spreche. Ich war sowieso zu schwach, um etwas anderes machen zu können. Nachdem ich meine Augen wieder geschlossen hatte, vernahm ich augenblicklich eine Frauenstimme. Es war nicht die Stimme Anaqams. Sie hatte einen anderen Klang. Irgendwie schien die Stimme in meinen Träumen zu sein. Ich lenkte meine Aufmerksamkeit auf die Stimme. Mir war, als folgte ich in meinen Träumen der Stimme, die mich auf einen grünen Hügel führte. Dort sah ich eine alte Frau; die Stimme schien von ihr zu kommen. Sie befand sich in einer Aura aus sanftem Licht. Ich spürte deutlich die angenehme Energie, die von ihr ausging. Ich nährte mich ihr. Sie sagte, sie freue sich, mich zu sehen. Eine kleine Gruppe von Männern und Frauen gesellten sich zu ihr. Ihre Erscheinung unterschied sich lediglich in ihrer Ausstrahlung, bis auf eine Person unter ihnen. Diese besaß eine abstoßende und unangenehme Erscheinung.

»Schau«, sagte die alte Frau und deutete ans Ende des Hügels. Dort befand sich inmitten eines Feuerringes ein Baum, an den eine nackte Person gefesselt war. Gemeinsam wandten wir uns zu dieser Person, als sich abrupt die Szene änderte und ich nicht mehr beobachtete, sondern selbst zum Beobachteten wurde. Nun stand die Gruppe mir gegenüber. Sie beobachteten mich, dann fingen sie an, mich auszulachen; dem Anschein nach, weil ich mich nicht aus der Situation befreien konnte. Ich mühte und rang darum, mich von den Fesseln zu befreien, aber es misslang mir. Dann kam das Bild einer skurrilen Szene. Ich begann, mich überall an meinem Körper mit meinen Zähnen zu zerbeißen, bis ich mich auf absurde Art selbst verstümmelte. Der Anblick schockierte mich und ich hatte keine Ahnung, warum ich das machte. Meine Muskeln schienen keine Kraft mehr zu haben, dann schien auch mein Körper auseinander zu fallen. Gleichzeitig erlebte ich das Gefühl, als ob mein Körper und dann meine Persönlichkeit sich spalteten. Kurz darauf fiel mein Blick auf etwas Seltsames, und zwar auf die Silhouette meines eigenen Körpers. Da ich in diesem Augenblick den Grund meines Zustands nicht verstand, dachte ich, ich sei vielleicht gestorben, wenngleich ich bei dem Gedanken keine Panik empfand. Vielleicht auch deshalb, weil ich meine eigene Physis weiterhin als real empfand. Es war, als existiere die Schwere der Welt nicht mehr. Mehr noch, ich empfand ein unbeschreibliches Glücksgefühl, welches mein ganzes Wesen erfüllte. Kurz darauf erkannte ich, dass mein Leben unvollendet war und fühlte mich entzweigerissen; ein Teil von mir wusste, dass ich zurück in mein Leben musste, aber da war noch ein anderer Teil in mir, der sich weigerte. Nach einer Weile der Unentschlossenheit erlebte ich, wie eine undefinierbare Kraft meinen Körper um mich herum wiederherstellte. Die anderen schienen mich zu beobachten. Schließlich trat die Frau zu mir hervor, sie lächelte und verkündete, dass sie meine Ahnin sei und die anderen ihre Nachfolger, ebenso meine Vorfahren. Sie meinte, dass es meine Aufgabe sei, mich von den Fesseln zu befreien. Nacheinander offenbarten alle ihre Gesichter. Zunächst schien mir keiner von ihnen bekannt zu sein. Als die Person mit der unangenehmen Erscheinung ihr Aussehen offenbaren sollte, stockte mir der Atem; ihr Gesicht war dermaßen dunkel, dass man keine Gesichtszüge erkennen konnte.

»Mein Gott!«, schrie ich willkürlich. Aus irgendeinem Grund löste sie in mir ein Gefühl purer Bestürzung aus. Sie musste wohl etwas Abscheuliches getan haben, dachte ich; ich wusste es nicht, es war lediglich eine Vermutung. Doch zu meiner Überraschung teilte von den anderen keiner meine Bestürzung; sie lachten wieder. Dann offenbarte sich der vorletzte, es war mein Großvater, genauso, wie ich ihn in meiner Erinnerung hatte. Er trug bäuerliche, einfache Kleidung, wie zu seinen Lebzeiten. Er lächelte mir wohlwollend zu. Ich hatte das Gefühl, dass er mir gerne mehr sagen wolle, es aber nicht der richtige Zeitpunkt war.

Erneut hörte ich einen Gesang. Diesmal gesellte sich zum Gesang eine Melodie. Sie war rhythmisch und hatte eine beruhigende Wirkung. Irgendwie schien es so, als würde die Melodie in mich hineinfließen, wodurch ich Kraft schöpfte. Mir war tatsächlich so, als ob eine wohltuende und genesende Kraft mich durchflösse. Im nächsten Moment wurde ich wach. Zu meiner Überraschung fühlte ich mich gut; meinem Gefühl nach hatte ich die Erkrankung über-wunden. Es war, als hätte ich aufstehen und kilometerweit problemlos rennen können. Um mich zu orientieren, blickte ich umher. Ich lag auf einem Filzteppich und mir wurde bewusst, dass ich mich in einer einräumigen Höhle befand. Das Tageslicht erhellte den Eingangsspalt. Ich hatte keine Erinnerung, wie ich hierhergekommen war. Anaqam döste mit den Rücken an der Wand vor sich hin. Ich reckte mich; neben mir standen Essen und Wasser. Ich war dehydrieret. Ich setzte mich auf, aß und trank etwas, blieb dennoch weiterhin auf meinem Platz liegen. Im Verlauf des Tages kam Tuva vorbei, um sich nach meinem Wohlergehen zu erkundigen. Sie brachte selbstgemachten Kräutertee und räucherte mit diversen Pflanzen die Höhle. Auch Anaqam erwachte aus ihrem Schlaf. Sie blickte mich mit einem freundlich besorgten Blick an.

»Wie geht es dir?«, fragte sie in einem wohlwollenden Ton.

»Ich fühle mich gut. Ich empfinde eine eigenartige Kraft«, sagte ich, was auch tatsächlich zutraf.

»Dann hast du es überstanden. Das ist ein gutes Zeichen.«

Sie streckte ihren Arm unter meine Schlafmatte und brachte ein Messer hervor. »Schau mal da«, sagte sie in einem Ton, der ihre Zufriedenheit wiedergab. Sie hielt das Messer vor meine Augen. Eine rosaweiße, eklige Schlacke klebte an der Klinge des Messers.

»Wir haben ihn getötet«, bemerkte sie erfreut.

»Was getötet?«, wollte ich wissen.

»Den Schlangengeist, der dich angegriffen hat.«

Ich erinnerte mich an den Traum und erzählte ihr, wie etwas Schlangenähnliches mir in den Hals biss und dass ich nie zuvor in meinem Leben eine derartige Erkrankung gehabt hatte. Sie sagte, dies seien äußere Erscheinungsform und meinte, dass es in Wahrheit weder ein Traum sei noch eine Schlange.

»Warum hat es mich angegriffen?«, fragte ich.

»Das ist nicht mehr wichtig.«

Ich befragte sie nach den unterschiedlichen Träumen, die ich geträumt hatte. Sie sagte, dass vieles von keinem echten Nutzen sei. Sie interessierte sich mehr für den Traum von meinen Ahnen. Ich erzählte ihr, so ausführlich wie es mir möglich war. Ich gestand auch ein, dass ich den Traum nicht in voller Klarheit gesehen hatte. Sie schob meine Zweifel beiseite.

»Erinnerst du dich, wie ich dir sagte, dass der Fluch in deinen Knochen ist?«

Ich erinnerte mich, wie sie bei unserer ersten Begegnung das gesagt hatte.

»Unter deinen Ahnen muss etwas vorgefallen sein. Etwas Tragisches, das ein Fluch ausgelöst hat. Es scheint so, als käme es von der schrecklich anzusehenden Person. Viele wissen das nicht, aber nicht immer sind für Flüche andere Menschen oder böswillige Geister verantwortlich. Sie werden viel öfter als vermutet von den eigenen Vorfahren verursacht. So ein Fluch kann bis zu sieben Generationen bestehen bis es sich auflöst. Es ist Zeit diesen Fluch aufzulösen und die Wunden der Ahnen zu heilen.«

»Wie mache ich das, Anaqam?«

»Sei unbesorgt. Ich werde hierfür ein Ritual machen. Sag mir, hast du erfahren können, wie deine Ahnenmutter heißt?«

»Nein,« antwortete ich.

»Haben die anderen ihre Namen verraten?«

»Nein, auch sie nicht. Warum, Anaqam?«

»Hm… es wäre gut zu wissen, wie sie heißen, vor allem wenn sie Zauberer sind. Wenigstens der Name deiner Ahnenmutter wäre gut zu wissen.«

»Warum ist das wichtig?«

»Weil Namen wichtig für Momente sind, in denen du Hilfe benötigst. Und glaube mir, in unserem Beruf wird irgend-wann jeder in eine Lage geraten, in der er sämtliche Hilfen rufen wird, die ihm zur Verfügung stehen. Haben sie dir etwas anderes gegeben?«

»Was meinst du mit anderes?«

»Haben sie dir vielleicht ein Objekt gegeben?«

»Nein Anaqam, nicht, dass ich mich erinnern kann.«

»Hm…«, gab sie enttäuscht von sich. »Das ist bedauerlich.«

»Ich habe aber, kurz bevor ich erwachte, etwas gespürt. Ich spürte eine Energie. Sie ging mit einer Melodie einher und hatte etwas Belebendes. Ich fühlte, wie es mich stärkte.«

»Das ist sehr gut«, gab sie diesmal zufrieden zurück. »Dann hast du Qut erhalten; Wenn eine Person auf ein besonderes Ereignis vorbereitet wird, erhält sie Qut. Diese Kraft kündigt sich oft mit einer wohltuenden Melodie an, nachdem der Kandidat zuvor äußerste Schmerzen, wie heftiges Zittern und mehrmaliges Erbrechen, erleidet hat. Es zeigt, dass du bereit bist.«

Um ein besseres Verständnis für die Kraft zu erhalten, welche sie Qut nannte, war ich gezwungen, sie um eine bessere Erklärung zu bitten.

»Qut ist eine belebende Kraft; sie stärkt unsere Sinne, unsere körperlichen und geistigen Fähigkeiten. Mit dieser Kraft stärken uns die Geister. Das erste Mal, wenn ein Qam Qut erhält, ist, wenn er mit seinem eigenen Tod konfrontiert wird. Und das war es, was dir widerfahren ist. Es war weder eine gewöhnliche Krankheit noch waren es gewöhnlichen Träume, die du sahst. Du wurdest mit dem Tod konfrontiert. Die Geister zeigen dir dadurch, dass du bereit bist und sie dich unterstützen. Diese Konfrontation, sie stärkt deine Sinne, deinen Körper, aber sie dient auch dazu, dass du den Blick deiner menschlichen Ansichten veränderst und dass du die Dinge hinter dem Offensichtlichen erkennst.«

Sie sprach in einem erklärenden Ton. Es schien so, als versuchte sie, mir das Thema so verständlich wie möglich zu machen. Mir kam in den Sinn, dass ich so etwas öfters durchmachen müsse. Ich gab ihr zu verstehen, wenn das die gängige Methode sei, Kraft zu erhalten, mir nichts daran liege, es erneut zu erleben. Sie meinte, dass sie bezweifle, dass ich jemals wieder krank werde, solange ich die Geister nicht verärgere.

»Qut ist eine Lebenskraft«, fuhr sie fort: »Sie befindet sich außerhalb von uns Menschen. Ein Qam erhält diese Kraft zur Steigerung seiner Macht. Sie kann einem Qam unglaubliche Kraft verleihen und ist nötig, um die Fähigkeiten eines Qam zu stärken und hilft uns dabei, wichtige und richtige Taten zu vollbringen. Sie gibt uns auch die nötige Weisheit, um den tieferen und verborgenen

Sinn zu erkennen, der hinter den Dingen des Lebens steckt. Manchmal kommt es sogar vor, dass Menschen, die kein Qam sind, diese Kraft erhalten, falls ihnen eine besondere Aufgabe bevorsteht. Wenn du genügend Qut besitzt, wirst du in deinem Leben nichts dem Zufall überlassen, mal ganz davon abgesehen, dass es keinen Zufall gibt.«

»Und inwiefern wird es mir persönlich helfen, Anaqam?«, fragte ich.

»Es wird deine Fähigkeiten fördern, deine Sinne verfeinern und dir dabei helfen, dein Leben zu lenken. Dafür ist diese Kraft notwendig. Es ist ein gutes Zeichen. Es zeigt, dass dir die Geister wohlgesonnen sind.«

»Ist es das Zeichen, auf das du gewartet hast, Anaqam?«

»Nein, es ist eine andere Art Zeichen. Es zeigt, dass du bereit bist, aber wofür du es bist, hat es nicht offenbart. Dafür offenbarte sich etwas anderes, und zwar, dass ich die ganze Zeit über richtiglag; du hattest Zauberer in deiner Familie. Deine Vermutung ist richtig; das verdunkelte Gesicht bedeutet, dass er oder sie, wer auch immer diese Person ist, etwas Übles getan haben muss. Da sein oder ihr Blut in deinen Adern fließt, lastet es auch auf dir. Das war es, was ich dir bei unserer ersten Begegnung versuchte zu sagen.«

»Kannst du mir sagen, was das alles für mich bedeutet?«

»Für dich hat das zweierlei Bedeutung. Zum einen haben, wie gesagt, dich die Geister akzeptiert, sie werden dich nun fortwährend prüfen. Auf welche Art sie dich prüfen werden, kann ich nicht sagen. Zum anderen bedeutet es, dass wir die Wunden der Vergangenheit heilen müssen. Das wichtigste im Moment ist allerdings, dass du wieder völlig gesund wirst. Mache dir erst einmal keine Gedanken um den Rest.«

Sie löste die Bandage um meine Hüfte, die ich seit meiner Einweihung trug und verkündete, dass meine Probezeit vorüber sei. Sie schlug einen Spaziergang vor, damit ich zu Kräften komme. Wir wanderten im angrenzenden Wald. Die Wanderung tat mir gut.

»Bitte entschuldige, Anaqam, dass ich sauer auf dich war«, sagte ich aufrichtig und gab zu, dass ich nicht wusste, was mit mir los war. »Ich glaube, ich fühlte mich einfach nur alleine.«

»Du bist nun mal ein Hitzkopf«, sagte sie scherzhaft. »Du gehst den Weg eines Eereni; jeder, der diesen Weg geht, ist alleine. Du weißt, wenn du Schwierigkeiten hast, dann kannst du den himmlischen Wolfsgeist rufen. Du bist kein gewöhnlicher Mensch mehr, du kannst ihn rufen. Er wird dir die Stärke geben, die du benötigst.«

Im selben Moment ertönte im fernen Wald ein Wolfsgeheul. Es war ein gedehnter Ruf. Anaqam blieb stehen.

»Hast du das gehört?«, fragte sie und fügte feierlich hinzu. »Das ist ein Zeichen. Der himmlische Wolf stimmt mir zu.«

Ihre Bemerkung verblüffte mich.

»Vielleicht ist das nur ein gewöhnlicher Wolf, Anaqam.«

»Das macht nichts«, meinte sie unbeirrt. »Der Wolfsgeist ließ ihn heulen, damit wir seine Zustimmung vernehmen.«

Kapitel 9 - Omen

Das erwartete Zeichen kam schließlich nach zwei Monaten, als ich frühmorgens damit beschäftigt war, Tante Alma und zwei älteren Frau beim Sortieren der Kräuterpflanzen zu helfen. Das Wetter war mild, etwas bewölkt, aber sonnig. Wir rieben aussortierte Kräuter, um daraus Tee zu kochen, als Anaqam sich zu uns gesellte. Sie setzte sich neben Alma und sagte ihr, sie werde in die Provinz gehen, um das geschorene Fell an eine Filzmanufaktur und die Pflanzen an einen Kräuterhändler zu verkaufen. Bei der Gelegenheit wolle sie etwas Persönliches erledigen und wollte, dass Dingling sie begleite.

»Möchtest du, dass ich dich begleite?«, fragte ich. Für mich wäre es eine willkommene Abwechslung, aber Anaqam lehnte ab.

»Das ist nicht nötig. Alma benötigt sicherlich mehr deine Hilfe.«

Sie unterhielten sich weiter, als plötzlich in unmittelbarer Nähe ein schwarzer Rabe landete. Zunächst kümmerte sich niemand weiter darum, aber dann fing der Rabe an, in unsere Richtung zu hopsen, bis er genau vor Anaqam stehen blieb. Ich hielt es für einen eigenartigen, aber belustigenden Zufall. Ich lachte und wollte scherzen, doch alle beobachteten gespannt den Vogel. Der Rabe krächzte ein paar Mal laut, bevor er kurz darauf wieder wegflog.

»Das war aber ein sehr zutraulicher Vogel, findet ihr nicht?«, bemerkte eine der Frauen.

»Das stimmt«, bestätigte die andere.

Die beiden Frauen warfen sich gegenseitig nervöse Blicke zu.

»Was will der Rabe?«, steuerte Alma bei.

Anaqams Miene grämte sich. Sie schien zu wissen, was der Rabe wollte. Sie wandte sich zu mir.

»Deine Zeit ist gekommen«, gab sie mit monotonem Klang in der Stimme bekannt. »Es ist nun soweit. Das Omen hat sich angekündigt. So wie es aussieht, wollen die Geister, dass du doch mit mir mitkommst. Anscheinend haben wir eine Verabredung.«

Ich starrte sie beunruhigt an.

»Was meinst du, wir haben eine Verabredung?!«

Ich verspürte ein beklemmendes Gefühl in mir, als ob etwas Unheilvolles geschehen werde.

»Mehr kann ich dazu selbst nicht sagen. Wir werden sehen, was es damit auf sich hat und warum die Geister wollen, dass du mitkommst.«

Ich hatte das Gefühl, dass sie wusste, was auf mich zukommen würde, aber sie verheimlichte es aus einem mir unbekannten Grund. Sie sagte, ich solle mich entspannen, dann stand sie auf und forderte von mir, die Tiere zu bepacken. Sie wolle noch etwas erledigen, bevor wir aufbrechen. Innerhalb einer halben Stunde bepackte ich die Maultiere mit den vollgestopften Säcken und sattelte die Pferde. Dann kam Anaqam. Sie hatte ihr Schamanengewand angezogen. Wir machten uns auf den Weg und trabten die Talsohle entlang bis zu den Ausläufern des Gebirges. Von dort aus schlugen wir den weitaus längeren Weg über die Steppe, anstatt den kürzeren, dafür aber gefährlichen Pfad über die Berge. Wir hatten einen müßigen Ritt. Ich fragte sie, warum wir uns nicht beeilen. Sie entgegnete, dass wir einem Treffen mit den Geistern ohnehin nicht davonrennen können und wir das Omen an der richtigen Stelle zur richtigen Zeit antreffen werden. Allmählich wurde das Gebiet um uns zunehmend flacher und die Hügel weitläufiger und steppen-ähnlicher. Inzwischen waren wir fast drei Stunden unterwegs und irgendwo im Niemandsland, aber selbst hier, fernab jedes Dorfes, hörte ich Stimmen von blökenden Schafen und anderen Herdentieren. Als wir in der Kleinstadt anlangten, war es tiefer Mittag und das Wetter hatte sich weiter aufgeklärt. Ich war bereits einige wenige Male hier gewesen. Damals hatte ich Besorgungen für meinen Onkel gemachte. Es war eine kleine, verschlafene Provinzstadt, nicht mehr als zehntausend Einwohner. Wir verweilten nicht lange im Ort und verkauften kurzerhand die Wolle und die Kräutersäcke an die jeweiligen Händler. Da wir jetzt keine schwere Last mehr zu tragen hatten, wollten wir die kurze Strecke über die Berge nehmen. Nicht weit von uns stand eine Gruppe Personen, die miteinander tuschelten und als wir gerade im Begriff waren aufzubrechen, trat plötzlich einer von ihnen zu uns. Es war ein alter Mann. Er wirkte mitgenommen und machte einen hilfesuchenden Eindruck. Er trug sein Anliegen flüsternd und zögernd vor, sodass es für mich ausgeschlossen war zu verstehen, worüber er mit Anaqam sprach. Der Ton seiner Stimme war flehend und an seinem Gesicht konnte ich erkennen, dass es sich um eine ernste Angelegenheit handelte.

»Was will er?«, fragte ich neugierig, nachdem sie aufgehört hatten zu sprechen.

»Seine Frau ist krank«, antwortete Anaqam. »Er hat kein Geld, um einen Arzt aufzusuchen und bittet mich um Hilfe.«

Der Mann schaute mich an, dann schaute er wieder flehend zu Anaqam. Es war eine zutiefst trostlose und mitleider-regende Geste.

»Und was hat seine Frau?«, wollte ich wissen.

»Anscheinend ist sie verhext worden«, meinte Anaqam trocken.

»Was meinst du, sie ist verhext worden?«

»Das wirst du sehen, sobald wir dort oben sind.« Sie deutete auf die Spitze eines niedrigen Berges. »Ich glaube, dort wartet unsere Verabredung.«

Ich musste tief einatmen und versuchte, mein ungutes Gefühl zu unterdrücken. Dem Anschein nach war es nun soweit und ich trat, wie von Anaqam vorhergesagt, einer rätselhaften Begegnung entgegen. Der Weg zum Haus des alten Mannes war nicht weit, aber mühsam und machte den Tieren zu schaffen. Nach einem fast ausschließlich steigenden Pfad kamen die Umrisse eines flachen Hauses zum Vorschein. Es lag auf der Nordwestflanke eines bewucherten Berges. Es war mehr eine einfache Holzhütte mit einem eingezäunten Gemüsegarten als ein tatsächliches Haus und zeugte von der Armut des alten Mannes. Anaqam trat näher an mich.

»Hörst du es?«, erkundigte sie sich flüsternd.

»Was soll ich hören?«

»Das Geflüster!«, bemerkte sie unheilverkündend.

»Von welchem Geflüster sprichst du?«, rief ich beunruhigt.

Ich konnte nichts hören, aber etwas Unheimliches musste sich im Haus befinden, denn nun begannen auch die Tiere nervös zu werden. Sie wieherten einer nach dem anderen. Eines der Pferde begann sogar zu toben. Ich band die Tiere etwas abseits des Hauses an einen Baum und wandte mich dem Haus zu. Als ich mich näherte, landete zu allem Rätselhaften auch noch ein Rabe auf dem Hausdach. Es war unmöglich, dass es derselbe Rabe vom Vormittag war. Ein Mann im mittleren Alter machte uns die Tür auf. Auch er wirkte, ähnlich wie der alte Mann, verzweifelt und müde Er blickte Anaqam ratlos an und schien den Tränen nahe zu sein. Wir erfuhren, dass er der Schwiegersohn sei. Der alte Mann und Anaqam traten vor mir ins Haus. Ich folgte den beiden. Trotz des mittäglichen Tageslichts war es im Haus ziemlich dunkel. Anaqam sprach mit einer leisen Stimme zu den beiden, die wiederum murmelnd etwas zurückgaben. Hinter der Eingangstür war ein kleiner Korridor. Jenseits des Korridors befand sich ein großräumiges Wohnzimmer mit einer niedrigen Holzdecke. Der Schwiegersohn geleitete mich dorthin. Dort saß eine Frau. Ich schätzte sie auf ungefähr vierzig. Ihre Gesichtszüge waren dem alten Mann ähnlich. Sie war still und hatte einen trostlosen Gesichtsausdruck. Ich empfand sie nicht unbedingt als unfreundlich, eher desillusioniert. Ihre Blicke waren leer und ihre Augen angeschwollen und gerötet. Es war offenkundig, dass sie geweint hatte. Der Schwiegersohn wies mich auf einer freundlichen, doch verlegenen Art auf eine alte Polstercouch, um es mir gemütlich zu machen und da der Fußboden aus Holz war, knarrte er, sobald ich mich darauf bewegte. Er selbst setzte sich auf einen Stuhl. Die beklemmende Stimmung des Augenblicks beherrschte die

Atmosphäre im Zimmer. Ich blickte um mich. Abgesehen von einigen porösen Holzschränken sowie der alten Polstergarnitur gab es nicht viel im Zimmer. Die Wände waren aus verwitterter Tapete und mit Familienfotos geschmückt. Ziemlich mittig im Wohnzimmer stand ein brennender Kaminofen, dessen schwaches Licht der zwielichtigen Dunkelheit nichts abtat. Auf der linken Seite befand sich eine Tür zur Küche und auf der gegenüberliegenden Seite befand sich ein weiteres Zimmer. Anaqam und der ältere Mann betraten das Wohnzimmer. Der alte Mann machte sie darauf aufmerksam, dass sich seine Frau im erwähnten Zimmer befand. Seine Frau hieße Aya oder Anya; ich konnte den Namen nicht recht vernehmen, und beide seien Hirten. Vor drei Tagen sei sie erkrankt; der Vermutung des alten Mannes nach hätte die Frau ihre Schafsherden im selbsternannten Territorium eines Hexers weiden lassen. Seitdem sei sie verhext. Er bezichtigte den fremden Hexer der Anwendung von dunkler Zauber-kunst. Anaqam öffnete die Zimmertür der kranken Frau und spähte kurz hinein. Dann rief sie mich zu sich. Sie meinte flüsternd, die Vermutung des alten Mannes sei anscheinend richtig. Sie hätte es am Anblick und Gestank erkannt. Sie verlangte von mir hinauszugehen, um vertrocknete Pflanzen mit Stacheln zu suchen. Ich ging hinaus und suchte einige Zeit in der Umgebung nach dornigen Pflanzen, die abgefallen oder abgestorben waren. Als ich genug beisam-men hatte, ging ich zurück. Der Rabe saß immer noch auf dem Hausdach. Er krächzte seltsam, als versuche er, mir etwas mitzuteilen. Anaqam ging zum Herd hinüber und bereitete ein Gebräu aus zerriebenen Pflanzen und Kräuter-blättern. Mit der Räuchermischung begann sie, den Bereich, in dem wir uns aufhielten, zu räuchern. Dann nahm sie etwas Wasser in den Mund und drückte mir das fertige Gebräu und einen Behälter mit kaltem Wasser in die Hand, während sie ihre Trommel hervornahm. In der einen Hand hielt sie nun die Trommel und in der anderen Schlägel und Räucherwerk. Sie wandte sich zur Zimmertür, in dem sich die alte Frau befand. Kaum, dass sie die Tür betrat, erklangen äußerst verstörende Geräusche, die aus dem Zimmer kamen. Sie klangen nach unmenschlichen Schreien – kein Geschrei, wie das einer gewöhnliche Frau: sie waren krampfhaft, dumpf und tief, aus dem Hals heraus, als besitze diejenige keine Zunge. Es hörte sich derart abartig an, dass mir auf der Stelle ein eiskalter Schauer über den Rücken lief.

»Seien sie vorsichtig«, warnte der alte Mann. »Sie kann gefährlich werden. Sie hat mich mehrmals gebissen.«

Jedem im Raum konnte man die Anspannung am Gesicht ansehen. Anaqam beachtete den Mann nicht weiter. Ich versuchte, durch die offene Tür in das Zimmer zu spähen, konnte aber nichts erkennen. Um eine bessere Sicht in das Zimmer zu erhalten, trat ich näher an die Türschwelle. Dort blieb ich stehen und blickte durch den Nebel der Verräucherung hinein. Das Zimmer wirkte, wie das übrige Haus, nüchtern. Auf der gegenüberliegenden Wand befand sich ein geschlossenes Holzfenster mit zwei Flügeln, durch das gedämpftes Licht herein gelangte. Links stand ein maroder Holzschrank und in der anderen Ecke des Zimmers, auf einem Metallbett, saß die alte Frau. Ich kann mich noch gut daran erinnern, wie ich vor Entsetzen ungewollt einen hörbaren Schrei ausstieß, als ich sie näher betrachtete. Ihr Aussehen war missgestaltet. Ihr Kopf lag auf ihrer Schulter, als hätte sie einen steifen Nacken und die linke Seite ihres Gesichtes schien gelähmt. Ihre blutunterlaufenen Augen waren leblos und die Augenhöhlen dunkel und aus ihrem trockenen Mund und der Nase liefen Sekrete. Ihr Körper wirkte ausgezehrt und gebrechlich, wie der eines uralten Menschen. Sie war überall am Körper gerötet. Auch ihre Kleider waren zerfetzt. Ich vermutete, dass sie sich die Kleider selbst zerrissen hatte, denn sie versuchte, mit ihren Händen in sich zu bohren, als wolle sie ihre Haut vom Leib reißen. Meine Haare sträubten sich am ganzen Körper. Anaqam ermahnte mich, keine unnötigen Geräusche oder hektischen Bewegungen von mir zu geben. Ich solle nur beobachten und dabei vermeiden, dass sie mich beachtete. Statt vorsichtig zu sein, so wie ich es tun würde, wirbelte Anaqam unbekümmert den Rauch im Zimmer und schlug ihre Trommel. Mit jedem Schritt und jedem Schlag begann die Frau, Anaqam anzufachen, immer lauter und aggressiver. Anaqam antwortete ihrerseits mit schrillen Schreien, wie die eines Greifvogels. Sie fing an, die Frau zu umzingeln, während sie weiterhin trommelte. Mit rotunterlaufenen Augen verfolgte die Frau, wie Anaqam sich ihr schrittweises näherte. Immer noch wedelte Anaqam mit der Räucherung, trotz der aggressiven Drohgebärden. Sie zischte und spuckte und fing an, skurrile Gebärden zu machen. Bei jedem Schritt, den Anaqam auf sie zumachte, schrie sie noch lauter und furchterregender. Die anderen traten ins Zimmer und verfolgten mit besorgten Gesichtsausdrücken das ganze Geschehen. Die Tochter der Frau begann zu weinen, als sie ihre Mutter sah:

»Was ist los mit dir, Mutter?«, schluchzte sie. »Warum machst du das nur?«

Die alte Frau verkrampfte ihre schwachen Hände zu Krallen und versuchte, auf sie einzuschlagen.

In mir keimte eine ängstliche Spannung. Um jeden Preis wollte ich verhindern, dass sich das, was die Frau hatte – egal, was es auch war, auf mich überträgt. Ich wandte mich ab und wollte das Zimmer verlassen, doch noch bevor ich aus dem Zimmer herausgehen konnte, gebot Anaqam mir, zu bleiben, um weiterhin aufmerksam den Vorgang zu beobachten. Sie versicherte, dass sie aufpassen werde, damit mir nicht das Gleiches zustoße und ich deshalb keine Angst haben soll. Sie wollte, dass ich von ihrem Gürtel die Rassel nahm und damit rasselte, um mich zu entspannen. Anaqam lenkte die Aufmerksamkeit der Alten wieder auf sich; sie bespritzte das Gesicht der Frau mit Wasser und fing an, mit ihr zu reden.

»Was machst du hier? Geh zu dem Berg zurück, woher du gekommen bist. Auf! Geh zu der Höhle zurück, aus der du gekommen bist. Lass die Frau in Ruhe!«

»Halt's Maul, du Hure!«, schrie die Alte in einem abartigen Ton.

»Von welchem Baum kommst du? Geh zu dem Baum zurück, von dem du kommst! Jetzt mach, dass du die Frau in Frieden lässt.«

»Ich werde zu deinen Qualenschreien tanzen, du Schlampe«, gab die Alte zurück.

Mir blieb die Spucke weg. Ich spürte, wie sich mein ganzer Körper weiter anspannte. Ich wusste nicht, ob ich lieber wegrennen oder mit der Rassel auf die Alte einschlagen sollte, so sehr war ich angeekelt. Jedenfalls war sie meiner Ansicht nach reif für die Psychiatrie. Anaqam blieb ganz ruhig. Sie fing an, mit der Spitze der Schlägel ganz unbesorgt die Alte zu schubsen.

»Kovutsch, kovutsch; Verschwinde, verschwinde«, sagte Anaqam. »Geh dorthin zurück, wo du hergekommen bist. Geh zu deinem Meister. Geh oder ertrage den Schmerz, den ich dir zufügen werde.«

Erneut fauchte und strampelte die alte Frau.

»Ich werde dich zerquetschen, Schlampe!«, schrie sie.

Entsetzt vor dem, was sich vor mir abspielte, schlugen meine Gefühle dem Geschehen gegenüber um und ich empfand jetzt nicht nur Ekel; ich spürte auch die abstoßende Energie, die eindeutig von ihr ausging, und das machte mir große Sorgen. Ich fing an, wie in Ekstase zu rasseln und war bereit, die Rassel auf den kleinsten Hinweis von Gefahr zur Verteidigung zu benutzen.

»Weiche von der Frau!«, herrschte Anaqam laut und gebieterisch. Sie sprach weiter, ihre folgenden Worte kann ich jedoch nur in zusammenhängender Weise wiedergeben, denn sie fing nun an, Ausdrücke und Begriffe zu benutzen, welche in ihrem gewöhnlichen Sprachgebrauch eine andere Bedeutung besaßen.

»Weiche jetzt oder ich werde dich verbrennen. Ich bin fähiger als du. Ich bin auch fähiger als alle deinesgleichen. Ich bin auch fähiger als dein Meister. Oder denkst du etwa, du bist stärker als ich? Hör mir gut zu: Ich wurde vom mächtigsten Meister geschult. Soll ich den zauberhaften Stier der Winde rufen, damit er dich für immer von hier fortweht? Beuge dich meinem Befehl und gehe dorthin zurück, wo du herkommst oder ertrage die Folgen. Kovutsch, kovutsch!«

Auf einmal trat eine unheimliche Stille ein. Die alte Frau schien fluchen zu wollen, aber es war eine unverständliche Artikulation, so dass ich nicht verstand, was sie in Wirklichkeit sagen wollte. Urplötzlich spuckte Anaqam ihr eine große Feuerschwade zu. Die Alte schreckte zurück und wandte sich von ihr ab. Dann spuckte Anaqam noch eine Schwade und noch eine, ohne dass die Frau Verbrennungen erhielt. Die Aggression der alten Frau wich nun einer eigenartigen Furcht. Sie sprang hysterisch und kreischend im Zimmer herum. Mit einem blitzartigen Ruck packte Anaqam die Frau an Arm und Nacken. Sie bewegte den Arm der Frau hoch und runter, dann im Kreis und im Halbkreis. Ich konnte nicht erkennen, ob sie die Richtung der Armbewegung durch ihre Kraft vorgab oder ob es damit zu tun hatte, dass die Frau wild dagegen ankämpfte. Jedenfalls schmiss sie die Frau mit einer einzigen Bewegung auf das Bett. Anaqam verlangte, dass ich näher herantreten solle und ihr das Getränk reiche, was ich auch sofort tat. Die Frau verrenkte und verkrampfte sich. Ungerührt goss Anaqam das Gebräu in ihren Mund. Die Frau rang nach Luft. Plötzlich fing ihr Körper an, sich zu wölben und alsdann zu zittern, so als hätte sie epileptische Anfälle. Wieder trat eine angespannte Stille ein. Anaqam bat mich, ihren Atem zu untersuchen. Ich achtete darauf; ihr Atem ging stoßweise und hatte einen unangenehmen Geruch. Sie verlangte von mir zu sagen, welche Farbe ihr Atem habe. Ich erkannte keine Farbe. Sie wollte wissen, ob es einen weißen oder schwarzen Faden habe. Erneut achtete ich höchst aufmerksam darauf, aber ich konnte wieder keine Farbe erkennen. Ich sagte, die Farbe ihres Atems sei unerkennbar. Diesmal warf sie selbst einen kurzen Blick auf die Frau und meinte, ihr Atem hätte einen schwarzen Faden, was bedeuten würde, dass die Frau zu schwach sei und bald sterben würde, wenn wir sie nicht vom bösen Geist befreien könnten. Höchst aufmerksam untersuchte Anaqam den Körper der Frau. Unmittelbar vor dem Hals der alten Frau begann Anaqam, an etwas Unsichtbarem zu ziehen. Ihre Bewegungen waren in der Tat so, als gäbe es da etwas, woran sie zog. Gleichzeitig murmelte sie mit einem besonderen Klang in ihrer Stimme etwas Unverständliches immer und immer wieder. Das unaufhörliche Wiederholen hatte tatsächlich eine hypnotische Wirkung. Selbst ich spürte, wie meine Brust sich krümmte und meine Augen zu rollen versuchten. Ich nahm wahr, wie meine Sinne auf einmal höchst sensibel wurden. Ich beobachtete wie gebannt die Frau. Etwas schien aus der Gegend ihres Halses herauszukommen. Ich hatte den Eindruck, dass es sich um eine Art feinen, fast durchsichtigen Faden handle. Mit jedem Zug, den Anaqam es herauszog, verschoben die Augenlinsen der alten Frau sich nach oben, bis nur noch das Weiß der Sklera zu erkennen war. Meine Abneigung der Frau gegenüber verwandelte sich in Mitleid, gefolgt von verwirrenden Gedanken, die mir durch den Kopf gingen. Ich stellte mir vor, wie ihr Todeskampf zu Ende gehen vermochte. Ich dachte auch, was, wenn mich etwas Derartiges befallen würde und es mein Todeskampf wäre? Wo waren die Grenzen zwischen dem Sichtbaren und dem Unsichtbaren; dem Diesseits und dem Jenseits? Wie ich so vor mich hin grübelte, geschah etwas, das nicht nur unglaublich war – es war auch etwas, dessen Beschreibung mir äußerst schwerfällt. Das, wovon ich dachte, es sei ein Faden, wuchs zu einem beinahe kaum wahrnehmbaren

Umfang an und schien ungefähre Konturen eines Menschen aufzuzeigen, wenngleich es keineswegs ein Mensch war. Es war nebelhaft, dunkel, ähnlich einem amorphen Rauch, dennoch durch das feine Flimmern sichtbar. Es schwebte wie eine Wolke in der Luft und bewegt sich, als sei es lebendig. Ich konnte meine Augen nicht abwenden und spürte die dunkle und niederträchtige Energie, die davon ausging. Es war, als würde der ganze Raum sich zusammenziehen. Kurz darauf trat es aus der Zimmerwand hinaus. Gleichzeitig wurde es um die alte Frau ungewöhnlich still. Ich dachte, sie würde jeden Moment sterben. In einem sehr dramatischen Ton wandte Anaqam sich zu mir und meinte, ich müsse die alte Frau Mund zu Mund beatmen, sonst könnte sie tatsächlich nicht überleben. Ich ekelte mich vor dem Gedanken, besonders, weil die Bilder des Geschehens noch sehr lebhaft in meinem Kopf waren. Doch getrieben von der heiligen Pflicht der Hilfe, presste ich meine Lippen an den Mund der alten Frau und beatmete sie. Plötzlich hörte ich neben mir ein Schluchzen. Ich wandte mich um und sah, wie Anaqam ihren Kopf auf ihre Brust versenkte. Ihre Schultern zuckten hoch und runter. Ich blickte in ihr Gesicht. Tränen rollten über ihre Wangen. Ich fragte verwirrt, was mit ihr los sei. Sie unterdrückte weiteres Schluchzen. Noch bevor ich wusste, was los war, bemerkte ich, dass sie nicht weinte, sondern in sich hineinlachte.

»Bist du fertig mit der Mundbeatmung?«, fragte sie mit vorgetäuschter Ernsthaftigkeit, wobei ich den ironischen Ton in ihren Worten erkannte. Jetzt erkannte ich auch, dass sie mich hereingelegt hatte und darum lachte. Ich war einem Streich von ihr zum Opfer gefallen. Sie blickte mich mit einem breiten Lächeln an. Ich wurde wütend und wollte mich schon streiten. Dann überprüfte ich meine Gefühle, und musste feststellen, dass ich ihr nicht böse sein konnte und es sogar selbst lustig fand. Sie räusperte sich kurz und erkundigte sich nach der kranken Frau. Das Gesicht der kranken Frau hatte sich normalisiert. Ihre Miene wurde heller und wirkte gesünder. Ebenso gingen die Schwellungen und Rötungen auf ihrem Körper zurück. Sie schien nicht verletzt zu sein, sie hatte eher etwas von Erschöpfung und Müdigkeit. Anaqam prüfte die Luft und verkündete, dass die Gefahr vorüber sei. Auch ich spürte, wie die Energie im Raum wesentlich erfreulicher wirkte. Eine kurze Zeit wimmerte die alte Frau vor sich hin, dann schien sie einzuschlafen. Ihre Tochter trat näher und deckte sie zu. Wir verließen das Zimmer. Der alte Mann geleitete uns zur Ausgangstür. Er trat näher an Anaqam und wollte sie für ihre Hilfe bezahlen, aber Anaqam schüttelte zurückweisend ihren Kopf und lehnte ab. Sie sagte, wie vereinbart solle meine Anwesenheit als Ausgleich dienen. Ehrfürchtig bedankte sich der alte Mann und gab uns einen Sack Obst mit auf dem Weg.

Wir verabschiedeten uns und gingen aus dem Haus, um uns auf den Rückweg zu machen. Draußen war bereits die Dämmerung angebrochen. Wir trabten vorsichtig den Berghang hinab. Ich blickte zurück; ich wollte sehen, ob der Rabe noch dort war, aber wir waren inzwischen zu weit entfernt, als dass ich etwas erkennen konnte. Meine Gedanken drehten sich weiter um das Geschehen. Das Ereignis an sich war eine Sache, es auch zu begreifen, war eine ganz andere. Ich musste mir eingestehen, dass sich eben gerade etwas Außerordentlichen abgespielt hatte, was mir normalerweise absurd und unglaubwürdig erschienen wäre, wenn ich es nicht selbst gesehen hätte. Müsste ich es beschreiben, so glich die alte Frau mehr einer gespensterhaften Kreatur als einem Menschen. Ich weiß, das mag sich übertrieben anhören; schließlich handelte sich hierbei um eine Beschreibung, bei der man schnell irgendwelchem Gespött ausgesetzt wird. Selbst für mich war es so, als würde in diesem Moment mein rationales Verständnis auseinander-fallen, aber genau das war es, was ich gesehen hatte und in mir bekannten Begrifflichkeiten beschreiben konnte. Der Gedanke führte dazu, dass sich mir die Haare sträubten. Entspanne dich, sagte ich zu mir selbst und nahm einen tiefen Atemzug.

»Ich bin entspannt«, gab Anaqam zurück.

»Ich spreche zu mir selbst, Anaqam. Mir geht es gerade nicht gut.«

»Warum, was ist los? Hast du dir etwa in die Hosen gemacht?« fragte sie belustigt.

»Nein, das nicht.«

»Gut, das wäre nämlich peinlich.«

»Ich bin durcheinander. Mir bricht gerade eine Welt zusammen«

Ich beobachtete sie ein wenig. Sie hielt die Zügel ihres Pferdes entspannt in ihrem Schoss. Ihr Trab war mäßig und fast unmerklich, so als würde sie mit dem Pferd gehen, anstatt zu galoppieren. Im Gegensatz zu mir wirkte sie äußerst gelassen, so, als hätte sie eben gerade keine seltsame Begegnung erlebt. Ich respektierte sie, jetzt mehr noch als zuvor. In diesem Moment verflogen sämtliche Zweifel sie betreffend endgültig. Ich lobte sie offenherzig für ihre Courage, wie selbstlos sie einer fremden Frau geholfen hatte und sagte ihr, dass ich von ihrem Mut beeindruckt sei. Ich sagte auch, falls ich die einzige Option der Frau gewesen wäre, sie wahrscheinlich gestorben wäre und gab zu, dass ich mich nicht getraut hätte, alleine näher an sie heranzutreten.

»Hattest du wirklich so große Angst?«, wollte sie wissen.

Ich gab zu, dass es für mich die unheimlichste Begegnung in meinem Leben war.

»Das ist ganz natürlich«, meinte sie. »Immerhin ist das deine erste Begegnung mit einem Qörmös.«

»Was ist ein Qörmös?«

»Du hast es doch gesehen.«

»Ich habe etwas gesehen, Anaqam, aber ich verstehe nicht, was ich gesehen habe oder wie ich darüber denken soll.«

Ich erwähnte meine Zweifel über das, was ich gesehen hatte.

»Ich sah die schreckliche Verzerrung im Gesicht der alten Frau«, sprach ich weiter, »und ihre skurrilen Bewegungen. Ich sah auch eine Rauchschwade aus ihr herauskommen.«

»Das war kein Rauch, Dummerchen«, schnitt sie mir das Wort ab. »Das, was du für rauch hältst, war ein Qörmös, ein Geist.«

»Warte mal«, rief ich aufgebracht. »Dann bedeutet das, es war wirklich ein Geist, etwa wie ein Gespenst?«

»Ich sehe schon, du bist immer noch nicht so weit.«

Sie hatte einen leicht anklagenden Ton in der Stimme.

»Was meinst du damit, Anaqam? Wofür bin ich noch nicht bereit?«

»Bereit für die andere Welt. Bereit für die Geheimnisse des Lebens. Wie kannst du etwas leugnen, das du mit eigenen Augen gesehen hast?«

Sie erinnerte mich daran, dass der Geist einige Zeit in der Luft schwebte, bevor er durch die Wand das Zimmer verließ. Ich erinnerte mich, es hatte tatsächlich den Anschein, dass das, was ich für eine Rauchschwade hielt, sich nicht auflöste, sondern in einem ganzen Stück durch die Wand verschwand.

»Ich leugne es nicht. Ich versuche nur, es zu begreifen.«

»Ich sagte dir doch bereits, es war ein Qörmös!«

»Was ist ein Qörmös, Anaqam?«

»Qörmös sind alte Seelen.«

»Sind sie böse?«

Sie antwortete nicht sofort und ließ sich Zeit.

»So einfach ist das nicht erklärt«, sagte sie nachdenklich.

»Es gibt gute sowie böse Qörmös. Ein böser Qörmös kann sich in einen guten Helfergeist verwandeln, wenn er von einem guten Qam kontrolliert wird. Eigentlich sind sie Träger von Wissen. Sie sammeln über mehrere Generationen Wissen an. Manche unter ihnen waren einstmals selbst Qamanen. Mir dienen ebenfalls Qörmös-Seelen. Ein Qörmös steht in den Diensten eines Herrn und wird beschworen, um an verborgenes Wissen zu gelangen. Was wir heute erlebt haben, war ein Yabus-Qörmös, der von einem Hexer kontrol-liert wurde.«

»Was unterscheidet ihn von den anderen?«

»Sie sind von der peinigenden Sorte; ein Gefangenmacher, wenn du es so willst. Sie sind seelenlose Wanderer von dunkler Natur, die gelernt haben, in menschliche Körper einzudringen. Ein normaler Mensch kann sie nicht sehen, nicht hören und doch existieren sie um uns herum und beobachten und hören uns. Sie lauern in der Dunkelheit und an abgelegenen Orten, um ihre Opfer zu überfallen. Ein Qörmös weiß viel mehr über die Welt als wir Menschen. Darum war die Frau eine leichte Beute für ihn. Als sie alleine und ohne Schutz die Berge betrat, tappte sie in die Falle des Hexers.«

»Warum können normale Menschen solche Wesen nicht sehen?«

»Wenn ich sage, dass normale Menschen sie nicht sehen, dann deshalb, weil der normale Mensch seine Aufmerksamkeit nicht darauf richtet, und nicht, weil sie sich vor uns verstecken. Solche Wesen können in verschiedenen Formen an uns herantreten. Manche leben sogar unter uns, doch normalerweise bevorzugen sie verlassene und menschenleere Orte, wie Wälder, Ruinen oder Höhlen, weil die künstlichen Lichter der Zivilisationen eine unangenehme Wirkung auf sie haben.«

Ich erzählte ihr, dass ich für einen Moment geglaubt hatte, die alte Frau würde sterben und erkundigte mich, ob dies auf diese Weise geschehen könne.

»Ein fremder Geist kann keinen töten«, meinte sie. »Aber was geschehen kann, ist, dass es einen Menschen derart erschrecken kann, dass man vor Schreck oder an Herzversagen stirbt oder den Verstand verliert.«

»Was kann man in so einem Fall tun, Anaqam?«

»In so einem Fall bleibt einem nichts anderes, als dagegen zu kämpfen. Eigentlich ist der eigene Geist immer stärker, aber manchmal kommt es vor, dass dem nicht so ist. Wenn der Geist des Menschen nicht stärker als der Qörmös ist, dann dringt er in ihn ein und der Mensch kann nichts tun als abzuwarten, bis er ihn wieder verlässt. Du solltest wissen, solche Wesen besitzen nur begrenzte Kraft, genauso wie wir nur eine begrenzte Kraft in ihrer Welt haben und verbündete Mächte brauchen, um länger dort weilen zu können. Wenn man also in unserer Welt gegen sie ankämpft, werden sie ihre Kraft schnell verausgaben.«

»Kann jeder einen Qörmös kontrollieren, Anaqam?«

»Nur ein Qam kann das.«

»Kann ich einen Qörmös kontrollieren?«

»Wenn ein Geist deiner Ahnen sich bereitstellt, dann ja.«

»Und wenn nicht?«

»Dann müssten wir dir einen fangen, aber einen Qörmös zu kontrollieren, ist keine einfache Sache. In deinem Zustand würde er eher dich kontrollieren. Etwas solltest du bei der ganzen Sache berücksichtigen. Solche Wesen können gefährlich sein und egal, wie machtvoll sie auch sind, sie sind nicht allmächtig. Sie verhelfen dir bei deinen Vorhaben, aber mehr nicht. Es ist wichtig, dass du das verstehst. Die eigentliche Kraft ist immer in dir selbst und das ist es, was ich versuche, dir zu vermitteln.«

Ich blickte gen Himmel. Allmählich wurde es heller. Wir hatten einen gemütlichen Trab und noch einen weiten Weg nach Hause. Ich wollte es zu Anlass nehmen, um weiter über das Thema zu sprechen.

Sie vertrat die Meinung, dass die meisten Geistwesen uns ähnlicher seien als wir es für gewöhnlich hielten, weniger in ihrer äußerlichen Erscheinung als vielmehr in ihrer Persönlichkeit. Dem lag die Vorstellung zugrunde, dass die Lebenden unserer Welt aus der Welt der Geister hervorkamen. Demnach waren Geister Menschen ohne Körper und der Mensch selbst ein in das physische Leben inkarnierter Geist. Ihrer Meinung nach war die ganze Welt übersät mit Geistern von unterschiedlicher Qualität. Berge, Wälder, Seen, Flüsse seien beseelt und lebende Objekte. Sie vertrat die Vorstellung, dass Menschen die Möglichkeit haben, sich an diese Kräfte zu wenden, um Hilfe und Beistand zu erlangen. Hierfür waren weder Mittler noch dogmatische Pflichten oder Vorschriften, auch keine bestimmten Orte oder Zeiten, von Nöten. Rein theoretisch gesehen konnte jede Person, mit ein wenig Demut im Herzen, sich an solche Kräfte wenden. Unbekümmert um die Realität oder Existenz solcher Wesen, erschien mir die Vorstellung der unterschiedlichen Klassen an Verbündeten, Hilfsgeistern, Ahnengeistern und Natur-geistern, welche die Erde beseelten, äußerst komplex und verwirrend.

Gegen Mittag erwachte ich und suchte Anaqam auf. Sie erwartete mich bereits vor ihrer Jurte. Sie wirkte wie am Morgen gesprächig.

»Endlich bist du wach«, eröffnete sie das Gespräch. »Ich habe bereits auf dich gewartet.«

Sie hatte rotunterlaufene Augenlider.

»Hast du nicht geschlafen, Anaqam?«

Gähnend antwortete sie, dass sie nur kurz geschlafen hätte, und ihre Geister sie nicht schlafen ließen. Den ganzen Morgen über sei sie in Gedanken vertieft gewesen.

»Wo sind Tuva und Selenge Apa?«, fragte ich.

»Tuva ist in die Berge, aber sie ist noch nicht zurückgekehrt und Selenge weiß ich nicht. Ich habe sie bis jetzt noch nicht gesehen.«

»Und Alma Tayece?«

»Das letzte Mal, als ich sie sah, war sie bei ihren Rentieren«, sagte sie beiläufig. »Komm, setz dich. Ich muss mit dir reden. Ich habe meine Geister befragt; beide Zeichen ergänzen sich. Es wird nicht einfach, dir das Folgende zu erklären. Ein Ahnenfluch ist kein gewöhnlicher Fluch, wie ich bereits sagte, ist er vererbt. Der Punkt allerdings ist, dein Geist hat es sich zur Aufgabe gemacht, diesen Fluch zu erleben. Es gibt zwischen dir und dem Fluch eine Verbindung. Um das herauszufinden, werden wir in deine Vergangenheit schauen um die Wunden deiner Vergangenheit zu heilen. Zunächst werde ich dich in der Inneren Versenkung unterweisen, danach wird deine Aufgabe das Erinnern sein, aber nicht mit deinem gewöhnlichen Verstand. Du wirst dich mit deinem Geist erinnern. Irgendwann im Lauf deiner Verkörperungen muss eine schwere Tragödie passiert sein. Mit der Methode des Zurückerinnerns wirst du das herausfinden können. Diese Methode gehört ergänzend zur zweiten Pforte. Es ist also Zeit, dir die zweite Pforte zu erklären.«

Ich spitze meine Ohren und hörte ihrer Erklärung aufmerksam zu.

»Die zweite Pforte ist sehr umfangreich, weit mehr als die erste«, fuhr sie fort. »Es wird nicht einfach sein, dir alles auf einmal verständlich zu machen. Ich bin mir auch im Klaren darüber, dir werden manche Dinge schwer verständlich erscheinen. Bis jetzt ging es darum, dich handeln zu lassen, damit du mit den Dingen, die dich umgeben, vertraut wirst. Jetzt wirst du lernen zu unterscheiden. Bevor ich beginne, möchte ich etwas vorwegnehmen; für das Wissen, das ich dir jetzt sagen werde, benötigt ein Schüler normalerweise Jahre, wenn nicht sogar Jahrzehnte, um wirklich alles zu begreifen. Jetzt pass auf; wie du bereits gelernt hast, ist jeder Qam zunächst ein Krieger. Das Leben eines Kriegers ist von Kämpfen beherrscht. Er kämpft um sein Überleben, um sein Wohl und das der anderer; er kämpft um seine Überzeugungen; um seine Persönlichkeit; er kämpft darum, sich und sein Leben zu verbessern. Ein Krieger würde sogar so weit gehen, um für seine Ansichten und Überzeugungen zu sterben oder gar zu töten. Das ist die Reifephase eines Qam. In dieser Phase brennt sein Herz vor Verlangen. Doch irgendwann bemerkt er, dass er durch Kämpfen nicht das erlangt, was er erzielte oder erhoffte. Wenn er Erkenntnis aus seinen Niederlagen und Enttäuschungen schöpft, dann wird er erkennen, dass sein größter Feind nicht draußen in der Welt, sondern in ihm selbst ist. Wenn ein Krieger zu dieser Erkenntnis gelangt, erlangt er Weisheit und sein Weg beginnt sich zu teilen. Nun muss er sich entscheiden, weiterhin für die Dinge, an die er glaubt, zu kämpfen und somit seinen Kampf fortzuführen oder er rekapituliert. Mit Rekapitulation meine ich nicht, dass er aufgibt, nein, er muss seine Situation neu überdenken. Nachdem er das getan hat, wird er sich neu orientieren. Sich neu zu orientieren bedeutet auch, sich neues Wissen anzueignen, neue Dinge zu lernen, vielleicht sogar alles, was er bis dahin an Wissen angesammelt hatte, auszu-sortieren. Eines solltest du beachten, nicht allen Kriegern ist diese Möglichkeit gegeben. Manche führen ihren Kampf bis zu ihrem Tod fort. Wie dem auch sei, wenn ein Krieger sich für das Wissen entscheidet, betritt er die zweite Pforte. Die zweite Pforte ist die Pforte der Wissenden. Auch wenn der Krieger selbst noch kein Wissender ist, hat er das Ziel, einer zu werden. Die Wissenden kämpfen nicht mehr, ihr einziges Streben ist das nach Wissen und Weisheit. Sie suchen nach Erklärungen und ihre Ansichten sind weitaus größer als die eines Kriegers. Sie haben die Törü verinnerlicht und haben bereits erfahren, was es heißt, diese zu brechen. Sie sehen sich selbst, das Leben, ihre Umgebung mit völlig anderen Augen. Ein Wissender ist bemüht, seinen Geist und seine Gedanken reifen zu lassen, um ein besseres Verständnis zu erlangen und bessere Entscheidungen treffen zu können. Er hinter-fragt alles, sich selbst eingeschlossen. Er ist jemand, der auf die Stimme seines Geistes hört. Auch wenn ein Wissender noch kein Eereni ist, so ist er immerhin ein Denker. Seinen Argumenten und Vorstellungen gehen ernsthafte und tiefe Überlungen und Folgerungen voraus.

Darüber hinaus betrifft die zweite Pforte nicht mehr das Überleben, sondern das Leben im Allgemeinen. Im Übrigen auch die Familie eines Qam. Es ist die Pflicht eines Qam, für seine Familie Sorge zu tragen. Im Speziellen betrifft die zweite Pforte unsere Denkweise, genauer gesagt, unseren Verstand und dessen Beschaffenheit und Funktionsweisen. Verstand und Verständnis ist etwas, das uns von den Tieren unterscheidet. Bevor ein Qam in andere Welten zu reisen lernt, sollte er das Wesen seines Verstandes kennen; wie es funktioniert, seine Tücken, sonst besteht das ernste Risiko, dass er manipuliert werden kann. Wie auch die erste Pforte, so hat auch die zweite Pforte spezielle Zeichen. Fangen wir mit ihrer Richtung an. Die Richtung der zweiten Pforte liegt im Norden.«

Sie wies mit ihrer Hand in die nördliche Himmelsrichtung.

»Der Wind des Nordens ist der Qarayäl. Dieser Wind ist kalt und bringt Gefahren mit sich. Wenn er gerufen wird, dann bläst er achtlos aus voller Kraft, darum ruft ein Qam ihn nur in äußersten Situationen. Die Farbe der zweiten Pforte ist Schwarz; sie symbolisiert einerseits das Ungewisse und die Unwissenheit, und anderseits die Ernsthaftigkeit. Das Symboltier ist die schwarze Schlange. Die Schlange steht für Weisheit, weil sie uns oftmals prüft und wir dadurch Erkenntnis erlangen, aber auch für Einflüsterungen. Sie flüstert uns Zweifel zu und versucht, uns von unserem Weg abzuhalten. Das Element der zweiten Pforte ist Wasser; Sub genannt. Wasser symbolisiert zum einen Reinheit; es ist selbst rein und säubert zugleich alle Dinge, mit denen es in Berührung kommt. Ohne Wasser gäbe es keine Reinheit, sowie es ohne Erkenntnisse keine

Weisheit geben würde. Mit Reinheit ist aber nicht nur die äußerliche Sauberkeit gemeint, sondern auch die Reinheit der Person selbst; also seinem Inneren, seinem Handeln, seinem Herzen und seinen Gedanken. Ein Wissender ist in diesem Sinne wie Wasser, er reinigt nicht nur sich selbst, er reinigt auch die Menschen um ihn herum. Wasser steht auch für Verwandlung, denn Wasser gleicht keinem anderen Element; es wird zu Dampf, bildet sich zu Wolken, dann regnet es und formt sich zu etwas Sichtbarem und Festem, wie einem See oder Fluss. Die Verbindung von Wasser mit Erde ermöglicht, dass Leben entsteht. Auch unser Körper ist eine Verbindung zwischen Wasser und Erde. Obwohl Erde eine feste Materie und Wasser flüssig ist, kann es vorkommen, dass Wasser wesentlich kraftvoller als Erde ist. So ist es auch mit unseren Gedanken. Wir können dafür sorgen, dass sie von der Unsichtbarkeit in die Sichtbarkeit hervortreten. Aber dazu will ich dir mehr sagen, wenn du soweit bist.«

Anaqam ging dazu über, mir die Klassen der Schamanen zu beschreiben.

»Der zweiten Pforte gehören die Qaraqam, die schwarze Qamanen, an. Sie wahrsagen und können Dinge voraussehen. Sie blicken in die Zukunft und erkennen, was diese mit sich bringt. Viele von ihnen beschäftigen sich mit Magie. Die Meister unter ihnen können Menschen verführen, sie auf andere Gedanken bringen oder einem den Verstand rauben. Anderseits können sie Menschen besser helfen als die Akqam. Unter den Qaraqam gibt es die Uzaan, die mentalen Architekten. Sie entwickeln mit den Jahren die Fähigkeit, äußerst tiefe und komplexe Überlegungen anzustellen. Sie sind in der Lage, gewaltige

Gedankengebäude zu errichten und lernen, ihre Träume und Vorstellungen in der Welt hervorzubringen. Es ist sogar möglich, dass zwei Uzaan in ein und demselben Traum sich begegnen können. Ein Uzaanqam, der es gelernt hat zu reisen, ist ein hervor-ragender Kartograf. Er skizziert und erstellt Landkarten von den Orten, die er in der anderen Welt aufgesucht hat. Und wenn er das Reisen nicht erlernt hat, so ist er immerhin ein äußerst guter Philosoph. Du erinnerst dich bestimmt auch noch an die Oz-an?«

Ich nickte zustimmend.

»Mit den Techniken der zweiten Pforte erlangt ein Oz-an ein äußerst hervorragendes Gedächtnis und kann tausende von Gedichten und Verse erlernen. Früher zum Beispiel waren sie lebende Zeitzeugen und Bewahrer der Traditionen ihrer Gemeinschaft.«

Sie machte eine Pause und schien nachzudenken.

»Ich habe die ganze Nacht überlegt«, fuhr sie fort, »wie ich dir am besten die zweite Pforte vermitteln sollte. Ich wollte es so machen, wie mein Großvater es mich damals gelehrt hatte. Aber uns fehlt die Zeit. Darum habe ich einen anderen Plan. Was ich dir jetzt erklären werde, bildet einen wesentlichen Teil der Erklärung der zweiten Pforte.«

Sie sagte, dass es für mich von Vorteil sei, zunächst die Beschaffenheit meines Verstandes zu kennen und erklärte, dass unser Geist ein sehr empfindsames und sensibles Wesen sei und das Bewusstsein eine Eigenschaft von ihr sei. Der Verstand wiederum sei eine Funktion des Bewusstseins, doch so einzigartig, wie das Bewusstsein sei, besäße unser Verstand eher eine mehrteilige Form.

»Die Welt ist voller Mysterien und eines dieser Mysterien ist unser Verstand. Für gewöhnlich benutzen wir für unseren Verstand nur eine Bezeichnung. Seit den alten Qamanen wissen wir, dass der Verstand auf unterschiedliche Art arbeitet. Was ich dir jetzt erkläre, dient lediglich als Einführung. Wir werden durch die Methoden, die ich dir zeigen werde, das Thema weiter vertiefen.«

Sie gliederte den Verstand in drei Bereiche und um mir ihre Erklärung vereinfacht darzustellen, skizzierte sie Linien auf den Boden. Die erste war eine große gewellte Linie; sie sagte, dies sei der alltäglich arbeitende, rationale und bewusste Verstand des Menschen, der ihm für seinen Alltag ein Bewusstsein gebe. Mit diesem Verstand würden wir Gedankenprozesse führen, Informationen sammeln, Wahrnehmungen auswerten, anhand dieser Informationen Berechnungen anstellen und Lösungen ausdenken, sowie im Lichte früherer Erfahrungen Entscheidungen treffen.

»Dieser Teil des Verstandes beginnt erst im Kindesalter zu arbeiten«, fuhr Anaqam weiter. »Der arbeitende Verstand ist der alltäglich denkende Teil. Das wird jetzt vielleicht etwas kompliziert, doch neben diesem Verstand gibt es weitere, unbewusst ablaufende Prozesse, die auf uns einwirken.«

Parallel zur ersten Linie zog Anaqam eine weitere, etwas dünnere, und nannte diese den Tierverstand, der für körperliche Funktionen, animalische Begehren und instinktive Achtsamkeit, im Sinne von Schmerzmeidung, zuständig sei.

»Was du über den Tierverstand wissen solltest, ist, dass seine Aufgabe vor allem darin liegt, den Organismus am Leben zu halten. Er ist sozusagen für das Überleben zuständig. Aber nicht nur das. Er ist auch für unsere Bewegungen und körpereigenen Funktionen zuständig und sorgt dafür, dass wir möglichst Schmerzen und Gefahren vermeiden. Dieser Teil des Verstandes beginnt mit unserer Geburt zu arbeiten und lernt vor allem durch Nachahmen und Kopieren.«

Sie zog unter den ersten beiden eine weitere, etwas breitere Linie und verband mit einzelnen Strichen diese mit den ersten beiden Linien.

»Der letzte Teil ist der eigentliche Teil des Verstandes, um den wir uns ab heute kümmern werden«, fuhr sie mit ihrer Erklärung fort. »Er liegt im Verborgenen und gehört zu unserem Geist. Diesen Teil des Verstandes nennen Menschen, die um ihn wissen, das Unterbewusstsein. Aber es ist weder ein Bewusstsein, noch ist es unbewusst. Es ist die Quelle des Chaos. Von Zeit zu Zeit tritt dieser Teil des Verstandes in Erscheinung. Der Unterschied zu unserem arbeitenden Verstand besteht darin, dass dieser Teil des Verstandes eine reagierende und reflektierende Funktionsweise hat. Lass es mich dir so erklären: Wenn unser bewusst arbeitender Verstand etwas wahrnimmt, das in diesem Teil des Verstandes eine Entsprechung besitzt, dann belebt sich sein Inhalt. Die alten Qamanen hielten diesen Teil für einen Dämon und nannten es Yääk. Sie vermuteten, dass es zur Person sprechen konnte und ihm Befehle erteile. Sie gingen davon aus, es lebe in den Haaren oder am Hinterkopf des Menschen, weil etwas Schattenartiges sich dort aufhielt und den Menschen wie ein Schatten verfolge. Dem Anschein nach besaß es ein Eigenleben und konnte den Menschen beeinflussen. Nun, was die alten Qamanen für einen dämonischen Geist hielten, war für die Generation von Qamanen nach ihnen weder ein Geist noch ein Dämon. Die jüngere Generation der Qamanen fanden heraus, dass es zwar in der Tat wie ein Schatten ist, weil ihre Energie einen Schatten wirft, aber in seiner Eigenschaft eher einer toten Masse an Energiematrix glich. Es bestand aus unzähligen, vereinzelten wolkenähnlichen Energieansammlungen, die wie eine Matrix ineinandergriffen und miteinander verbunden waren, ähnlich wie eine Traube. Auch die neue Generation der Qamanen erkannte, dass die Energiewolken in direkter Verbindung mit der Person standen. Sie fanden heraus, dass dieser Teil des Verstandes eine Art Erinnerungs-speicher ist und jede einzelne Energiewolke eine bestimmte Menge von einzelnen Erinnerungen an vergangene Zeiten und Leben beinhaltet. Um der Erklärung der alten Qamanen treu zu bleiben, wird bis heute dieser Teil des Verstandes Schattenverstand genannt.«

Was sie da erzählte, interessierte mich außerordentlich. Die erste Frage, die mir hierzu einfiel, war, wie die alten Schamanen von diesem Teil des Verstandes erfuhren, wenn es verborgen war.

»Das ist einfach erklärt«, entgegnete sie. »Die alten Qamanen waren in Besitz geheimer Techniken, die es ihnen ermöglichten, auf wundersame Weise Verborgenes zu entdecken. Den Schattenverstand entdeckten sie mit einer besonderen Technik der Beobachtung.«

»Aber wie kann man etwas Verborgenes durch Beobachtung entdecken, Anaqam?«

»Auch das ist einfach erklärt. Die alten Qamanen gingen nicht wie gewöhnliche Menschen an den Dingen vorbei. Sie waren Meister in Sachen der Beobachtung und schenkten alles um ihnen herum Beachtung. Sie beobachteten einfach alles in ihrer Umgebung, in der Natur, alles, was sie sahen.

Sie beobachteten beispielsweise, wie neugeborene Tiere sofort nach ihrer Geburt instinktiv wussten, was sie zu tun und wie sie sich zu bewegen hatten. Sie saugten unmittelbar an der Zitze ihrer Mutter, obwohl sie nie zuvor Erfahrung mit den Dingen um sie gemacht hatten. Wohingegen Menschen-babys ohne Hilfe von außen nicht überleben können. Eine Frau kann ihr Baby in die Hand nehmen und an die Brust halten. Ein Tier kann das nicht, trotzdem sind Tiere in der Lage zu überleben. Deshalb waren die alten Qamanen der Überzeugung, dass es Eingriffe in der Entwicklung des Menschen gab. Außerdem waren sie Meister der geistigen Beeinflussung. Sie versetzten Menschen in Ekstase oder Tiefschlaf und ließen die Personen Dinge tun, die sie nicht beabsichtigten oder befragten diese, um verborgene oder vergessene Informationen zu erhalten. Anhand solcher Beobachtungen und weiterer Experimente kamen sie zu dem Schluss, dass der Mensch einen weiteren Geist besitze, der Dinge tun lässt, die außerhalb des Willens der Person lag. Doch wo die alten Qamanen einen Dämon vermuteten, war es die jüngere Generation Qamanen, die dementgegen herausfand, dass den Menschen umgebende Energie kein Dämon, sondern eine Struktur ist, die alle Wahrnehmungen, Hoffnungen, Sorgen, Probleme und Ähnliches beinhaltete. So entdeckten sie, dass der Geist alles aufnimmt und in diesem Teil des Verstandes abspeichert. Wodurch sie auch erklären konnten, dass manche Menschen Dinge wussten, bevor sie sie selbst erlernt hatten. Das ist das Wesen des Schattenverstandes, er ist gegenüber jeglichen Beeinflussungen sehr empfänglich. Du wirst staunen, was alles an mentalem Müll in ihm aufbewahrt wird.«

Anaqam hatte es einmal mehr geschafft, mich mit einem Thema zu fesseln. Um ein besseres Verständnis zu erlangen, bat ich sie, mir zu sagen, warum dieser Teil des Verstandes wichtig sei.

»Weil der Schattenverstand alle Erinnerungen vergangener Zeiten in sich trägt«, betonte sie. »Auch solche, die dich beeinflussen und negativ auf dein Leben einwirken. So das du in einen Teufelskreis geratest, aus dem du nicht entrinnen kannst. Das ist nämlich sein Schwachpunkt; er besitzt keinen Schutzmechanismus und übernimmt alles, wahr oder nicht wahr, richtig oder falsch, auch Überzeugungen und Ansichten, die der eigenen Person schaden. Sein Inhalt steht dem bewussten Verstand nicht zur Verfügung, er liegt abgeschirmt im Verborgenen, aber er ist da. Wenn der Schattenverstand die Überzeugung besitzt, dass die eigene Person nutzlos oder schuldhaft ist, greift die Person diese Überzeugung auf.«

Ich stellte die Frage, ob sie mit ihrer Erklärung meine, dass der Schattenverstand sich des Menschen bemächtige. Sie antwortete, dass er eine gewisse Macht über den Menschen ausübe, jedoch keine permanente. Der Schattenverstand könne eine bestimmte Zeit auf den Menschen einwirken und ihn zu ungewollten Handlungen verleiten.

»Glaubst du, dass das auf mich zutrifft, Anaqam?«

»Das tut es in der Tat. Du stehst sehr unter dem Einfluss deines Schattenverstandes.«

»Kannst du mir mehr dazu sagen, Anaqam?«

»Darum sitzen wir heute beisammen. Vielleicht solltest du zunächst wissen, dass wir Menschen vor sehr langer Zeit nicht so waren. Wir waren weit entfernt davon, intelligente

Wesen zu sein. Vor Anbeginn der menschlichen Zivilisation besaßen wir einen primitiveren Verstand, der lediglich auf die Dinge, die er wahrnahm, reagierte. Das liegt in der Natur des Menschen. Und so funktioniert der Schattenverstand; er reagiert auf die Dinge, die wir wahrnehmen. Er ist recht-haberisch und zugleich unvernünftig. Aber all das geschieht unbewusst. Wenn unser Schattenverstand durch einen Reiz oder eine Wahrnehmung belebt wird, dann schaltet er für einen Bruchteil einer Zeit unseren arbeitenden, bewussten Verstand aus und lässt uns unvernünftig handeln.«

»Welche Art von Reizen könnte das sein, Anaqam?«

»Alles Mögliche; es könnte eine Spinne sein, die dich vor Panik schreien lässt; ein schleifendes Geräusch, dass dich zusammenzucken lässt oder ein Duft, welcher dir Hautausschläge verursacht. Vielleicht siehst du eine fremde Person und wirst ohne Grund wütend oder du schämst dich für etwas, obwohl es nichts zum Schämen gibt. Vielleicht hörst du ein Wort, das Zorn in dir verursacht. Niemand kann genau sagen, was der Schattenverstand beinhaltet, nicht einmal die Person selbst, solange es nicht belebt wird. Erst wenn seine Inhalte sich beleben, lösen sie tiefe Gefühlsregungen wie Zorn, Freude, Selbstmitleid oder Trauer aus. Aber das ist nicht alles. Was schlimmer ist, ist, dass sein Inhalt der Person auch Lebenskraft entziehen. Es ist ungefähr so, wie wenn du mit einem Kleidungsstück an einem Zaun hängenbleibst und je weiter du dich entfernst, umso länger wird die Schnur und ebenso auch das Loch in der Kleidung. So ungefähr ist das mit den Erinnerungswolken im Schatten-verstand. Je größer sie sind, umso mehr Macht besitzen sie über eine Person. Der

Grund, warum viele Menschen sich kraftlos und niedergeschlagen fühlen, ist, weil eine große Ansammlung Erinnerungen aus ihrem Schattenverstand belebt ist. Diese Energiewolken werfen einen schattenartigen Schein. Sie bewegen sich um den Menschen herum. Schwache Menschen besitzen einen großen, dunklen Schatten; kraftvolle Menschen haben einen geringen Schatten. An diesen Energiewolken erkennt ein Qam, ob ein Mensch freundlich, gesund oder krank, böse oder gut ist. Nebenbei gesagt, das war es, was ich bei unserer ersten Begegnung an dir sah. Ich sah deinen Schatten und erkannte die Dunkelheit darin. In jener Nacht, so wie ich es vorausgesagt hatte, als ich dir sagte, dass du nur bei mir lernen wirst, deinen Geist zurückzuholen, sah ich die vielen Konflikte, in denen dein Geist verwickelt ist.«

Ich erinnerte mich daran. Es war eine Bemerkung gewesen, die mich damals sehr besorgt hatte.

»Begreifst du jetzt, wovon ich spreche?«, fragte Anaqam.

Ich gestand, dass ich ihre Erklärung nicht völlig verstand.

»Du sagst, dass diese Erinnerungen verborgen und nicht zugänglich sind. Wie kann man in diesem Fall an sie gelangen?«

»Es gibt Methoden hierfür. Ich werde sie dir zur rechten Zeit lehren. Vielleicht solltest du noch wissen, dass zu allem Übel diese Art von Erinnerungen auch Spracheigenschaften besitzen, so als ob sie zu einer Person sprechen. Was übrigens auch der Grund war, warum die alten Qamanen glaubten, es sei ein Dämon.«

»Warte mal, Anaqam«, unterbrach ich sie, bevor sie weitersprechen konnte. »Was meinst du damit, sie sprechen zu der Person? Willst du damit sagen, dass etwas zu mir spricht?«

»Nicht etwas«, entgegnete sie geduldig. »Das, was zu dir spricht, sind wiederbelebte Erinnerungen, die Gesprochenes beinhalten. Sie sprechen zu dir, wenn ihre Inhalte erweckt sind. Es sind sozusagen artikulierende Gedanken. Sie verursachen einen inneren Dialog in uns, und die Quelle dieser Selbstgespräche ist unser Schattenverstand. Die Menschen meinen, wer Selbstgespräche führt, ist verrückt, aber das trifft nicht wirklich zu. Lediglich der Inhalt ihres Schattenverstandes ist belebt.«

Sie wollte weitersprechen, sie schien recht gesprächig, aber erneut musste ich sie unterbrechen.

»Was sagen diese Gedanken zu mir?« fragte ich und bat sie, mir diesen Punkt verständlicher zu machen.

»Woher soll ich wissen, was deine Gedanken dir sagen?«, bemerkte sie schroff. »Nur du kannst ihren genauen Inhalt herausbekommen. Vielleicht sagen sie zu dir, du sollst krank sein oder du seist nichts wert oder du sollst Selbstmord begehen. Ist es nicht so, dass du jahrelang solche Gedanken hattest? Wenn du aufmerksam genug bist und dich selbst beobachtest, wie du auf bestimmte Reize reagierst und was du tust, dann kannst du bis zu einem gewissen Grad ihren Inhalt erahnen.«

Mir misslang nach wie vor, ihre Erklärung vollständig zu verstehen. Mir war nicht bekannt, dass es unterschiedliche Gedankenarten geben sollte und das war es, was mir Schwierigkeiten bereitete. Ich persönlich betrachtete meine Gedanken immer als einen natürlichen Teil meines Selbst und hielt meine Denkprozesse für etwas Fundamentales. Um ein Argument hervorzubringen, sagte ich, dass ich vor

Jahren eine neurowissenschaftliche Abhandlung über das Hervorbringen der Gedanken gelesen hätte. Darin stand, dass infolge unserer Aktivitäten entstandene Sinneseindrücke in unserem Gehirn als Gedanken hervorgebracht wurden, um uns Menschen dabei zu helfen, die Dinge in der Welt besser zu begreifen. Ich benötigte ein wenig, um meine Ansichten verständlich darzulegen. Sie schien unbeirrt zu sein und sagte, dass sie es prinzipiell gar nicht anfechte, betonte aber, dass meine Überzeugungen aus zweiter Hand seien. Sie meinte, dass ich viel häufiger auf Reize reagieren würde, als mir bewusst sei.

»Dein Problem ist«, meinte Anaqam weiter; »du hältst das Geschwätz in deinem Kopf für derart selbstverständlich, dass du es für dich selbst hältst. Du kannst davon keinen Abstand nehmen. Ich sage dir, wir sind weitaus mehr und weitaus bedeutender als lediglich die Stimme in unserem Kopf.«

Ich war verwirrter als ich es bereits schon war.

»Wer sollte ich sonst sein, wenn nicht meine Gedanken?«, wandte ich skeptisch ein.

»Du hörst mir nicht zu, wenn ich dir etwas erkläre«, warf sie mir in einem strengen Ton vor. »Du beziehst zwar deine Identität über deine Gedanken, aber du bist nicht sie selbst. Du bist viel mehr als nur deine Gedanken.«

Die Vorstellung, nicht meine Gedanken zu sein, verstörte mich zutiefst.

»Wenn ich nicht meine Gedanken bin, Anaqam, wer bin ich dann?«, drängte ich ungläubig.

»Du bist der, der hinter seinen Gedanken steckt – der, der erkennt, dass er denkt. Es ist ein anderes Ich, ein anderes Selbst von dir. Und dieses andere Selbst ist dein bewusster

Geist. Dein Geist ist das einzig Wirkliche und zugleich das Einzige, was du wirklich besitzt.«

Es war eher eine philosophische Antwort als etwas, das ich tatsächlich nachvollziehen konnte. Nach meiner Auffassung waren all die Errungenschaften, die wir als Menschheit erlangt hatten, gerade unserer Fähigkeit zu denken verdankt. Eine Fähigkeit, die uns von der Natur und unseren Verwand-ten, den Tieren, nicht nur unterschied, sondern auch uns als Wesen von ihnen abhob. Anaqam widersprach mir nicht unmittelbar, aber sie stimmte auch insofern nicht zu, da sie die Meinung vertrat, dass wir zwar denkende Wesen seien, aber umso trügerisch sei meine Vorstellung, hinter den scheinbaren Errungenschaften einzig den Verstand zu vermuten. Sie machte mich darauf aufmerksam, dass wahres Wissen nur durch Inspiration und Entdeckung erlangt werde und nicht infolge von Denkprozessen. Ihrer Ansicht nach gehe die eigentliche Inspiration immer von unserem Geist aus. Zwischen uns entfachte sich eine Diskussion. Ich war überzeug, dass ich im Recht war. Warum also sollte ich meine Meinung ändern, dachte ich. Um meine Meinung zu untermauern, argumentierte ich, dass die Vorstellung eines Schattenverstandes nicht nachweisbar und eher etwas Abstraktes als etwas Tatsächliches sei. Ich sagte weiter, dass unsere Gedankenprozesse wesentlich für das psychische Weltbild für uns Menschen seien und versuchte, meinen Standpunkt schließlich mit den Worten René Descartes' zu rechtfertigen – ich sagte:

»Ich denke, also bin ich.«

Anaqam hatte mir kommentarlos zugehört, aber ihrem Gesicht nach zu urteilen schien sie mir weiterhin nicht zuzustimmen. Sie wirkte ungerührt.

»Ich weiß nicht, wer so etwas gesagt haben soll«, sagte sie in monotoner Stimme. »So eine Vorstellung entspringt eher einem Ego, das um seine Existenz fürchtet, nicht unserem Geist.«

Ich protestierte und erklärte, dass René Descartes ein Philosoph des 17. Jahrhunderts sei, der sich mit der Frage über die Beziehung zwischen Körper und Seele befasst habe. Ich erzählte ihr, dass er ab einem Punkt seines Lebens begann, seine Überzeugungen anzuzweifeln, um dadurch eine gesunde Prämisse für neue Überzeugungen und Prinzipien zu schaffen. Ich sagte, dass er dabei feststellte, dass er, wenn er die Dinge anzweifelte, unweigerlich denken musste und so zu der Schlussfolgerung gelangte, dass wir denkende Wesen seien. Ich gab aber auch zu, dass er auf die Frage, auf welche Art und Weise der Geist den Körper beeinflusste, keine Antwort finden konnte.

Anaqam sprach nicht sofort und starrte mich für einen Augenblick an, dann schüttelte sie mit ablehnender Geste ihren Kopf. Sie argumentierte ihrerseits, die Aufgabe unseres Verstandes sei weniger, Gedanken hervorzubringen, als vielmehr Überlegungen über Inspirationen und Ideen anzustellen, die wir seitens unserem Geist erhalten würden. Dem Verstand obliege es, über diese Ideen und Inspirationen nachzudenken und sie in seiner Welt umzusetzen. Umso funktionstüchtiger der Verstand sei, meinte sie, umso mehr könne er die Inspirationen seines Geistes auswerten. Ohne den Impuls des Geistes, sagte sie, wäre der Mensch nicht aus seiner Höhle gekrochen.

»Dass du denkst, bedeutet nicht, dass du bist, sondern lediglich, dass es etwas in dir gibt, was denkt«, fuhr sie überzeugt fort. »Allerdings glaube ich, dass ich jetzt dein Problem kenne. Die Informationen, die ich dir gebe, passen nicht zu deinen Ansichten, darum tust du dir gerade schwer. Nicht wahr?«

»Nein, Anaqam, damit hat es nichts zu tun.«

»Doch, doch…«, meinte sie unbeirrt. »Nun, es ist nicht einfach, sich von bestehenden Überzeugungen zu distanzieren, das gebe ich zu. Das ist allzu natürlich. Ich kann dir dazu nur so viel sagen: Die Vorstellung, du seist deine Gedanken, ist eine Vorstellung, die nicht richtig ist. Ich will dir auch sagen, warum; unser Denken ist eine Funktion unseres Verstandes, sie ist nicht unser Geist selbst. Durch unseren Verstand halten wir die Welt um uns aufrecht, wir versuchen damit die Dinge, die wir erleben, zu erklären. Ich denke, aus diesem Grund setzt du deine Gedanken mit deinem Geist gleich. Nun, ich möchte den Wert der Gedanken nicht absprechen. Im Gegenteil; durch Denken erwirken wir zu verstehen und können durch ernsthafte Überlegungen auch viele Schwierigkeiten lösen. Mehr noch, wir können unsere Welt mit ihr erschaffen. Aber uns selbst können wir durch Denken nicht finden. Und darum geht es mir. Unser Geist ist ebenso ein denkendes Wesen, aber die Art, wie unser Geist denkt, unterscheidet sich von der Art unseres Verstandes. Unser Geist hat nicht das Bedürfnis nach permanentem Gedankengeschwätz und stellt keine Überlegungen an. Seine Gedanken befinden sich in einem

Ruhezustand. Alles, worüber er denkt, offenbart sich unserem Geist unmittelbar.«

»Du hast doch gar keinen Beweis für solche Behauptungen, Anaqam«, sagte ich. Ich hatte meine Worte vorsichtig formuliert, um ihnen weder einen verachtenden noch vorwurfsvollen Klang zugegeben. Aber ich bemerkte eine Veränderung in ihrer Miene. Sie wirkte etwas grimmig. Sie stand auf und ging fort, ohne etwas zu sagen. Ich ging ihr hinterher.

»Halt, warte, Anaqam, so habe ich das doch nicht gemeint«, rief ich.

»Das ist wirklich kein guter Moment, um weiter darüber zu diskutieren«, sagte sie. Sie schien nicht unbedingt verärgert, hatte aber trotzdem einen gereizten Ton in ihrer Stimme. Ich fühlte mich verpflichtet, ihr zu sagen, dass es nicht in meiner Absicht lag, sie zu verärgern, sondern ich nur versuche, ihren Standpunkt zu verstehen.

»Ich bin nicht verärgert«, meinte sie beim Gehen. »Was ich versuche, dir zu vermitteln, ist wirklich kein einfaches Thema. Ich erwarte nicht, dass du alles verstehst. Ich erwarte auch nicht, dass du mir bei allem zustimmst. Wenn ich dir zuhöre, fallen mir zwei Sachen auf. Du schlussfolgerst und suchst nach einer logischen Erklärung, aber du missachtest die Dinge, die sich deinem Verstand entziehen. Zum einen missachtest du deine Gefühle. Stelle dir vor, du siehst eine Landschaft, ein Tier oder eine Person, die dem Anschein nach friedlich wirkt, aber dein Gefühl dich vor einer lauernden Gefahr warnen würde, würdest du in diesem Fall eher auf deinen Verstand hören oder auf dein Gefühl? Ich erwarte keine Antwort auf diese Frage. Frage es dich selbst. Das zweite ist, du musst zugeben, dass der

Mensch auch unvernünftig sein kann und dass es für diese Unvernunft eine Quelle geben muss.«

Ich gab ihr keine Antwort. Ich befürchtete, dass ich, wenn ich argumentierte, an einen Punkt gelangen würde, an dem ich nicht sein wollte. Das wenige, was ich über Psychologie wusste, genügte nicht, um weiter eine befriedigende Diskussion mit ihr zu führen. Plötzlich wurde mir bewusst, dass ich mir eigentlich nie Gedanken darübergemacht hatte, wie mein Verstand funktionierte, geschweige denn mir irgendwelches Wissen darüber angeeignet hatte. Es verblüffte mich, mir selbst einzugestehen, dass ich über etwas diskutierte, worüber ich kein wirkliches Wissen besaß.

Wir gingen zu Alma Tayeces Jurte, aber sie war nicht da. Nur ihr Enkel Dingling war da und sein böser Hund, der sofort zu bellen begann, kaum dass er mich sah.

»Wo ist deine Großmutter?«, fragte Anaqam Dingling.

»Ich weiß nicht, ich glaube, sie ist im Wald bei den Rentieren«, antwortete er beiläufig.

»Gib mir mal zwei Flaschen vom Kumys.«

Dingling überreichte Anaqam die Flaschen Kumys, dann gingen wir Alma Tayece suchen.

Ich dachte über unser Gespräch nach und versuchte, meine Gedanken zu ordnen, als ich beim Gehen bemerkte, dass sie wieder besänftigt schien, was ich gleich zum Anlass nahm, das Thema wieder aufzugreifen.

»Anaqam, das, was du erzählt hast, beschäftigt mich sehr. Leider verstehe ich nicht die volle Bedeutung von all dem. Ich glaube, es liegt an meinem Unverständnis gegenüber diesen Dingen.«

»Was ist es, das du nicht verstehst?«

»Wenn wir im Leben nicht persönlich, sei es durch unseren Intellekt oder durch etwas anderes, die treibende Kraft sind, sondern unser Geist, stellt sich dann nicht die Frage, ob unser Leben vorherbestimmt ist?«

»Endlich verstehst du«, meinte sie erfreut, »oder du tust gerade so.«

Sie warf mir einen prüfenden Blick zu und zog eine Augenbraun hoch.

»Wie dem auch sei, du hast recht mit dem, was du sagst.«

Ich sträubte mich gegen diese Ansicht und musste unfreiwillig das Gesicht verziehen.

»Offen gesagt gefällt mir die Vorstellung nicht, dass ich nicht selbst über mein Leben bestimme.«

»Selbstbestimmung?«, echote sie amüsiert. »Du kannst nur selbst bestimmen, wenn du frei bist.«

»Warum sagst du so was, Anaqam?«, fragte ich entrüstet.

Ich stellte die Frage nicht, weil ich sie zur Rechenschaft ziehen wollte, sondern weil ich ehrlich wissen wollte, aus welchem Grund sie das sagte.

»Das Schicksal ist ein wesentlicher Faktor unseres Lebens, ob dir das gefällt oder nicht. Wenn man das Schicksal deinem persönlichen Willen überlassen würde, würdest du viele Erfahrungen, die wichtig sind, vermeiden. Doch um zu lernen und zu wachsen, muss dein Geist mit bestimmten Dingen konfrontiert werden. Würde man es beispielsweise mir überlassen, würde ich ein anderes Leben leben. Mir wurde aber dieses gewährt. Obwohl ich mein Schicksal erfüllt habe und auch wesentlich freier als du bin, habe ich nicht die Macht, alles zu ändern.«

»Und was ist mit unserem freien Willen, Anaqam?«, drängte ich in einer Mischung aus Neugier und Argwohn.

Mich interessierte vor allem ihre Meinung. Sie schien nicht antworten zu wollen. Ich dachte, sie wolle nicht weiter darüber reden und wollte meine Frage schon erneut stellen.

»Für einen freien Willen musst du erst einmal frei sein«, sagte sie, als sie dann doch sprach. »Fühlst du dich denn frei? Bist du da, wo du jetzt im Leben stehst, aufgrund deines freien Willens? Kannst du mit Überzeugung sagen, dass du aus freiem Willen solch ein Leben führst oder geführt hast? Könntest du zum Beispiel jetzt, in diesem Moment, das tun, was du wirklich tun willst? Oder anders gefragt, wieviel Freiheit besitzt du in Angelegenheiten, die dein Leben betreffen?«

Sie stellte weitere Fragen ähnlicher Art und in der Tat, es war eine Ansicht, die mich zu tiefen Überlegungen zwang. Gewiss war es nicht mein ursprünglicher Wunsch hier zu leben; allein, fernab meiner Heimat, mitten unter Menschen, die mir im Grunde fremd waren. Auch das Leid, dass ich in meinem ganzen Leben ertragen musste, war definitiv keine Entscheidung, die ich bewusst getroffen hatte. Aber der Gedanke, dass das Leben vorherbestimmt war, wirkte auf mich erschreckend und verwirrend zugleich. Ich fing an, mich unbehaglich zu fühlen.

»Ich kann es nicht beweisen, Anaqam«, sagte ich nach einer Weile des Nachdenkens, »aber ich bezweifle, dass wir keinen freien Willen haben. Ich will dir auch sagen, warum ich so denke. Mir scheint einfach, dass solch ein Zwang nicht vereinbar mit der Existenz meines Bewusstseins ist. Ich meine, ich bin mir meiner selbst und meiner Überlegungen durchaus bewusst, wie kann ich dann das Schicksal anzweifeln, wenn doch alles im Voraus festgelegt ist und es keinen freien Willen gibt? Es dürfte doch überhaupt nicht möglich sein, dass ich es anzweifle und doch tue ich es.«

Sie schien unbekümmert über meine Ausführung.

»Du schlussfolgerst wieder«, sagte sie gelassen und fügte überzeugt hinzu. »Du bist der Meinung, du triffst deine Entscheidungen aufgrund deiner Überlegungen. Aber glaube mir, wenn ich dir sage, dass es dir entgeht, dass deine Entscheidung bereits von deinem Geist getroffen wurde und dir nichts anderes bleibt, als dich diesem zu unterwerfen.«

Ich sagte ihr, dass man eine solche Auffassung des Schicksals Determinismus nenne und sie von den meisten Denkern abgelehnt wurde.

»Wenn alles im Leben intellektuell greifbar ist, dann sage mir, warum wir eine Vorahnung besitzen. Warum ahnen wir im Voraus, dass uns gleich ein schicksalsartiger Schlag erwischen wird?«

Ich mochte ihre stechende Argumentation, sie hatte eindeutig ein überwältigendes spirituelles Verständnis.

»Ist unsere Zusammenkunft dann nicht ebenfalls vorherbestimmt?«, fragte ich vorsichtig, um meine Skepsis nicht offen darzulegen. Ich bezweckte, eine Frage vorzubringen, die sie nicht erklären konnte.

»Hatte ich dir das nicht bereits bei unserer ersten Begegnung gesagt«, sagte sie. »Unsere Zusammenkunft ist kein Zufall. Unsere Zusammenkunft wurde seitens unseres Geistes getroffen. Wir haben eine Verbindung zueinander.«

Ich war überrascht. Ja, sie hatte es angedeutet. Damals hielt ich es eher für inhaltlose Rhetorik als etwas Ernsthaftes. Der deutliche und energische Ton in ihrer

Stimme war es, der diesmal in mir ein überraschendes Empfinden auslöste.

»Warum du ein Problem hast, meine Worte zu verstehen«, sprach sie, ohne auf eine Bemerkung von mir zu warten, »ist, weil wir verschiedene Auffassungen von diesen Dingen besitzen. Das, was du Schicksal nennst, ist eine göttliche Fügung. Aber was ich meine, ist nicht dasselbe. Für einen Qam hat das Schicksal etwas mit seinem eigenen Geist zu tun. Nun, vielleicht sollte ich es nicht Schicksal nennen, wenngleich wir eine Aufgabe hier auf Erden haben. Unser Geist folgt einem Plan, einer Aufgabe, die es zu erfüllen gilt. Es hängt mit seiner Absicht zusammen. Er definiert sein Schicksal und bestimmt, was er als Mensch vor hat zu erfahren. Diese Aufgaben sind es, an die wir als Menschen gebunden sind und die eine Grenze um unser Leben ziehen. Als Mensch jedoch ist unser Geist noch anderen Kräften ausgesetzt, über die es keine Kontrolle besitzt. Es sind vor allem weltliche Einflüsse, die uns sogar feindlich gesinnt sein können. Solche Einflüsse können wir nicht kontrollieren, aber wir können die Kräfte in uns kontrollieren. Wir können unsere Fähigkeiten verbessern oder eben den Einfluss unseres Schattenverstandes verringern. Wenn zum Beispiel der Schattenverstand einem befiehlt, er müsse versagen, dann wird er Ereignisse erleben, die ihn versagen lassen und somit den Gang der Dinge beeinflussen. Kurz gesagt, wir Menschen sind unselbstständige Wesen, genauso wie neugeborene Kinder, die auf die Hilfe ihrer Eltern angewiesen sind. Haben kleine Kinder einen freien Willen? Gewiss haben sie einen. Aber der Wille ihrer Eltern ist mächtiger als der ihre.«

Diese Metapher leuchtete mir ein.

»Ein Qam weiß um diese Dinge«, sprach sie weiter. »Das einzige, was ihm bleibt, ist seine eigene Wachsamkeit. Hier kommt dem Wissenden seine geistige Reife zugute. Er erkennt sofort, wenn den Ereignissen eine Manipulation zugrunde liegt, wie etwa der Einfluss seines Schattenverstands.«

Mir fiel auf, dass sie zuvor schon oft den Ausdruck geistige Reife gebraucht hatte, jedoch hatte sie mir nie erklärt, was sie damit meinte. Ich unterbrach sie und fragte, ob sie damit die Intelligenz meine.

»Die geistige Reife ist mehr als nur die Intelligenz«, entgegnete sie sachlich. »Was ich mit geistiger Reife meine, ist ein Ausdruck des eigenen Geistes. Diese erwirbst du unabhängig von deiner Intelligenz. Sie ist eine Klugheit, eine persönliche Aufgewecktheit. Sie verleitet dem Handeln der Person eine gewisse Gelassenheit. Sie ist eine Sensibilität, eine feine Wahrnehmung, etwa wie eine Ahnung oder intuitive Impulse, die wir in unseren Gefühlen und Gedanken haben. Diese Reife ist eine Voraussetzung für das Verständnis für unseren Geist. Durch die geistige Reife ist ein Mensch in der Lage, sich nach seinem Geist auszurichten und den inneren Impulsen Gewissheit zu verschaffen. Ein Wissender besitzt ein hohes Maß an geistiger Reife. Er ist stets aufgeweckt; seine Gedanken sind klar und kalkuliert, und er besitzt ein ruhiges und besonnenes Gemüt. Damit meine ich keine Gleichgültigkeit, sondern eher eine gelassene Freude. Ein Wissender vertraut auf sich und seine Fähigkeiten. Er lässt sich von seinem Geist leiten und überlässt nichts dem Zufall. Er besitzt eine nahezu voll-kommene Selbstbeherrschung und ein gesundes Maß an Selbstwahrnehmung. Die Zeit übt ihm keinen Druck aus, dennoch sind seine Taten, trotz minimalem Aufwand, kraftvoll und effektiv. Wer diese Fähigkeit besitzt, erfasst alle wesentlichen Signale seiner Umgebung und Personen, die ihm gegenüberstehen und trifft gute und richtige Entschei-dungen.«

Ich hörte ihr aufmerksam zu und dachte darüber nach, ob es auf mich zutraf.

»Und was ist mit denen, die keine oder nur wenig geistige Reife besitzen?«

Sie tätschelte meinen Kopf.

»Meine Worte sind nicht an dich gerichtet«, sagte sie, als ob sie meine Gedanken vernommen hätte. »Solche Personen, die keine geistige Reife besitzen, üben zunächst einmal keine gesunde Selbstkritik. Sie besitzen ein verzerrtes Bild von sich selbst und ihrer Umgebung. Sie halten an falschen Überzeu-gungen fest und wissen alles besser. Solche Menschen wollen etwas sein, das sie nicht sind. Sie täuschen sich selbst und die meisten ihrer Entscheidungen sind getrübt. All das beinhaltet die geistige Reife, von der ich rede. Für manche Menschen ist dieser Zustand etwas Natürliches, doch so natürlich es für sie ist, so fern ist es für andere.«

»Was geschieht mit denen, Anaqam?«

»Was soll schon mit ihnen geschehen? – Nichts geschieht mit ihnen und das ist der springende Punkt. Sie leben ihr Schicksal und machen sich keine Gedanken über ihr Leben. Für sie ist das Leben wie eine fette Titte, aus der sie sich ein Leben lang ernähren. Irgendwann werden sie voller Sehnsüchte sterben, ohne gewusst zu haben, warum sie überhaupt gelebt haben.«

Schweigsam suchten wir Alma Tayece auf. Sie war dabei, die Stuten zu melken. Sie ließ ein Fohlen an die Zitze der Mutter und zog sie kurz danach weg. Diese Praktik diente dazu, um die Milch leichter melken zu können. Aus der gemolkenen Stutenmilch wurde später Kumys gemacht. Anaqam teilte Alma Tayece mit, dass sie zwei Flaschen genommen hat und unterhielt sich eine kurze Zeit über nebensächliche Themen mit ihr. Nach einer Weile gingen wir zurück.

»Etwas gibt es, das ich nicht verstehe, Anaqam«, sagte ich, um auf das vorangegangene Thema zurückzukommen. »Was bleibt uns als Mensch, wenn wir nicht einmal die Freiheit haben, zu tun, was wir wollen?«

Anaqam sprach nicht unmittelbar. Sie legte beim Gehen ihre Hand auf meine Schulter.

»Wie ich dir bereits sagte, unser Verständnis von diesen Dingen unterscheidet sich. Du möchtest die Freiheit haben, nach Lust und Laune zu leben. Diese Freiheit gibt es nicht. Die Freiheit, die wir besitzen, ist die Möglichkeit auf Vollkommenheit; nicht in Bezug auf vollkommene Wesen, sondern in unseren Handlungen und Taten Vollkommenes zu bewirken und uns dadurch soweit wie möglich zu verbessern. Das nächste, was in unserer Macht liegt, ist die Freiheit unserer Entscheidungen. Lass es mich dir erklären: Ein Qam kann eine gewisse Freiheit in seinen Handlungen erreichen. Diese Freiheit ist eine Errungenschaft, die erst einmal erlangt werden muss. Es ist eine Frage des Willens; es ist eine Sache der geistigen Kraft. Eigentlich ist es immer eine Sache der geistigen Kraft. Hast du genug, wird dein Geist deinem Willen folgen, hast du nicht genug, wirst du dich dem Willen deines Geistes beugen. Haben weder dein

Geist noch du genügend Kraft, so wirst du dich dem Plan des Großen Geistes beugen. Hättest du bei unserer ersten Begegnung dein Schicksal angenommen, so hätten wir dieses Gespräch vor einem halben Jahr geführt und du hättest ein halbes Jahr deiner Zeit gewonnen. Dich dagegen zu entscheiden, war deine freie Entscheidung. Aber deine Zusammenkunft mit mir war nicht dir überlassen, das ist dein Schicksal.«

»Kannst du mir auch sagen, warum unsere Zusammenkunft bestimmt war?«

»Jede Frage, die ich dir beantworte, wird eine neue mit sich bringen«, sagte sie in einem geduldigen Ton. »Aber diese möchte ich dir noch beantworten, auch wenn es nicht einfach ist, darauf zu antworten. Bei dir war es das tiefe Verlangen nach der Erkenntnis deiner wahren Natur; die Frage, wer du wirklich bist. Es ist der Wille deines Geistes, der sich auf dich übertragen hat. Das ist deine Aufgabe als Mensch. Allerdings warst du nicht bereit, diese Bestimmung auf dich zu nehmen. Deine Aufmerksamkeit lag auf den äußerlichen Dingen der Welt, nicht in dir selbst. Jahrelang hast du dich selbst und deine Gefühle ignoriert. Schließlich haben die Ereignisse dazu beigetragen, dass du anfingst, die richtigen Fragen zu stellen, was wiederum in dir ein starkes Verlangen nach Antwort erzeugte. Dieses Verlangen gab dem Leben die nötige Wirkung, um dich nach der Antwort suchen zu lassen. Diese Suche hat dich zu mir geführt. Nun beginnt deine Bestimmung Formen anzunehmen.«

Das, was sie erzählte, schmeichelte mir und doch stellte es mich nicht zufrieden.

»Und wie erklärst du es aus deiner Sicht, Anaqam?«, fragte ich gespannt.

»Auch das will ich dir sagen. Mein Schicksal hat sich mit den Jahren gewandelt. Ich wurde von den Geistern angehalten, mein Wissen weiterzugeben, allerdings offenbarte sich die letzten Jahre niemand. Alma ist bereits zu alt; Selenge hat nicht die Disziplin, neues Wissen zu lernen, sie ist ein wenig zu faul, wenn du verstehst, was ich meine, und Tuvas Kräfte reichen nicht aus. Ich hatte früher auch andere Schüler, aber sie gehen mittlerweile ihre eigenen Wege. Also befand ich mich, was das anbelangt, in einer Zwickmühle. Vor einigen Jahren habe ich in den Bergen ein Feuerritual vollzogen und Götter und Geister um Rat gefragt, weil ich niemanden fand, dem ich mein Wissen anvertrauen konnte. Ich habe sie drei Tage und Nächte angerufen. Am letzten Tag erschien mir die Mutter des Feuers. Sie befahl mir, mein Anliegen auf ein Holzbrett einzuritzen. Das Holzbrett sollte ich dann tief in den Bergen, an einer verborgenen Stelle aufstellen. Ich tat, was sie von mir verlangte. Als du mir sagtest, dass du Odana sahst, wusste ich, dass du derjenige bist, auf den ich wartete. Es war ein eindeutiges Omen. Sie zeigt sich für gewöhnlich nur Qamanen, die in ihren Diensten stehen. Aber dir zeigte sie sich bereits bei der ersten Begegnung und das, obwohl du nicht einmal ein Qam bist. Das war wirklich ungewöhnlich. Von da an wusste ich, dass du mein neuer Schüler bist. Ich musste dich natürlich erst einmal testen. Aber das ist es, was uns beide verbindet. Unser beider Absichten haben uns zueinander geführt.«

Ich wusste nichts mehr zu sagen. Eigentlich hatte ich mit meinen Fragen vorgehabt, ihre Argumentation zunichte zu machen, stattdessen gelang es ihr, meine zu verpuffen. Ich versank in Überlegungen und dachte an mein Leben und an die tief verzweifelte Hilflosigkeit, die ich oft gegenüber den Ereignissen, die mir wiederfuhren, empfand. Als ich mir weiter darüber Gedanken machte, fiel mir etwas ein. Vor ungefähr drei Jahren erlebte ich eine Zeit, in der ich in selbst-mörderische Depression verfiel und mich in therapeutische Behandlung begab, nachdem ich eine meiner schwersten emotionalen Krisen durchlebte. Ob das aber mit dem, was Anaqam erzählte, in Verbindung stand, wusste ich nicht.

Sie blickte mich stumm an, als warte sie auf einen Kommentar. Für heute hatte ich bereits zu genüge mit ihr diskutiert. Sie sagte, sie habe Hunger und wolle etwas zubereiten. Sie bereitete Hirsensuppe mit Fleischstücken und würzte sie mit Gebirgskräutern. Ich war nicht hungrig, trotzdem aß ich mit ihr. Überraschenderweise schmeckte es so köstlich, dass ich alles aufaß. Anaqam fing mehrmals hintereinander an zu gähnen. Ihrem Blick nach schien sie schläfrig zu sein. Sie bat mich, Holz zu sammeln, um abends damit ein Feuer zu machen. Sie legte sich auf ihr Bett, verschränkte ihre Arme vor der Brust und schien einzunicken. Kurz darauf fing sie an zu schnarchen. Ich stand auf, räumte das Geschirr weg und ging in den Wald, um Kleinholz und Stöckchen zu sammeln.

Kapitel 11 - Wahrsagung

Am selben Abend, nachdem ich genug Zweige, Äste und Stöcke gesammelt hatte, stapelte ich sie auf der provisorischen Feuerstelle vor Anaqams Jurte. Tuva, Selenge, Alma und ihr Mann Kuman saßen bei ihr. Sie tranken und aßen gemeinsam. Ich entfachte ein Feuer und setzte mich zu ihnen. Sie sprachen über nebensächliche Themen, bis Anaqam sich zu mir wandte und fragte, ob Selenge mir bereits demonstriert hätte, wie sie Tierstimmen nachahmen könne. Ich verneinte und blickte erwartungsvoll Selenge Apa an, worauf sie mehrere unterschiedliche Geräusche mit ihrem Mund machte, die an Vogelgezwitscher erinnerten. Sie konzentrierte sich und nahm mehrere tiefe Atemzüge. Die Runde lachte amüsiert. Dann brüllte sie hintereinander ausgedehnt und ahmte den Ruf eines Elches nach. Wieder lachten alle herzlich. Jetzt verlangte sie, von mir ein Tier vorzuschlagen, welches sie imitieren solle. Ich schlug ein Schaf vor und ohne zu zögern brachte sie ein perfektes Mähen hervor. Ich versuchte es selbst, brachte aber eher ein komisches Geräusch heraus, als dass es irgendeinem Tier ähneln könnte. Die Gruppe lachte ausgelassen. Anaqam meinte beiläufig, die Stimmen der Geister seien denen der Tiere ähnlich und schlug vor, dass Selenge Apa mich darin unterweise. Sie sagte, dass sie fast alle Tierlaute problemlos imitieren könne.

»Du schmeichelst mir, Anaqam«, entgegnete Selenge Apa, »aber niemand kann den Klang der Tiere besser nachahmen als du. Wieso führst du uns nicht eines vor?«

Anaqam lächelte freundlich. Nacheinander ließ sie gedehnte U-hu-u schreie los, die der einer Eule identisch waren. Sie waren sanft und hatten etwas Magisches. Anaqams Augen leuchteten auf. Plötzlich gab sie ein tiefes Geheule von sich, dass exakt dem Geheule eines Wolfs glich, so dass ich augenblicklich zurückschreckte. Es hatte sich angehört, als wäre ein Wolf in unmittelbarer Nähe. Alle begannen zu lachen, Selenge musste sich vor Lachen an den Bauch fassen. Ich wollte wissen, wie sie einen solchen Ton herausbekommen konnte. Sie lachte geschmeichelt und meinte, dass es etwas mit dem Atem, dem Bauch und dem Kehlkopf zu tun habe. Sie sagte, Selenge solle mich ebenfalls in Kehlkopfgesang unterweisen, um besser Tierlaute imitieren zu könne. Nach einer Weile schien unser Gespräch zu verebben, bis Selenge von Tuva verlangte, sie möge etwas singen.

»Wieso singst du uns nicht etwas vor, Tuva?«

Tuva schlug den Wunsch nicht aus.

»Was möchtest du, das ich singe? Möchtest du, dass ich etwas Romantisches singe?«

»Ja«, entgegnete Selenge.

»Ach, nein, nichts Romantisches«, schnitt Alma ein.

»Sing uns etwas über die Taiga.«

Tuva stand auf, ging in die Jurte, und kam kurz danach mit einem Saiteninstrument, wieder heraus.

»Vielleicht tanzt Anaqam dazu«, sagte Selenge scherzhaft und reichte die Flasche Kumys an Anaqam.

»Verschont mich bloß damit«, meinte Anaqam.

Alle lachten heiter. Die helle Stimme Tuvas übertönte alle anderen. Sie begann, auf dem Instrument zu spielen, indem sie die Saiten mit den Fingern abwechselnd strich und zupfte, womit sie ein Gemisch volkstümlich klingender Melodien erzeugte. Die Melodie war langsam, dennoch mitreißend. Mit bedrückender Leidenschaft fing sie an zu singen. Dann sang sie weitere Lieder. Nach ungefähr einer Stunde verabschiedeten sich alle und gingen. Mittlerweile hatte sich eine angenehme Stille über das Tal gelegt. Ich schmiss einige Zweige in die Flammen, um das Feuer nachzuschüren. Ich schaute ihrem Knistern zu und beobachtete den aufstei-genden Rauch. Meine Blicke führten mich zu den langsam auftauchenden Sternen im klaren Himmel, die ich für eine Weile beobachtete. Ich machte mir Gedanken über Anaqams vorangegangene Erklärungen und dachte an bestimmte Abschnitte meines Lebens. Ich fragte mich, warum ich hier war und diesen Lebensabschnitt gehen musste.

»Ich habe nachgedacht, Anaqam«, begann ich das Gespräch und sagte ihr mit völliger Offenheit, dass all ihre Erklärungen über den Verstand, das Leben und das Schicksal wirklich interessant waren und ich dadurch eine außer-ordentliche Aufklärung erlangt hätte, aber dass mir an einer Begegnung mit meinem vergangenen Leben nichts läge. Offen gestanden fürchtete ich um die emotionale Last, der ich ausgesetzt wäre.

Im Schein des Feuers erkannte ich, wie eine steile Falte zwischen ihren Augenbrauen erschien. Sie starrte mich mit ihrem durchdringenden Blick an. Es war, als würden ihre Pupillen in der Dunkelheit pulsieren. Es war genau der Blick, den sie immer aufsetzte, wenn sie gleich etwas Außerge-wöhnliches oder Verrücktes offenbarte.

»Hör auf, mich so anzustarren!«, rief ich ihr zu, aber sie ignorierte mich. »Anaqam, hör bitte auf. Ich fürchte mich, wenn du mich so anstarrst. Ich fürchte mich wirklich.«

Sie ignorierte mich weiterhin und fixierte mich eine lange Zeit mit ihren Blicken. Plötzlich meinte sie, die Stimme zu einem Flüstern senkend, ich hätte in meiner Jugend und in meiner Kindheit Versuche unternommen, mir mein Leben zu nehmen. Zunächst war ich verwirrt und nicht sicher, ob ich sie richtig verstanden hatte, denn diese Behauptung stimmte überhaupt nicht.

»Du wolltest dir schon als Kind das Leben nehmen, stimmt's?«, wiederholte sie überzeugt.

Ich hatte keine Ahnung, wovon sie sprach.

»Warum behauptest du so etwas, Anaqam?«, hakte ich verwundert nach. »Nein, das stimmt nicht.«

»Bist du dir dessen sicher?«, wandte sie ein, wobei sie meine Verwirrung erkannte.

Ich sagte, dass ich mir dessen absolut sicher sei und versicherte ihr, dass ich, abgesehen von dem Vorfall vor einigen Jahren, weder in der Kindheit noch in meiner Jugend einen Versuch unternommen hatte, mir das Leben zu nehmen. Sie blieb unbeirrt und schien mir nicht zu glauben.

Sie machte den Eindruck, als wisse sie etwas über mich, das ich selbst nicht wusste.

»Ich möchte, dass du deine Augen schließt und stark nachdenkst«, sagte sie.

Ich hielt es für unnötig. Ich wusste, dass es nichts gab, dennoch befolgte ich ihre Aufforderung und schloss meine Augen.

»Erinnerst du dich nicht an dein erstes Mal, als du dir das Leben nehmen wolltest?«

»Nein«, erwiderte ich. »Wann sollte das gewesen sein?«

»Ich möchte, dass du stark nachsinnst. Es wird dir einfallen.«

»Wenn es nichts dergleichen gibt, wieso sollte ich überlegen, Anaqam?«

»Hör auf zu widersprechen. Wenn es dergleichen nicht gibt, dann brauchst du dir keine Sorgen zu machen. Ich möchte lediglich von dir, dass du gut nachdenkst.«

Ich strengte mich an, mich an irgendwelche entsprechenden Momente zu erinnern, aber mir fiel nichts ein. Vielleicht hatte ich mal in meiner Jugend daran gedacht, aber ich hatte niemals Versuche unternommen, mir mein Leben zu nehmen.

»Ich kann mich an keinen Moment erinnern, Anaqam. Wann soll das gewesen sein?«

»Das sollst du mir sagen.«

Dem Ton ihrer Stimme nach zu urteilen schien sie etwas zu wissen, das mir entging. Ich gab mir Mühe, mich an irgendeinen entsprechenden Moment zu erinnern und durchforstete all meine Erinnerungen, aber mir fiel nichts ein. Ich sagte ihr, dass ich nicht wisse, was sie meinte und deshalb nichts sagen konnte.

»Ich sehe einen einsamen Jungen. Er ist unglücklich, er weint. Er fühlt sich verlassen und hat ein gebrochenes Herz.«

Ich bemühte mich erneut, herauszufinden, worauf sie hinauswollte, aber das, was sie sagte, war ungereimtes Zeug, welches keinen Zusammenhang besaß.

»Ich sehe Dunkelheit. Er verkriecht sich in die Dunkelheit. Er versteckt sich unter einem Bett, und manchmal in einem Schrank. Er vergräbt sein Gesicht in seinen Armen. Er fühlt sich ausgeschlossen und fremd, weder zu seiner Familie gehörig noch zur Welt. Er weint sehr oft, ich sehe, wie er sich das Leben nehmen möchte.«

Sie sagte dies mit solch einer Gewissheit, als würde sie tatsächlich einen Jungen sehen.

»Willst du damit sagen, ich bin der Junge, Anaqam?«

»Ja«, meinte sie überzeugt. »Dieser Junge bist du.«

Ich war sehr angespannt. Ich wusste nicht, worauf sie hinauswollte und warum sie das alles sagte. Aber ich wusste, dass ich nicht der Junge war, von dem sie sprach.

»Du bist ein kleiner Junge«, wiederholte sie, als wollte sie meine Erinnerungen zurückholen. »Du fühlst dich verlassen und einsam. Ich sehe einen Baum, es ist eine junge Eiche. Dort, auf einem Zweig sehe ich dich. Von dort springst du.«

Urplötzlich erstarrt ich, als hätte der Blitz mich getroffen und riss die Augen auf. Ich konnte es nicht glauben. Sie hatte völlig recht. Ihre Worte brachten mir eine dramatische Erinnerung aus meiner späten Kindheit zurück. Ich musste daran denken, wie ich tatsächlich einmal in jungen Jahren mit der Absicht, mir das Leben zu nehmen, von einem Baum gesprungen war. Das Ereignis lag so weit in meiner Ver-gangenheit, dass nicht einmal mehr ich selbst mich daran erinnerte. Es war eine vergessene oder eher verdrängte Erinnerung, die ich für die Ewigkeit vergraben hatte. Bis zu diesem Augenblick. Ich schaute Anaqam in die Augen. Ihre Augen glühten. Ich konnte nicht fassen, woher sie das gewusst hat. Niemand wusste davon. Sie verlangte von mir, ihr die Ereignisse, die dazu geführt hatten, zu berichten. Ich fing an, die damaligen Umstände nachzuerzählen. Es hatte damit begonnen, dass mein Vater auf einmal grundlos verschwand und meine Mutter tagelang nur weinte. Einige Tage später, tauchte mein Vater ohne nennenswerte Erklä-rung wieder auf. Mit der Zeit wurde sein Verschwinden immer häufiger und länger. Es bedrückte mich, aber nicht nur mich, auch meine Mutter. Meine Mutter war eine traurige und ängstliche Frau, dauernd arbeitend oder in der Küche schuftend. In meiner Erinnerung war sie mit ihren mütterlichen Pflichten überfordert und als mein Vater uns schließlich gänzlich verließ, überließ sie meine Erziehung anderen, was dazu führte, dass ich mit den Jahren immer mehr in mich kehrte. Das Fehlen meines Vaters war etwas, womit ich nicht fertig wurde. In meinen kindlichen Augen war er ein Held. Jemand, der mich immer mochte, mit mir spaßte und dem ich immer vertrauen konnte. Jetzt denke ich, die eigentliche Schwierigkeit war vielleicht, dass mir ein Vorbild fehlte, eine Leitfigur, zu der ich aufblickte, wie es mein Vater war. Die Kettenereignisse, die sein Fortgehen verursachte, waren meines Erachtens die Ursache meines introvertierten Zustands. Ich wurde ungehorsam und bekam oft Wutausbrüche. Einmal, nach so einem Wutausbruch, bekam ich von meiner Mutter Zimmerarrest. Mir fiel ein, ich musste ungefähr zwölf oder dreizehn Jahre alt gewesen sein. Ich erzählte Anaqam, dass ich an diesem Tage derart enttäuscht von meinem Leben war, dass ich von zu Hause weglief. Ich ging in einen naheliegenden Hain. Gegen Abend kletterte ich auf einen Baum. Eine gewisse Zeit blieb ich dort und als ich schließlich einsehen musste, dass es keinen Ort gab, an den ich hätte gehen können, sprang ich von einem circa fünf Meter hohen Ast. Gewiss war die Höhe zu gering, um zu sterben. Es war auch eher ein Akt der Verzweiflung und bis auf einige Prellungen geschah mir nichts. Doch in jenem Moment zerbrach etwas anderes in mir; ich denke, es war das Vertrauen zu meiner Familie.

»Woher wusstest du das, Anaqam?«, fragte ich Anaqam bestürzt, nachdem ich meinen Bericht beendet hatte. »Ich habe bis heute nie jemanden davon erzählt.«

Es war unmöglich, dass sie dies wissen konnte.

»Ich wusste es nicht. Ich habe es gesehen«, antwortete sie sehr selbstsicher.

»Was meinst du damit, du hast es gesehen?«

»Ich kann es sehen, wenn ich dich anschaue; wenn ich den Schatten, der dich umgibt, betrachte. Ich sehe die Tragödie darin.«

»Das ist doch unmöglich«, rief ich verstört. »Wie soll so etwas möglich sein?«

Sie verhielt sich unbeirrt und sagte, ich solle mich zu ihr setzen. Ich setzte mich neben sie auf den Boden. Sie legte ihre Hand auf meine. Ihre Berührung war herzlich. In diesem Moment empfand ich ihr gegenüber eine seltsame Vertraut-heit.

»Gewiss hattest du kein leichtes Leben, mein Kind«, sagte sie. Das war das erste Mal, dass sie mich so ansprach. »Man hat dir nichts geschenkt und dich erzogen wie einen Hund. Aber all das ist nun vergangen. Du bist ein guter Mensch und verdienst alles Glück und Liebe. Du solltest dich von dieser vergangenen Zeit lösen. Darauf kommt es jetzt an, dass du vergibst, damit der Schmerz in dir beginnt zu heilen. Vergib deinem Vater, vergib deiner Mutter, deinen Großeltern und allen anderen. Vergib ihnen.«

»Vergeben?«, echote ich. Das war leichter gesagt als getan. Ich dachte an meine Kindheit, die einsame Zeit meiner Jugend. Seit meiner Kindheit bin ich mit dem Gefühl aufgewachsen, nicht geliebt und erwünscht zu sein und war stets darum bemüht, Anerkennung und Zuneigung anderer zu erlangen. Noch während ich daran dachte, überkam mich ein tiefes Gefühl des Selbstmitleids. Ich erzählte ihr, wie mir zumute war und dass ich ein gebrochener Mensch sei.

»Immer, wenn ich an diese Zeit denke, spüre ich tief in meinem Inneren ein Gefühl der Minderwertigkeit. Ich habe Angst davor, Anaqam. Wie soll ich Menschen vergeben, die der Grund meines Zustands sind, die mir meine Persönlichkeit genommen haben und ein Wrack aus mir gemacht haben?«, sagte ich verbittert.

Meine Verbitterung gegenüber allen, wenn auch durch die Jahre abgeschwächt, saß immer noch tief in mir.

»Ich verstehe dich«, sagte sie mitfühlend, nachdem sie meine Anschuldigungen angehört hatte. »Nichts ist unbehaglicher als das Gefühl unerwiderter Liebe, vor allem die Liebe der eigenen Eltern. Wer kann dir also etwas vorwerfen? Du warst ein unschuldiges Kind und in deinen Augen erscheinen ihre damaligen Taten ungerecht. Sie verletzten deine Unschuld. Aber alles hat seinen Grund, auch wenn es sich uns auf den ersten Blick verschließt. Vielleicht wirst du irgendwann mal im Stande sein, den Sinn für alles, was du erlebt hast, zu erfahren.«

Sie neigte ihren Kopf und blickte mir tief in die Augen.

»Ich sehe deine Träume«, fuhr sie nach kurzer Pause fort. »Du hast trotz der Ereignisse, die dir das Leben aufgezwungen hat, dich nicht gebeugt. Du hättest dich mit den

Dingen zufrieden geben können, doch du hast es bevorzugt mit leeren Händen geduldig zu warten. Das ist ein außergewöhnlicher Geisteszustand. Lobe dich dafür, dass du trotz allem stark geblieben bist. Ich selbst kann dich hierfür nur loben. Nun jedoch ist es Zeit loszulassen. Sei mutig, lass deinen Groll los und schließe die Tore deiner Vergangenheit, um deine Träume zu erreichen und glücklich zu werden.«

»Ich bin nicht mehr der Junge von damals«, sagte ich beschwichtigend. »Ich bin dem schon entwachsen, Anaqam. Aber vergeben werde ich ihnen nicht. Ich habe meine Gründe dafür.«

»Lass mich dir eine Geschichte erzählen«, sagte Anaqam und erzählte mir, dass sie in ihrer Jugend viel Zeit mit Greifvögeln verbracht hätte. Um die Vögel als Freunde zu gewinnen, hätte sie diese regelmäßig gefüttert und liebevoll zu ihnen gesprochen. Vögel seien sehr feinfühlige Wesen und würden verständlicherweise ihrer Natur entsprechend leben wollen. Weder konnten sie begreifen, warum sie eingesperrt waren, noch würden sie wissen, wie sie aus der Gefangen-schaft wieder herausgelangen könnten. Deshalb sei es wichtig, sie richtig zu behandeln, denn sonst würden sie unglücklich werden, was dazu führen würde, dass sie ihre Federn ausrupften oder sich verstümmeln würden, manch-mal sogar bis zu ihrem eigenen Tod. Doch ihr Leid würde nicht wegen der Gefangenschaft entstehen, erklärte Anaqam, denn sie hätte sich stets gut um sie gekümmert, sondern erst infolge des Gefühls, das die Vögel hierfür entwickelt hätten. Wir Menschen, meinte sie, seien in dieser Hinsicht nicht viel anders. Die Ereignisse an sich würden uns nicht beeinflussen, sondern die Bedeutung, die wir ihnen geben würden. Ich wusste nicht, ob sie diese Erklärung als Metapher für meinen Zustand benutzte oder ob sie tatsächlich nur eine Geschichte erzählen wollte.

»Falls die Geschichte sich auf mich beziehen soll, so ist das ein schlechtes Beispiel, Anaqam, denn ich verstehe sie nicht.«

»Es ist ein sehr gutes Beispiel«, entgegnete sie mit einem freundlichen Lächeln. »Viele Menschen neigen dazu, das Wesentliche aus den Augen zu verlieren. Manchmal ist der Grund unseres Unglücks keine Frage unserer Entscheidungen, sondern einfach nur unumgänglich. Ein Mensch kann deshalb auch den Drang nach dem Tod vernehmen. Irgendwo tief in ihm liegt dieses Gefühl. Und wenn er das Leben nicht auf die Art leben kann, wie er es möchte, erweckt er dieses Gefühl. So betrachtet sind die, die nach dem Tod trachten, eigentlich die, die leben wollen. Sie sind es, die voller Lebenslust sind. Warum ich dir all das alles erzähle, ist nicht, weil ich dich beurteile. Nein. Ich kann deinen Kummer nicht vermeiden, ich kann dir nur Ratschläge geben. Und mein Ratschlag an dich ist, wenn du deinen Frieden willst, dann bleibt dir nichts anderes, als allen zu vergeben. Du brauchst deine Vergebung nicht persönlich vortragen. Vergib in deinem Herzen. Ich bin mir sicher, keiner von ihnen weiß, was du fühlst oder was sie dir angetan haben. Nur du allein trägst diese Gefühle mit dir.«

Vielleicht hatte sie Recht. Ich wusste es nicht, jedenfalls verlor ich das Interesse, das Thema fortzuführen. Wir schwiegen ungefähr eine halbe Stunde lang. Anaqam schnitzte beiläufig aus den Zweigen menschenähnliche Figuren. Als sie vier Holzfiguren fertig geschnitzt hatte, ließ sie mich ein kleines Ritual vollziehen. Sie verlangte, dass ich all meine Gefühle an meine Eltern und Großeltern in die Figuren hineinhauche und anschließend meine Vergebung und Danksagung laut vortrage. Nachdem ich dem nachgegangen war, schmiss sie alle Holzfiguren in das Feuer und sagte, dass hiermit alle Lasten, Leid und Sorgen von mir abfallen. Ich schaute dem Feuer zu, bis die Figuren verbrannt waren. Dann sagte ich Anaqam, dass ich müde sei und mich schlafen legen wolle. All die Erinnerungen an meine Familie, meine Kindheit hatten mir tiefen Kummer bereitet und mich erschöpft. Ich verabschiedete mich und ging schlafen. Doch ich konnte in dieser Nacht kaum schlafen. Unzählige Gedanken beschäftigten mich. Es schien so, als würde ich eine Gefühlsreinigung durchleben. Was meine Gedanken aber am meisten beschäftigte, war, dass ich tatsächlich den eigentlichen Grund für meine immerwährende Todessehn-sucht nicht kannte.

Kapitel 12 - Innerer Dialog

Am nächsten Tag machten wir einen Ausflug. Das Wetter war angenehm, kaum bewölkt und sonnig. Wir gingen in Richtung der Ausläufe des Gebirges, machten aber eine Biegung, bevor wir diese erreichten und folgten einem stromabwärtsfließenden Bachlauf, welcher im Bogen um den Berg floss. Wir gingen etwas mehr als eine Stunde. Die Sonne stand über dem südöstlichen Horizont. Zu meiner Linken befanden sich nun die Hänge niedriger Berge und zu meiner Rechten abfallende Hügel. Das Land um uns herum wurde zunehmend breiter und flacher. Überall um uns wuchsen wildwuchernde Gras- und Getreidefelder, und wie die ganze Strecke zuvor vermittelte auch diese Gegend den Eindruck einer menschenleeren Landschaft. Während wir unge-zwungen nebeneinander gingen, versuchte ich, einen Zielort auszuspähen, aber wir waren irgendwo am Fuße der Steppe im Niemandsland.

»Wie weit werden wir noch gehen, Anaqam?«, erkundigte ich mich umherblickend.

»Bis zu den Bäumen dort drüben«, antwortete sie und zeigte unweit von uns auf eine kleine Ansammlung von Bäumen. Nach etwa zehn Minuten erreichten wir die Bäume, um die sich ein kleiner, plätschernder Bach im Bogen schlängelte. Es war eine flache Stelle, in deren Mitte drei belaubte Bäume herausragten. Ich ging ein wenig unterhalb der lichtdurchdringenden Baumkrone umher und schaute mich um. Ein weiterer Baum lag zweigeteilt am Boden und war abgestorben. Die sonstige Vegetation bestand aus grünen Wiesen und einigen dichten Sträuchern und vermittelte den Eindruck purer Naturidylle. Ich vermutete, dass es Anaqams persönliches Refugium war.

»Was werden wir hier tun, Anaqam?«

Ohne zu antworten, setzte sie sich mit gekreuzten Beinen auf den Grasboden und forderte mich auf, mich neben sie zu setzen. Ich setzte mich neben sie und machte es mir so bequem wie möglich.

»Dieser Platz ist ein Ort der Ruhe«, sprach sie weiter. »Ich habe dich hierhergeführt, um dir die Versenkung zu lehren. Von nun an werden wir uns deinen Gedankenprozessen widmen. Du bist jemand, in dessen Kopf Chaos herrscht und aus diesem Chaos agierst du. Das werden wir ändern. Ich will dir zeigen, wie du deinen inneren Dialog kontrollierst.«

Sie sagte, dass es zwei Möglichkeiten gebe, das Selbstgespräch abzustellen. Die erste sei eine besondere Art des Gehens und das zweite sei die inneren Versenkung, welche sie mir heute zeigen werde. Mit der inneren Versenkung sollte ich zum einen lernen, meine Gedankenprozesse besser zu kontrollieren und mich damit auf die Methode des Zurückerinnerns vorbereiten. Zum anderen erhoffe sie, die gedankliche Ruhe in mir hervorzubringen, die notwendig ist, um irgendwann Reisen zu vollbringen. Sie meinte, diese Übungen dienen eigentlich einem Schamanen dazu, einen Zustand des Einklangs mit dem eigenen Geist zu erreichen.

»Wir werden deine Denkgewohnheiten ändern und deine Aufmerksamkeit in dich hineinrichten. Du wirst in dich gehen und lernen, deine Gedanken zu kontrollieren, bis du in gedanklicher Ruhe verweilst. Diese Kontrolle geht mit der kontrollierten Ruhe einher, beide beruhen auf der Ausrichtung nach innen. Die innere Versenkung ist eine

Methode, die ein Qam praktiziert, um andere Welten zu bereisen. Ein Eereni hingegen benutzt diese Methode, um Erkenntnis über sich zu erlangen. Mein Großvater hatte mir die innere Versenkung im Zusammenhang mit Reisen in andere Welten gezeigt. Er sagte, die Reisen seien der einzige Weg, um Erkenntnis über sich und das Leben zu erlangen. Daher vertrat er auch die Meinung, ein Qam müsse über seine Gedanken Kontrolle ausüben, falls er vorhat, in andere Welten zu reisen und sich später daran erinnern wolle. Ob du nun andere Welten bereisen oder Erkenntnis erlangen möchtest, die Grundlage beider liegt in der Ruhe unserer Gedanken. Der erste Schritt wird darin bestehen, dass du lernst, dich deiner Gedankengänge bewusst zu werden. Als nächstes wirst du deine Gedanken beruhigen. Der Schritt darauf wird sein, dass du lernst, einen Zustand gedanklicher Stille zu erreichen. Ich muss gestehen, die letzte Phase ist nicht einfach zu erlangen. Manchen gelingt es erst nach Jahren, manchen nach Jahrzehnten und wieder andere versuchen es nicht einmal. Vielleicht wird es einige Zeit brauchen, bis du diese Methode vollends anwenden kannst. Heute beginnen wir zu üben, damit du ein Gefühl hierfür bekommst.«

Ich hatte aufmerksam zugehört, verstand aber nicht wirklich, was ich nun zu tun hatte. Ich wartete darauf, dass sie mir ihre Worte näher erklärte, aber sie sprach nicht weiter. Stattdessen schloss sie ihre Augen und blieb regungslos sitzen. Meine erste Annahme war, dass sie vielleicht meinte, ich müsse all meine Gedanken beobachten. Ich seufzte leise und dachte, dass es eine unmöglich zu bewerkstelligende Herausforderung sei. Ich lehnte mich zurück und ohne weitere Anleitung zu erhalten, versuchte ich, nach eigener Fasson meine Gedanken zu beobachten. Ungefähr eine Halbe Stunde lang verweilte ich reglos in meiner Haltung. Jedes Mal schweiften meine Gedanken ab und ich ertappte mich immer wieder dabei, wie ich mich in wirren Gedankenspiralen verlor. Aber das Merkwürdige war, je mehr ich versuchte, sie zu beobachten, umso mehr fielen mir sinnlose und absurde Gedanken ein. Ohne jeglichen Zusammenhang tauchten sie auf und verketteten sich an nachfolgende, fast so, als wolle ich an die seltsamsten Dinge denken. Ich versuchte, sie aus meinem Kopf zu vertreiben, aber ich war nicht dazu imstande. Ich gab auf und blickte zu Anaqam. Sie saß reglos da. Ich versuchte es erneut und strengte mich an, einen Zustand tiefer Konzentration zu erlangen, aber meine Versuche blieben erfolglos. Ich war ermattet. Ich blickte ein weiteres Mal zu Anaqam. Sie schien geistesabwesend. Ich dachte daran, mich ein weiteres Mal einzustimmen, aber die Fehlschläge veranlassten mich, meine Idee aufzugeben. In Stille wartete ich auf Anaqam.

»Es ist unmöglich, was du von mir verlangst«, sagte ich, nachdem sie ihre Augen geöffnet hatte. Sie blickte mich eine Weile stumm an und warf mir dann vor, keine Geduld aufbringen zu wollen.

»Ich habe es wirklich versucht, Anaqam. Es ist sinnlos. Ich kann unmöglich meine Gedanken beobachten, so wie du es vorschreibst. Wie soll das überhaupt gehen?«

»Deswegen wollte ich von dir, dass du sie erst einmal beruhigst.«

»Aber wie soll ich sie beruhigen? Ich denke doch ununterbrochen.«

Ich verstand nicht, wie so etwas möglich sein sollte und das war es, was mich aufregte.

»Anscheinend liegt es an deinem Dickschädel«, bemerkte sie ausdruckslos.

»Versuchst du, mir etwas zu sagen, Anaqam?«

»Du redest zu sehr mit dir selbst. Das ist der Grund, warum du dich schwer konzentrieren kannst.«

»Ich sagte dir bereits, dass es nicht leicht wird«, meinte sie geduldig. »Aller Anfang ist schwer. Fang damit an, indem du dich selbst beruhigst. So, wie ich es dir gezeigt habe. Wenn du das tust, dann kannst du dein Gedankengeschwätz in Stille versetzen. Diese Stille wird nicht lang sein, aber durch regelmäßiges Üben lässt sie sich ausdehnen.«

»Aber das ist doch unmöglich«, protestierte ich. Meine Absicht war es nicht zu trotzen. Ich konnte mir lediglich nicht vorstellen, dass so etwas möglich war.

»Wie soll ich etwas in Stille versetzen, dessen Natur das Hervorbringen ist?«

Nicht nur, dass ich keine Ahnung hatte, wie mir das gelingen sollte. Hinzu kam, dass mir die Vorstellung der Gedankenlosigkeit als eine abstrakte Idee erschien.

»Verlangt dein Dickschädel wieder danach, mit mir zu diskutieren?«, erwiderte sie streng. »Wenn dem so ist, lass es. Jetzt ist nicht der richtige Zeitpunkt dafür. Das Einzige, was jetzt zählt, ist, die Übung zu beginnen.«

Mir blieb nichts anderes übrig, als das zu tun, was sie sagte, denn ihre Worte waren wie ein Befehl, dem ich zu folgen hatte. Ich begann, die Übung erneut zu versuchen. Diesmal nahm ich mir vor, mich unter Kontrolle zu halten. Unzählige Male versuchte ich, meine Gedanken zu

beobachten, sie sogar zu kontrollieren, doch es war in der Tat ein unsinniges Bemühen. Ich musste ungefähr eine weitere halbe Stunde es versucht haben, dann hatte ich genug und brach ab.
Ich blickte zu Anaqam. Es war offenkundig, dass sie im Gegensatz zu mir keinerlei Probleme hatte, stundenlang bewegungslos zu verharren. Mein Rücken war vom langen Sitzen ganz steif und meine Beine und Arme waren bereits taub. Ich stand auf, reckte mich und ging ein wenig umher. Während ich ziellos herumblickte, fiel mir zwischen den Feldern unweit von mir etwas auf. Es war eine fliehende Gazelle. Sie musste mich beobachtet haben, dachte ich. Aber abgesehen davon passierte nichts Aufregendes. Ich hatte keine Ahnung, was ich hier sonst noch machen könnte. Ich begann, mich zu langweilen. Ich legte mich in den Schatten der Bäume, verschränkte meine Arme hinter dem Kopf und betrachtete versonnen das Blätterdach über mir. Meine Blicke schweiften ab und folgten hoch im Himmel einer Gruppe Kraniche, die unter einer Kumuluswolke vorbeizogen. Aus der Ferne hörte ich Bienensummen, ihr Summen vermischte sich mit dem Plätschern des Baches und dem Gesang verschiedener Vögel. Einige Augenblicke hörte ich der Geräuschkulisse zu, während ein warmer Wind, der durch Gras und Blätter raschelte, mich allmählich umhüllte. Ungewollt schlief ich ein.

Plötzlich erwachte ich davon, wie mich ein gewaltiger Windstoß zur Seite wehte. Im nächsten Augenblick, noch während ich in der Verwirrung des plötzlichen Erwachens war, geschah etwas Unfassbares. Etwas biss mich in die Schulter. Es war kein Biss, der durch Zähne verursacht wurde, sondern mehr ein Schnappen, welches meinen

Körper durchdrang, ohne körperlichen Schmerz zu verursachen. Ich stand auf und schaute mich um. Niemand war bei mir. Auch erkannte ich nichts Auffälliges. Alles sah nach wie vor friedlich aus. Anaqam saß weiterhin regungslos auf ihrem Platz und außer uns beiden gab es niemanden an diesem Ort. Ich wollte mich gerade erneut hinlegen, da stach mich auf dieselbe Weise etwas in den Lendenbereich. Ich drehte mich um, konnte aber wieder nichts erkennen. Im selben Moment fegte mir ein heftiger Windstoß ins Gesicht, so heftig, dass ich nichts sehen konnte. Dann noch einer und wieder einer. Ich schirmte mit meinen Armen mein Gesicht und krümmte mich am Boden. Irgendetwas Unbestimmtes schubste und rempelte auf mich ein. Ich hatte das Gefühl, dass es um mich herumwirbelte, doch weder konnte ich erkennen, was es war, noch konnte ich dagegen ankommen. Es war wie ein Wind oder ein Geist. Ich wusste es nicht. Aber es schien lebendig zu sein. Jedenfalls schubste es mich auf eine Art, die zwar nicht unbedingt schmerzhaft war, aber auch nicht angenehm. Nach einer Weile legten sich die bissigen Windstöße. Ich nahm meine Arme von den Augen und wollte gerade aufstehen, da stand Anaqam vor mir.

»Hast du das gesehen?« rief ich verdutzt.

Doch statt zu antworten, fing Anaqam an, mit mir zu meckern. Sie sagte, dass dies weder ein Schlafplatz noch ein Spielplatz sei und Blödsinn nicht Sinn der Sache war. Sie war sauer und hatte einen harten Klang in der Stimme. Sie warf mir vor, dass ich nicht lernen wolle und den ganzen Tag schon herumalbere. Sie wiederholte ihre Äußerungen mehrmals hintereinander. Offen gesagt ärgerte ich mich über ihr pauschales Urteil. Die Methode anzuwenden hatte mich viel Mühe und Zeit gekostet. Doch ich wagte in diesem Moment nicht, ihr zu widersprechen und murrte nur in mich hinein. Um sie zu beruhigen, sagte ich, dass ich wirklich daran interessiert sei zu lernen, aber keine Vorstellung davon hätte, was ich zu tun hatte, weil ich die Aufgabe nicht verstand. Sie beachtete meinen Einwand nicht, aber nach einer Weile beruhigte sie sich wieder.

»Allmählich solltest du mehr Rückgrat zeigen«, sagte sie streng. Sie hatte immer noch den ernsten Ton in ihrer Stimme. »Ich sagte dir bereits, der Pfad, den du gehst, ist kein einfacher. Vor dir liegt noch ein langer Weg. Du musst noch viel lernen und du musst dich besser konzentrieren. Konzentriere dich deshalb nur auf die Aufgaben, die ich dir gebe. Für etwas anderes sollte kein Platz in deinem Dickschädel sein. Aber vor allem, leg dich nicht mit dem Frosch an.«

»Was für ein Frosch denn?«, wollte ich verwirrt wissen.

Ich dachte, sie wollte mich auf den Arm nehmen, denn das hatte gar nichts mit unserem Gespräch zu tun. Plötzlich ertönte ein lautes Quaken. Ich war so sehr auf unser Thema fokussiert, dass ich das Quaken zunächst ignorieren wollte. Ich wollte Anaqam erneut über die seltsamen Windstöße fragen, da quakte es wieder, diesmal noch lauter und noch eindringlicher. Ich versuchte, die Quelle des Gequakes ausfindig zu machen und blickte auf dem Boden um mich herum. Wenige Schritte vor mir saß ein dicker wütender Frosch, der gar nicht mehr aufhörte zu quaken.

»Quakt der etwa mich an?«, fragte ich erstaunt.

»Wir haben die Harmonie des Ortes gestört«, meinte Anaqam. »Lass uns gehen. Wir kommen ein andermal. Du kennst nun den Platz, an dem du dich in Versenkung üben kannst. Du solltest öfter hierherkommen, damit sich der Ort an dich gewöhnt.«

Wir machten uns auf den Rückweg und schlugen denselben Pfad ein, auf dem wir gekommen waren.

»Bist du sehr sauer auf mich, Anaqam?«, fragte ich.

»Ja, das bin ich!« entgegnete sie streng. »Wenn du herumalberst, vergeudest du nur meine Zeit. Dabei versuche ich, dir etwas Wichtiges beizubringen.«

»Mir fällt es nicht immer leicht zu erkennen, wann du böse bist, weil du immer ein griesgrämiges Gesicht machst.«

Ich meinte es scherzhaft und hoffte dadurch, ihre Aufregung würde sich legen.

»Zum Herumalbern bist du immer zu haben, was? Du sollst etwas lernen. Wenn man dich nicht anstachelt, dann lernst du nie.«

»Sei mir bitte nicht böse, Anaqam«, wandte ich vorsichtig ein. »Aber du siehst wirklich immer mürrisch und griesgrämig aus. Das sehe ich an deinem Gesicht.«

»Und aus deinem Gesicht kommt nur unsinniges Zeug raus«, erwiderte sie garstig.

Ich musste unweigerlich schmunzeln. Nach einer Weile gelang es mir, sie völlig zu beruhigen. Ich versuchte, das Gespräch wieder auf den Wirbelwind zu lenken und fragte sie, ob sie ihn auch gesehen hatte.

»Natürlich habe ich ihn gesehen. Ich mag vielleicht alt sein, aber nicht blind.«

»Warst du das etwa, Anaqam?«

»Sei nicht albern, wie soll ich alte Frau wie ein Wind wirbeln. Es war mein Freund, ein Verbündeter.«

Ich fragte, wer ihr Verbündeter sei. Sie antwortete, es sei ein Windgeist und meinte, dass sie mir eine Lektion erteilen wollte, da ich geschlafen hätte und das, obwohl sie nur meinetwegen die ganze Mühe auf sich nehme. Ich versuchte, mehr über den Windgeist in Erfahrung zu bringen und fragte sie, ob sie den Windgeist ein weiteres Mal rufen könne.

»Wozu?«, erwiderte sie mit steiler Augenbraun.

Sie schien nicht interessiert, weder den Windgeist zu rufen noch darüber zu sprechen. Ich sagte ihr, dass es etwas Außergewöhnliches war und ich es gerne noch einmal erleben wolle.

»Das wird nicht passieren.«

»Kann ich ihn rufen?«

»Dafür musst du seinen Namen kennen und wissen, wie du ihn zu rufen hast.«

»Wie heißt er denn?«

»Das kann ich nicht verraten.«

»Warum kannst du es mir nicht verraten?«

»Die erhabenen Geister selbst haben es mir anvertraut. Nur ich kann den Windgeist ungestraft herbeirufen, weil ich über ihn befehlige.«

»Kann ein anderer Qam ihn denn nicht rufen, Anaqam?«

»Niemand kann einen Elementargeist einfach so herbeirufen.«

»Und was würde passieren, wenn ein Qam trotzdem versucht, ihn zu rufen?«

»Glaube mir, so dumm ist kein Qam. Niemand würde einen Tiger reiten, der nicht auf ihn hört.«

»Aber wie erlangt man ihn sonst?«

»Ich glaube, du verstehst mich nicht. Ein Elementargeist ist kein Hilfsgeist, den du köderst oder mit Tricks an dich bindest, wie etwa einen Qörmös. Ein Elementargeist ist ein unbändiger Geist, den du nur erhältst, wenn Götter oder erhabene Geister ihn dir zuteilwerden lassen. So etwas ist ein seltenes Privileg. Sie sind die treusten Verbündeten, die ein Qam haben kann.«

Sie schien nicht weiter darüber sprechen zu wollen.

Erst nach Tagen war Anaqam bereit, mich wieder zu unterrichten. Ihr Unwille hing mit meinem letzten Verhalten zusammen. Ich suchte sie auf, um unsere Übung fortzu-setzen. Selenge saß vor ihrer Jurte. Ich hatte sie seit unserer letzten Begegnung nur wenige Male für eine kurze Dauer gesehen. Ich setzte mich zu ihr. Aus der Jurte traten Trom-melgeräusche heraus. Selenge sagte, dass Anaqam einen Mann behandle, der sich sehr krank fühle, aber nicht wisse weshalb. Alma Tayece sei bei ihr. Wir unterhielten uns fast eine Stunde. Ich erzählte ihr, wie Anaqam meine Vergangen-heit exakt durchschaut hatte. Sie sagte, dass es nichts Unge-wöhnliches sei und meinte, das Anaqam sogar die Zukunft voraussagen könne. Sie erzählte von Anaqams Fähigkeiten der Vorhersage und enthüllte mir, dass auch sie über einige Techniken verfüge, auch wenn nicht in der Genauigkeit wie Anaqam. Sie schlug mir vor, mir bei der nächsten Gege-benheit in die Zukunft schauen zu wollen. Ich hielt den Gedanken für amüsant und willigte ein. Sie lachte erfreut. Irgendwie hatte ich Selenge gern. Sie hatte eine herzliche Per-sönlichkeit. Nachdem die Séance vorüber war, trat Anaqam mit Alma Tayece und einem korpulenten Mann heraus. Selenge wandte sich zu mir und gab mir unvermittelt eine Umarmung.

»Ich kann dich gut leiden«, meinte sie äußerst freundlich.

»Du bist wirklich in Ordnung. Wir sollten bald wieder zusammensitzen und quatschen.«

Dann stand sie auf und ging mit Alma Tayece und dem Mann fort.

Anaqam und ich gingen an denselben Ort. Sie setzte sich auf die gleiche Stelle und kreuzte ihre Beine wie zuvor. Sie fragte mich, ob ich nun bereit sei, meine Haltung zu ändern. Ich sagte ihr, dass es nicht meine Absicht war, sie zu verärgern, aber sie mich vielleicht doch besser vorbereitet hätte.

»Vielleicht hast du Recht«, gab sie versöhnlich zu.

»Vielleicht hätte ich dich besser vorbereiten sollen. Diese Methoden sind für mich selbstverständlich. Aber ich bin eine alte Frau. Manchmal vergesse ich, dass dir dieses Wissen gelehrt werden muss, wie einem Kind das Sprechen. Lass mich dir nun die kontrollierten Gedanken wie folgt erklären: Mit Gedanken kontrollieren meine ich, dass du über deine willkürlichen und unaufhörlichen Gedankenprozesse eine Kontrolle ausübst. Du kannst das mit dem Sehen vergleichen, etwa ob du die Augenlider schließt, um deine Augen auszuruhen oder öffnest, um gewollt zu sehen. Diese Art der Kontrolle erlaubt einem Qam, seine mentalen Grenzen zu überschreiten. Zunächst solltest du imstande sein, sofort zu erkennen, wenn deine Gedanken sich auf dein Gemüt schlagen und sie dich emotional beeinflussen. Du musst lernen, immer auf der Hut zu sein. Wenn dir das gelingt, wird der nächste Schritt der kontrollierten Gedanken sein, dass du lernst, deine Gedanken nicht nur zu beobachten oder ruhen zu lassen, du wirst auch lernen, deine willkürlichen und unablässigen von deinen absichtlichen zu unterscheiden. Wie ich dir bereits zuvor sagte, es geht nicht mal sehr um deine Gedanken, sondern um die Art deiner Gedanken.«

»Wie lassen sich diese Arten unterscheiden, Anaqam?«

»Ich werde dir ihre Unterschiede erklären, so dass du in der Lage sein wirst, sie auseinander halten zu können. Neben deinen bewussten Gedanken, die übrigens die Macht haben, physische Realität zu werden, wenn du ihnen Bedeutung beimisst, wirst du auch lernen, die Stimme deines eigenen Geistes zu vernehmen. Die Stimme deines Geistes ist wie ein Flüstern. Sie ist nicht offenkundig, sondern unmerklich, ähnlich wie ein Funke. Sie ist die Quelle deiner geistigen Inspiration und leitet dich an. Wenn du sie vernimmst, mag es dir vielleicht vorkommen, als käme sie aus deinem Kopf, aber ihre eigentliche Quelle liegt im Herzen. Es ist wichtig, dass du das verstehst. Du solltest das nicht mit der Stimme des Schattenverstandes verwechseln. Wie du weißt, besitzen die Gedanken des Schattenverstandes einen antwortenden und reflektierenden Charakter. Um sie voneinander unter-scheiden zu können, ist ein mentales Feingefühl nötig. Es wird einige Zeit dauern, bis du dieses Feingefühl entwickelt hast, dann wirst du nicht nur in der Lage sein, deinen Geist, der in einer seiner Gedankenwelten feststeckt, zu befreien, du wirst auch in der Lage sein, generell im Leben den Kern von der Form, das Wesen vom Schein, die Flamme vom Schatten zu unterscheiden.«

Sie meinte, dass allein das bloße Wissen um die unterschiedlichen Arten der Gedanken eine nicht zu unterschätzende Erkenntnis für den Menschen sei. Dieses Wissen sei der Schlüssel für bewusste Überlegungen eines Wissenden, die ihm einen gewissen Grad Freiheit ermöglichte. Sie meinte auch, dass sich, sobald meine Gedanken verebben würden, mir eine andere Welt öffne würde; eine

Welt meines Geistes. In so einem Fall wäre ich für meinen Geist und dessen Kraft erreichbar. Insbesondere für Schamanen, die in andere Welten reisten, seien beide Techniken von unschätzbarem Wert. Allein durch ihre Anwendung seien sie in der Lage, sich vor den Einflüsterungen fremder Wesen zu schützen. Darüber hinaus mussten beide Methoden bis zu einem Grad gemeistert werden, um in die dritte Pforte übergehen zu können.

Anaqam sprach langsam und hatte jedes ihrer Worte mit Nachdruck betont, so dass ich alles gut verstand.

»Wie ich dir bereits sagte«, fuhr sie fort, »die Gedanken zu zähmen, ist eine der schwierigsten Aufgaben. Deshalb ist es wichtig, dass du täglich deinen Übungen nachgehst. Ohne Übung und ohne die nötige Disziplin wirst du dir schwer-tun.«

Ich wandte ein, dass die Zahl meiner Gedanken überwältigend sei und fragte, wie mir das gelingen solle. Sie entgegnete, dass ich im Grunde meine Gedanken empfinden müsse, indem ich mir so oft wie möglich meiner Gefühle und Gedanken bewusst werde. Irgendwann würde diese Acht-samkeit zu einer beständigen Haltung.

»Der Trick hierbei liegt darin, deine Aufmerksamkeit, die gewöhnlich auf äußerliche Dinge gerichtet ist, auf einen unbewussten und immerwährenden Vorgang zu lenken, der ebenso unablässig und gewöhnlich ist wie das Denken selbst, wie etwa auf deine Atmung. Auf diese Weise wirst du deine Aufmerksamkeit von deinem Denken weglenken. Eine andere Möglichkeit wäre, dass du eine Trommel oder eine Rassel verwendest. Allerdings hättest du das Problem mit der Armbewegung, welche anfänglich lästig und mühsam ist oder du hörst den rhythmischen Geräuschen in der Natur zu, wie dem des Baches. Manchmal rezitierte ich auch. All das ist ebenfalls möglich. Du kannst dir auch einen Punkt in deinem Blickfeld auswählen, auf den du dich konzentrierst. Das ist ebenfalls möglich. Die Hauptsache ist, dass es dich von deinen unablässigen Gedanken weglenkt. Jeder Qam setzt hierbei eine andere Technik ein, um eine dauerhafte Stille hervorzubringen. Ich selbst rezitiere eine Andacht für die Muttererde. Ihre Ruhe gibt mir Kraft.«

Sie schloss ihre Augen und begann leise etwas zu rezitieren, das sanft, eintönig und rhythmisch klang, dessen Inhalt ich aber nicht verstand. Sie tat das ungefähr zwei Minuten lang. Dann öffnete sie ihre Augen.

»Was hast du da rezitiert, Anaqam?«

»Es ist ein Kraftlied, welches mich die Geister gelehrt haben.«

»Wie geht das Lied?«

»Sein Inhalt ist nur für mich bestimmt. Wenn die Geister es wollen, werden sie auch dir ein Lied beibringen. Ich denke, für den Anfang reicht es völlig aus, wenn du dir deinen Atem bewusst machst. Lass die Gedanken, die auftauchen, vorübergehen. Lass dich nicht auf sie ein und konzentriere dich immer auf das, worauf du deine Aufmerksamkeit richtest. Entscheidend ist, dass du trotz aller Ablenkung weitermachst. Das ist das Wesentliche. Irgendwann, nicht heute oder morgen oder in einer Woche, aber irgendwann wird der Moment kommen, in dem es dir gelingen wird, das Gedankengeschwätz zu verringern. Vielleicht wird es dir sogar gelingen, es abzustellen. Es über längere Zeit völlig abstellen kann man nicht. So wirst du dafür sorgen, dass es dich nicht mehr beeinflusst. Und wenn es zu deiner all-täglichen Geisteshaltung wird, dann wirst du erkennen, dass du weitaus mehr bist als nur deine Gedanken.«

Anaqam ging dazu über, mir ausführliche Anweisungen über die Übung zu geben und korrigierte meine Haltung. Sie gab mir einen Holzscheit als Untersetzer und sagte, dies würde mir für den Anfang helfen, meinen Rücken zu entlasten, und fügte hinzu, dass ich darauf achten solle, stets aufrecht zu sitzen, damit sich meine Brust öffne und ich ungehindert atmen könne. Sie erklärte, dass die richtige Art der Atmung von entscheidender Bedeutung sei, um kraftvoll zu entspannen und gab mir ein paar Hinweise hierfür. Die Hinweise bestanden darin, Atemzüge rhythmisch durch die Nase tief in das Zwerchfell zu pressen. Sie deutete an, dass der Rhythmus ihres Atems gleichmäßig und tief sei und ich ebenso zu atmen hätte. Um es vorzuführen, nahm sie ein paar tiefe Atemzüge aus der Nase und atmete verzögert aus dem Mund heraus. Sie verlangte, dass ich ihr es nachmache. Sie sagte weiter, ich solle mich nun entspannen und meine Aufmerksamkeit auf meine Atmung richten, um mit der inneren Ruhe zu verschmelzen. Falls meine Gedanken sich zerstreuen, solle ich einfach wieder zur Atmung zurück-kehren. Dann schloss sie ihre Augen. Ich tat es ihr nach und während die Sonne auf meine geschlossenen Augenlieder schien, begann ich, tief in meinen unteren Bauch ein- und verzögert auszuatmen und versuchte, mich zu entspannen. Diesmal aber wollte ich mich um keinen Preis verleiten lassen, so wie ich es sonst tat. Ich schärfte meine Konzen-tration und führte unzählige Male meine Aufmerksamkeit auf meine Atmung zurück. Ich spürte, wie meine Atemzüge tiefer und weicher wurden und ich selbst quasi mit ihnen immer weiter sank. Mich überkam ein Gefühl der Ruhe. Irgendwann im Laufe dieser Zeit riss Anaqam mich aus meiner Versenkung. Es war jedoch nicht die Versenkung, die ich beabsichtigt hatte, stattdessen war ich wieder eingeschlafen. Diesmal tadelte sie mich nicht. Ich blickte auf. Die Sonne schien nur noch zur Hälfte über den Bergen. Ich wusste nicht, wie lange ich geschlafen hatte, es mussten allerdings eins, zwei Stunden gewesen sein.

Wir machten uns wieder auf den Weg zurück. Als wir die steppenähnliche Landschaft verließen und den Pfad Richtung Berge einschlugen, fing das Wetter an umzuschlagen. Im Norden zogen sich Wolken zusammen. Der Marsch bergaufwärts war zu Fuß äußerst mühsam. Hinzu kam noch, dass ich allmählich Hunger verspürte. Auf einmal wechselte Anaqam die Richtung und bestieg einen Hügel mit dichtem Gras.

»Komm«, rief sie. »Ich möchte dir einen besonderen Ort zeigen.«

Ich folgte ihr. Auf der Hügelkuppel war jenseits einer Baumreihe eine hüfthohe Steinanhäufung, die mitten in sattgrünem Gras lag und von langen, schmalen Bäumen umgeben war. Als wir uns näherten, flogen augenblicklich Vögel darüber hinweg. Die Steinanhäufung glich denen, die ich bereits zuvor bei meinen Grabbesuchen in der Steppe gesehen hatte. Diese allerdings war etwas anders. Ich erkannte ein senkrechtes Metallgestell, das mitten im Steinhaufen steckte. Tannenzweige mit bunten Stofffetzen waren daran gebunden und glich daher eher einem primitiven Schrein. Beim Verweilen spürte ich eine angenehme Energie, die von dem Ort ausging. Anaqam legte einen Stein dazu. Sie umrundete ihn vier Mal, schüttete aus ihrer

Wasserflasche ein paar Tropfen auf die Steine, dann streckte sie Arme und Kopf gen Himmel und flüsterte etwas, was ich in dem Moment als ein Gebet vernahm.

»Was ist das für ein Ort?«, fragte ich neugierig, nachdem sie fertig war.

»Hier liegt mein Großvater Kökqam Sakha begraben. Ich habe dir einige Male von ihm erzählt. Ich denke, es ist ein guter Moment, um dir mehr über meinen Großvater zu erzählen. Mein Großvater war ein Himmelsschamane. Er hat sich völlig dem Willen der Götter verpflichtet. Aus diesem Grund lebte er allein in der Natur, vierzig Jahre lang. Das ist kaum zu glauben, aber er lebte tatsächlich die letzten vierzig Jahre seines Lebens mit seinen Rentieren in der Wildnis. Das war seine Welt. In seiner Jugend aber, so hatte er es mir einmal erzählt, bestand sein Leben aus reinem Kampf. Meine Großeltern lebten viele Jahre lang auf der Flucht. Sie kamen über die großen Berge von dort drüben und flohen auf diese Seite.«

Sie zeigte auf weit entfernte Berge, die an den Spitzen mit Schnee bedeckt waren.

»Meine Mutter ist auf der Flucht gestorben«, fuhr sie fort.

»Und mein Vater sei von da an ein gebrochener Mann gewesen, erzählte mir mein Großvater. Damit hatte er völlig Recht. Mein Vater war jemand, der vor sich hinlebte und viel trank. Ich vermute, er konnte die Tragödie dieser Zeit nie vergessen. Er heiratete zwar ein weiteres Mal, aber es dauerte nicht lange, bis seine neue Frau ihn verließ. Manchmal denke ich an die Zeiten, als sie über die Berge kamen. Ich denke oft an meine Mutter. Sie muss noch eine junge Frau gewesen sein. Vielleicht war es besser so, dass sie starb. Das Leben in den Bergen war nie einfach, nicht einmal heute, und früher gab es all den Komfort von heute nicht.«

Ihre Stimme hatte einen Hauch von Wehmut.

»Warum waren sie denn auf der Flucht, Anaqam?«, fragte ich mitfühlend.

Sie schloss für eine kurze Zeit ihre Augen.

»Mein Großvater sprach nicht oft darüber. Er sagte nur einmal, dass manche, vor allem eine Gruppe Menschen, es waren vor allem fremde Besatzer, große Vorurteile gegenüber Schamanen besaßen. Es waren Menschen mit Macht und in hohen Positionen. Sie hatten Furcht vor den Kräften der Schamanen und deshalb verfolgten und verleumdeten sie sie und schwärzten sie an. Sie nannten die Schamanen Verrückte und belustigten sich, um in der Bevölkerung ihr Ansehen zu schmähen. Das war noch die beste Art, wie sie Schamanen behandelten. Viele wurden getötet, nur, weil sie dem fremden Glauben aus Dogmen und Paradigmen keinen Wert beimaßen. Es gibt tragische Geschichten darüber, sehr tragische sogar. Wer damals fliehen konnte, floh; so wie es meine Großeltern getan haben. Andere verschwanden einfach über Nacht. Wieder andere stellten sich ihrer Bürde und wurden getötet. Sie entschieden sich für den Tot, weil ihnen das Leben nichts bedeutete. Damals wie heute glaubten diese Fremden, dass sie für das Gute und Richtige handelten, aber die Zeit als erster Zeuge weiß, dass in Wahrheit sie die Bösen und Falschen waren. Sie verlangen nach wie vor Gehorsamkeit und bestehen darauf, dass ihre so genannten Schriften für alle Zeiten der Welt absolut und ihre Regeln unveränderbar sind. Welch ein Irrsinn. Die Zeit ist stets im Wandel und das Leben verändert sich fortwährend, was gestern eine

Berechtigung hatte, kann diese morgen verlieren. Wie kann man da so etwas behaup-ten? Sind nicht solche Leute die eigentlichen Verrückten?«

Was sie sagte, bestürzte mich zutiefst. Ich bat sie, mir zu erklären, von wem und worüber sie sprach.

»Es ist nicht weiter schlimm, wenn du mich nicht verstehst«, meinte sie ausweichend. »Diese Zeiten bedeuten mir nichts mehr. Ich bin eine alte Frau, meine Tage sind gezählt. Es ist eine neue Zeit angebrochen. Es ist eure Zeit, Tuvas und deine. Was nun zählt, seid ihr. Ihr gehört einem neuen Zyklus an. Ihr seid die neue Generation der Qamanen. Darum bist du hier.«

Ich fühlte mich seltsam bedrückt, fast zwiegespalten.

»Du sagtest immer, dass es nicht meine Bestimmung sei, ein Qam zu sein«, wandte ich ein.

»Das stimmt, das sagte ich, nichtsdestotrotz lernst du das Wissen eines Qam«, entgegnete sie, ohne ihren Worten Betonung zu geben. »Wie ich dir bereits sagte, der Ruf der Geister ist unergründlich. Man kann nie vorhersehen, wann und wen sie rufen«, sprach sie weiter. »Eure Zeit hat nun begonnen. Es ist die Zeit der Wahrheit. Meine Zeit war die der Begabungen, aber diese neigt sich dem Ende. Als ich jung war, war ich so wie du; ich war oft wütend. Wie konnte ich auch anders. Das Leben hatte mir meine Mutter genommen, meinen Vater gebrochen, meinen Großvater entrissen. Ich war zu einem Leben verdonnert, das ich nicht wollte. Nur meine Großmutter war mir geblieben. Wir lebten immer in der Angst, die Fremden und ihre Soldaten könnten uns auch hier in den Bergen finden.«

»Darf man deshalb niemandem verraten, wo du dich aufhältst, Anaqam?«, unterbrach ich.

Sie gab keine Antwort. Eine merkwürdige Stille kehrte zwischen uns ein. Nach einer Weile lenkte sie das Gespräch erneut auf ihren Großvater.

»Jedenfalls hielt ich all diese Dinge für den Grund meiner Wut«, fuhr sie fort, »so erklärte ich mir meine Welt. Aber ich entdeckte, dass ich im Grunde nicht selbst wütend war, sondern etwas in mir. Mein Großvater lehrte mich die Methode des Zurückerinnerns. Er befragte mich regelmäßig. Dann zeigte er mir andere Methoden. Er ließ mich in eine Höhle setzen und die Höhlenwand anstarren, während ich mir in Gedanken stundenlang immer und immer wieder Fragen stellte, worauf ich Antworten suchte. Auf diese Weise fand ich die ersten Antworten. Ich begriff Einiges mein Leben betreffend und löste mich von jeglichem Groll, Wut, Hass und Furcht. Mein Großvater hat mich Vieles über das Wissen der Qamanen gelehrt. Er war ein guter Mensch, möge sein Geist frei wie ein Vogel fliegen. Aber ich sage dir, was die Unterweisung anging, war er äußerst streng. Er hatte Angst, ich würde nicht alles lernen, bevor er fortgeht. Er war ein großer Qam; einer der größten, denen ich je begegnete.«

»Was ist aus ihm geworden?«

»Sunggar boldu utschi üzä«, murmelte sie. Als sie erkannte, dass ich nichts verstand, wiederholte sie ihre Worte, diesmal so, dass ich verstehen konnte. »Er wurde ein Geierfalke und flog nach oben. Seinen Körper habe ich hier begraben, nachdem sein Geist sich von seinem Körper befreit hatte und zum Geierfalken wurde. Immer, wenn ich in diese Gegend komme, bete ich zu seinem Geist und lege einen Stein. Mittlerweile tun es auch andere. Hirten vor allem, die diesen Abschnitt der Berge durchstreifen. Es ist zu einem Ort der Harmonie geworden.«

Ich sagte ihr, dass auch ich ein Gefühl der Wärme und des Wohlseins wahrgenommen hatte.

»Das ist die Kraft seiner zurückgebliebenen Seele. Er war ein ausgeglichener und freundlicher Mensch. Außer man brachte ihn aus der Fassung. Dann tobte er, so wie der Wind in den Bergen.«

Sie wandte sich von dem Schrein ab und richtete meine Aufmerksamkeit auf einen der Bäume. In ungefähr drei Meter Höhe hing eine alte, zersplitterte Holztrommel, deren Rand aus dem Fell eines Tieres und Lederschnüren bestand.

»Das ist die Trommel meines Großvaters«, sagte Anaqam.

»Sie ist sehr alt und besitzt große Macht. Ich habe sie zerstört, damit seine Macht nicht in falsche Hände gelangt.«

Sie hörte auf zu sprechen und blickte versonnen in der Landschaft umher. Wir stiegen den Hügel hinab und führten unseren Weg zum Dorf fort.

»Hat dir all dein Wissen dein Großvater beigebracht, Anaqam?«, fragte ich beim Weitergehen.

»Mein Großvater hat mir sehr geholfen und mich Vieles gelehrt. Aber alles habe ich nicht von ihm.«

»Dann hattest du noch andere Lehrer?«

»Wenn du das wirklich wissen willst, dann will ich es dir sagen. Der Geist meiner Ahnen, ein Qörmös, er hieß Adakiji Metagaan, er weilte lange Jahre an meiner Seite. Ein weiterer Ahnengeist war Adakiji Ecegaan. Beide waren Jahrhunderte-alte Seelen und haben mich Vieles gelehrt, Vieles über die Mysterien der Welt. Bei meiner ersten Begegnung mit Metagaan war ich zwölf Jahre alt und wusste nicht, was mir geschah. Mein Großvater verlangte von mir, dass ich den Geist selbst austreibe. Ich sträubte mich tage- und wochen-lang dagegen, bis ich anfing, meine Gesundheit zu verlieren. Ich verlor sogar meine eigene Identität und wusste manchmal nicht mehr, wer ich war. Ich wusste nicht einmal mehr, wann und wo ich etwas tat. Glaube mir, wenn ich dir sage, es ist eine schreckliche Erfahrung, wenn ein fremder Geist von dir besitzt ergreift, egal wie freundlich seine Absichten auch sein mögen. Ich litt sehr darunter. Ich hatte starke Schmerzen und Krämpfe und permanent Visionen. An eine Vision kann ich mich heute noch gut erinnern. Ich stand unter einem Vogelbeerbaum und beobachtete eine Eule, die darauf saß. Sie blickte mich mit ihren großen Augen an. Ich bemerkte mitten auf ihrer Stirn ein weiteres Auge. Plötzlich sah ich, wie ich selbst auf einem hohen Ast saß, an einem mir unbekannten Ort, und von dort aus die Welt beobachtete. Aber ich saß und schaute nicht wie ein Mensch, sondern krallte mit meinen Klauen am Ast und schaute mit einer ungeheuren Weitsicht, obgleich es dunkel war. Auch konnte ich unglaublich gut hören, so als vernähme ich jedes Geräusch, egal wie leise es auch sein mochte. Ich war eine Eule und irgendwie war ich sie doch nicht. Aber ich wusste, dass sie mit mir etwas zu tun hatte. Erst als mein Zustand sich weiter verschlimmerte und ich nicht mehr ich selbst war, nahm mein Großvater sich meiner an. Damals hatte er uns noch nicht verlassen, trotzdem sah ich ihn nur selten.«

Die Eule! Jetzt fiel es mir wieder ein. Ihre Bemerkung brachte mich dazu, ihr die vermeintliche Frage zu stellen, die mich seit unserer ersten Begegnung verfolgte:

»Warst du wirklich eine Eule, Anaqam?«, wollte ich erregt wissen. »Ich meine, hast du dich bei unserer damaligen Begegnung in eine Eule verwandet?«

Sie schien überrascht über meine Frage.

»Das ist jetzt weder wichtig noch ist es der richtige Zeitpunkt«, bemerkte sie in einer Betonung, die zeigte, dass sie nicht darüber sprechen wolle. Ich ließ es dabei. Nach einer kurzen Zeit des Schweigens lenkte ich unser Gespräch wieder auf das eigentliche Thema.

»Was hat dein Großvater getan, als er sich um dich kümmerte?«

»Er brachte mich in eine Höhle« sagte sie zögernd. »Dort hielt er mich tagelang fest.«

»Und wie hat er dich gerettet?«

»Er hat mich nicht gerettet. Ich habe es selbst. Er wachte nur über mich.«

»Wie meinst du, du hast dich selbst gerettet?«

»Ich habe versucht, aus eigener Kraft den Geist meiner Ahnen auszutreiben, aber er war viel stärker als ich. Irgendwann habe ich erkannt, dass es mein Schicksal war und habe es angenommen. Daraufhin verließ der Ahnengeist meinen Körper. Da verstand ich auf einmal, dass es mir bestimmt war, die schwarze Eule zu werden und ich aus diesem Grund geboren wurde. Ich verabschiedete mich von meinem alten, kindlichen Leben und erhielt ein neues, ein völlig anderes. Nichts, was mir vorher als Mädchen wichtig war, hatte von da an noch Bedeutung. Wie ich dir schon oft sagte, manche unserer Angelegenheiten sind nicht weltlichen Ursprungs, darum können wir sie auch nicht mit weltlichen Mittel zu lösen.«

Sie sprach nicht weiter und schloss für einen Augenblick ihre Augen. Sie schien in Nachdenken über alte Zeiten versunken zu sein. Nach einer Zeit des Schweigens fragte ich, was danach passiert sei.

»Wann danach?« entgegnete sie.

Ich formulierte meine Frage genauer und wollte wissen, was geschah, als der Geist ihrer Ahnen sie verließ und sie eine Schamanin wurde.

»Ich begann, verschiedene Wesen zu sehen, die ich vorher nie sah. Ich hörte ihre Stimmen, ihre Gedanken, aber es waren keine Schreckgestalten, sondern Hilfe anbietende oder Hilfesuchende. Sie freundeten sich mit mir an. Mit den Jahren begannen verschiedene Wesen, mir zu helfen und mich zu lehren.«

»Das ist ja erstaunlich«, rief ich beeindruckt.

»Es mag so klingen, aber ich war nicht immer glücklich darüber. Das Leben eines Qam kann schrecklich einsam sein. Damals wünschte ich mir, ich hätte ein normales Leben. Die Kinder, die zuvor mit mir spielten, allen voran meine Freundinnen, mieden mich. Ich konnte sehen, dass sie sich von da an vor mir fürchteten.«

»Und wie verhielten sich die älteren Leute?«

»Ach, die älteren freuten sich umso mehr. Sie waren mir immer wohlgesonnen. Sie fragten mich nach Rat, egal wie kleinlich oder banal ihr Anliegen war. Bei uns galt eine weibliche Qam schon immer als ehrenwert.«

Sie schmunzelte und wirkte dadurch wieder freundlicher. Es hatte zwar eine Weile gedauert, aber schließlich war es mir gelungen, sie milde zu stimmen und so verwickelten wir uns in ein interessantes Gespräch über mystische Wesen.

»Vor vielen Jahren«, erzählte Anaqam, »damals war ich noch eine junge Qam, bin ich einem magischen Tier begegnet. Es war eine unvergessliche Begegnung. Es fing damit an, dass eines späten Abends ein fremder Mann in unserem Dorf eintraf. Er war ein einfacher Bauer aus der Ferne und früher besaß kaum jemand ein Auto. Er war den ganzen Weg unaufhörlich mit dem Pferd geritten. Er sagte, dass seine Frau sehr krank sei und er mich deshalb aufsuche. Man hätte ihm von mir berichtet. Er erzählte, dass seine Frau, eine Kräutersammlerin, eine unbekannte Mixtur selbst aus-probiert hätte. Seitdem sei sie nicht mehr aufgewacht. An diesem Tag hatte ich normalerweise ein anderes Vorhaben, eine Qamlaniye; das ist eine Zeremonie zur Würdigung der Geister. Ich bezweckte mit der Zeremonie, meine Kräfte zu stärken. Aber ich entschied mich, mit dem Bauern zu gehen. Schließlich hatte er meine Hilfe nötiger. Ich nahm meine Sachen und wir ritten so schnell wie wir konnten zu seinem Dorf. Als ich vor der Frau stand, erkannte ich den dunklen Schein, der von ihrem Körper ausging. Ich wusste, ihr Geist war gefangen. Ich reiste in die andere Welt und fand ihren Geist in den unteren Ebenen. Ich setzte mich bei den Wächtern der anderen Welt für ihre Seele ein. Ich versprach dem Wächter ein fettes Tieropfer, an dessen Blut er sich laben sollte. Du solltest wissen, von den Wächtern der unteren Welten erhältst du keine Gegenleistung ohne eine Erkennt-lichkeit aus Blut.«

»Das heißt, man kann mit ihnen verhandeln?«, fragte ich interessiert.

»Mit den Wächtern schon. Sie lassen sich für gewöhnlich darauf ein. Aber anders ist es mit den Totenwärtern. Diese lassen sich für keinen Preis der Welt auf dich ein. Wenn irgendwann einmal der Tag kommen und du in die unteren Ebenen reisen solltest, dann fliehe so schnell du kannst, sobald du einen Totenwärter siehst. Wenn sie dich erwischen, saugen sie dir deine Seele aus dem Leib. Wie dem auch sei, jedenfalls gab der Wächter die Seele der Frau wieder frei. Ich verordnete ihrem Mann, ein Opfer darzubringen, das möglichst viel Blut hatte. Ich schlug einen Eber vor. Dann sattelte ich mein Pferd und ritt zurück zu meinem Dorf. Als ich ungefähr die halbe Strecke zurückgelegt hatte, begann plötzlich mein Pferd grundlos zu scheuen. Es wieherte laut, aber es war nicht unruhig. Damals beherrschte ich die Sprache der Tiere nicht so, wie ich sie heute beherrsche, aber ich wusste, mein Pferd wollte mir etwas sagen, ein Zeichen geben. Ich blickte umher und forschte die Gegend aus. Aber ich erblickte nichts Ungewöhnliches. Ich trabte langsam weiter, doch mein Pferd blieb erneut stehen und machte keinen Schritt weiter. Ich blickte ein weiteres Mal umher und hörte auf einmal ein seltsames Geräusch, ähnlich einem Brüllen. Aber es war kein tiefes Brüllen wie das eines Löwen, es war ein langsames und dumpfes Brüllen. Es hatte einen herzzerreißenden Klang. Ich blickte über das Tal und entdeckte am anderen Ende des Hangs hinter den Büschen eines der größten Geweihe, die ich je gesehen hatte. Kurz darauf trat ein rötlicher Hirsch hervor. Zunächst schreckte ich mich vor dem Hirsch. Ich hatte zwar zuvor oft schon Rotwild gesehen, aber keines wie diesen. Er hatte den Kopf eines Stieres und sein Geweih war gewaltig, vielleicht so groß wie das eines kleinen Baumes und leuchtete im Schein der Sonne golden. So einen Hirsch hatte ich wirklich nie zuvor gesehen. Er hatte etwas Besonderes und schimmerte in der Abenddämmerung in einem besonderen Licht. In jenem Moment fielen mir Erzählungen meines Großvaters über Ungun, die mystischen Tiere, ein.«

»Warte mal, Anaqam«, unterbrach ich. »Sind Ungun keine Holzfiguren?«

»Quatsch«, entgegnete sie belustigt. »Die Holzfiguren sind symbolisch. Dadurch erhoffen die Menschen den Segen der Geister. Wie soll ihnen auch der Fang eines echten Ungun gelingen? Dazu wären sie gar nicht in der Lage. Ein echter Ungun ist ein Bote der Iyekul, der erhabenen Geister. Sie werden von ihnen geleitet, um uns zu helfen oder Weisheit zu bringen. Ein echter Ungun ist ein großartiges Omen. Mein Großvater erzählte mir von einem magischen Hirsch namens Alasagun. In jenem Moment wusste ich, dieser Hirsch war jener. Ich stieg von meinem Pferd ab und bewegte mich langsam auf ihn zu. Nur wenige Schritte von ihm entfernt kniete ich. Ich sagte dem Hirsch, dass ich ihm kein Leid zufügen werde und er sich vor mir nicht fürchten müsse. Ich begann, leise ein Lied zu singen. Es war eine Hymne an den Großen Geist. Während ich voller Demut sang, stieg ein Wohlgefühl in mir hervor und je inbrünstiger ich sang, desto mehr erhob sich mein innerer Zustand. Plötzlich verwandelte der Hirsch sich zu einem leuchtenden Menschen in Hirsch-gewand und begann zu mir zu sprechen. Es sagte, dass ich auserkoren sei, eine große Schamanin zu werden und mir für mein Wirken auf Erden ein Verbündeter gegeben werde. Im gleichen Augenblick spürte ich, wie mir durch diese Gnade eine neue, weitaus größere Bestimmung zuteil wurde. Ich spürte es tief in meinem Herzen. Es war eine unerklärliche Gewissheit. Kurz darauf verblasste das Erlebnis. Der Mensch, ebenso der magische Hirsch, waren verschwunden. Und ich selbst war in meinen gewohnten Zustand zurück-gekehrt. Ich stand auf und wollte gerade zu meinem Pferd zurück, als wie aus dem nichts ein so starker Wind um mich herum wehte, dass ich mich fast nicht halten konnte. Es blies, sauste und wirbelte, aber auf spaßige Art. Da wusste ich, aus einem Grund, den ich nicht kannte, wurde ein Windgeist mein Gefährte.«

Sie sah mich an. In ihren Augen lag tiefer Frieden. Sie hatte so offenherzig erzählt wie selten zuvor. In diesem Moment war es nicht wichtig, ob ich daran glaubte oder nicht.

Kapitel 13 - Zurückerinnern

Ab diesem Tag begann eine Phase, in denen ich meine Zeit mit der inneren Versenkung verbrachte. Ich tauchte hinab in die Tiefen meiner Psyche. Tag für Tag, Woche für Woche, selbst wenn es nur für einige Minuten war. Während dieser Zeit verflogen die Schwierigkeiten, die ich anfänglich gehabt hatte, und ich lernte mit der Zeit, problemlos mehrere Stunden innezuhalten. Ich entwickelte ein Feingefühl für mein Befinden und wurde wesentlich ruhiger, auch von meinem Wesen. Ich war nun in der Lage, umgehend zu erkennen, wenn etwas sich auf mein Gemüt schlug. Anaqam informierte sich in regelmäßigen Abständen über meine Entwicklung und darüber, ob sich eine Veränderung in mir einstelle. Sie lehrte mich eine besondere Atemtechnik und, um meine Konzentrationskraft weiter zu steigern, gab sie mir eine zusätzliche Übung. Sie verlangte von mir, meine Kon-zentration auf je unterschiedliche Dinge zu richten, sei es ein Wurm, ein Baum, ein Stein, eine Wasserpfütze, ein Holzpfahl oder die Spitzen der fernen Berge. Ich sollte die Dinge flüchtig anschauen, ohne sie mit meinem Blick anzustarren, damit meine Augen nicht ermüdeten. Auf diese Weise sollte ich lernen, meine Aufmerksamkeit eine lange Zeitspanne auf etwas richten zu können. Eine weitere Übung war eine mnemotechnische Methode, die mir ermöglichen sollte, meine Gedächtnisfähigkeit zu steigern. Die Übungen hatten einen stärkenden Effekt auf mich. Mit der Zeit bemerkte ich, wie sich in mir ein völlig neues Gefühl von Selbstwert und Selbstakzeptanz einstellte. Ich lernte, Verantwortung für meine Handlungen zu übernehmen und erlangte einen Zustand, an den ich vor Jahren nicht hätte denken können: ich lernte, mit mir allein zu sein, ohne dabei in Depressionen zu verfallen. In Anbetracht meines früheren Lebens war solch ein Zustand unvorstellbar. Auch mein sonst trotziges und schnell erregbares Temperament hatte nachgelassen. Es war in der Tat so, dass die Übung mir ein Gefühl von Ruhe und Ausgeglichenheit verlieh.

Nach weiteren Wochen beobachtete ich, wie meine Gedan-ken hervorkamen. Ich bemerkte, wie sie in einer Art Matrix entstanden, manche von ihnen blieben außerhalb meiner Aufmerksamkeit und verschwanden wieder fast unmerklich in der Matrix, andere entfalteten sich, zogen meine Aufmerk-samkeit und verketteten oder verwandelten sich in wieder neu entstehende. Dann geschah etwas Einzigartiges: Ohne es in jenem Moment bemerkt zu haben, erlebte ich für einen kurzen Augenblick, wie eine Stille von meinem Denken Besitz ergriff als hätte die gewohnte Masse der Gedanken sich nicht nur vermindert, sondern tatsächlich aufgelöst. Es war das erste Mal, dass ich eine gedankliche Stille bewusst erlebte, bis zu dem Moment, an dem es unbeabsichtigt meine Aufmerksamkeit auf sich zog. Die darauffolgenden Tage versuchte ich, diesen Zustand erneut zu erlangen und tatsächlich gelang es mir, den gleichen Zustand wieder her-beizuführen. Es tauchte immer wieder eine kurze Stille in meinen Kopf auf und für einen Bruchteil von Sekunden erlebte ich jedes Mal so etwas wie absolute Stille, als gäbe es keinen einzigen Gedanken, bis mein Verstand abermals den erstaunlichen Zustand zu analysieren versuchte.

Parallel zu meinen Fortschritt begann Anaqam mich in der Methode des Zurückerinnerns zu unterweisen. Irgendwann, gegen Abend, nachdem Ruhe in das Tal eingetreten war, forderte Anaqam mich auf, ihr zu folgen. Wir stiegen den hinteren Berghang hinauf, um eine möglichst geräuscharme Bedingung für unser Vorhaben zu schaffen. Den Rücken gegen einen Baumstamm lehnend, setzte Anaqam sich auf eine ebene Grasfläche und verlangte, mich ihr gegenüber zu setzen und es mir bequem zu machen. Sie meinte, dass wir hier oben ungestört seien. Ich setzte mich in einer mir relativ Gemütlichkeit bietenden Sitzhaltung ihr gegenüber.

»Du hast dich weiterentwickelt«, eröffnete sie das Gespräch. Sie wirkte recht zufrieden und blickte mich mit freundlichen Augen an.

»Ich spüre den Frieden, der dich umgibt. Das ist sehr erfreulich. Du bist nicht nur umgänglicher geworden, ich sehe auch, du bist mental stärker als früher. Du bist nun da, wo ich dich haben wollte. Es ist Zeit, dir zu erklären, wie du an die verborgenen Informationen in deinem Schattenverstand gelangst. Hierfür gibt es einen einfachen, aber anstrengenden Trick. Dadurch wirst du in der Lage sein, in deine Vergangenheit zu blicken und herausfinden, welche Ereignisse deinen Geist beschäftigen. Wie du vielleicht weißt, kann man die Aktivitäten des Verstandes grob in Denken, und Erinnern, gliedern. Der Trick, um sich zurückzuerin-nern, ist nun, man muss seinen alltäglich arbeitenden, bewussten Verstand ermüden, bis man an die erwünschte Information gelangt.«

»Und wie ermüdet man den Verstand, Anaqam?«, erkundigte ich mich.

»Auch hierfür gibt es Techniken; die erste ist ein besonderer Tanz. Man tanzt, bis der Körper erschlafft und somit der arbeitende Verstand sich mit dem Körper beschäftigt. Die zweite Möglichkeit ist ein bestimmter Rhythmus von Trommelschlägen, die wiederholt werden. Auch dies hat eine ermüdende Wirkung auf unseren Verstand. Beide Techniken werde ich dich lehren, wenn du soweit bist. Eine dritte Möglichkeit, den Verstand zu ermüden, ist, wenn du gedanklich immer wieder dieselbe Frage stellst, bis der Schattenverstand nicht anders kann, als die Information freizugeben. Diese werde ich dir nun zeigen. Die innere Versenkung ist zwar keine Voraussetzung, aber sie ist eine gute Vorbereitung für die Methode des Zurückerinnerns. Für gewöhnlich benötigt man für diese Übung ein Sagdich; einen Gefährten, der dich anleitet und deine Geheimnisse bewahrt. Leider gibt es niemanden, den ich dir als passenden Gefährten zuteilen konnte. Du wirst dich mit mir begnügen müssen. Aber sei unbesorgt, ich werde alles, was du mir erzählen wirst, wohlbehütet für mich behalten.«

Sie beschrieb eine in der Erklärung unkomplizierte Methode. Sie bestand im Sinnieren nach schwerwiegenden Momenten, Traumata und Ereignissen. Infolge der Methode des Zurückerinnerns wolle sie mich dorthin blicken lassen, als zum ersten Mal das jeweilige Problem entstand, um seine Ursache in Erfahrung zu bringen. Auf diese Weise könne ich herausfinden, an welchen Ereignissen mein Geist feststecke und somit ihren Einfluss entkräften. Sie empfahl mir, die Augen zu schließen und entspannt dem Zirpen der Grillen zuzuhören. Ich befolgte ihre Anweisung und hörte den Grillen zu. Ihr Klang hatte einen monotonen Rhythmus, was auf mich entspannend wirkte. Ich hörte ihnen lange

Zeit konzentriert zu. Nach einer gewissen Zeit verlangte Anaqam von mir, mich an Momente, in denen ich starke Gefühls-regungen empfand, wie etwa das Gefühl tiefer Trauer oder das Gefühl der Einsamkeit, zu erinnern. Ich dachte nach und erzählte ihr von allen Ereignissen, die hierzu mir in den Sinn kamen. Sobald ich fertig berichtet hatte, fragte sie nach früheren Analogien. Dann ging sie dazu über, etwas äußerst Verwirrendes von mir zu verlangen. Sie wollte, dass ich analoge Ereignisse vor meiner Geburt hervorrufe. Ihr war es völlig ernst damit. Sie betonte eindringlich, mich von meinen rationalen Überlegungen nicht verwirren zu lassen. Ich solle meinem Geist vertrauen und das Hervorbringen der Erinne-rungen ihm überlassen.

Ich konnte nicht anders als die Augen wieder zu öffnen.

»Ich weiß, du gibst dir Mühe«, sagte sie in einem Ton, der ihre Unzufriedenheit zeigte. »Aber es genügt nicht, dass du dich nur an Ereignisse in diesem Leben erinnerst. Du musst versuchen, den Ursprung herbeizuholen, um sie auflösen zu können.«

»Ich kann mir nicht vorstellen, dass das möglich ist, Anaqam. Kein Mensch kann sich an seine früheren Leben erinnern«.

»Kein Mensch, da hast du recht, aber der Geist kann das. Was du zu machen brauchst, ist, du musst deinen Geist erinnern lassen. Das gelingt dir aber nur, wenn du aufhörst zu zweifeln und stattdessen beginnst, zu tun, was ich dir sage. Hörst du? Du solltest aufhören, meine Worte anzuzweifeln. Beginne deinen Verstand zu ermüden, damit du den nötigen Zustand erlangen kannst.«

»Kannst du dich denn an deine früheren Leben erinnern, Anaqam?«, fragte ich argwöhnisch.

»Gewiss«, antwortete sie knapp.

»Wie machst du das?«

»So, wie ich es versuche, dir zu erklären. Der einzige Unterschied ist, ich brauche nicht meinen Verstand zu ermüden. Wenn ich mich auf etwas konzentriere, dann offenbart es sich mir im Geiste.«

»Wie weit kannst du dich erinnern?«

»Sehr weit.«

»Welches ist das älteste Leben, an das du dich erinnerst?«

»Ich kann mich an ein Leben erinnern, in dem ich mich mit Göttern unterhielt.«

Mein erster Gedanke war, dass es eine willkürliche Aussage war, aber ihre ernste Mimik veranlasste mich, dass sie es ernst meinen könne.

»Ist das wirklich dein Ernst?«, fragte ich mit ergriffener Neugierde.

Sie warf mir einen merkwürdigen Blick zu. Gespannt drängte ich sie, mir mehr darüber zu erzählen und stellte weitere Fragen. Sie machte mir klar, dass sie nicht darüber sprechen werde.

»Kannst du nicht sehen, welche Ereignisse meinen Geist beschäftigen?«, wollte ich als nächstens wissen.

»Nix da«, erwiderte sie streng. »Ich merke schon, du willst dich wieder drücken. Wie ich dir bereits sagte, meine Aufgabe ist, dich zu lehren. Wenn ich alles für dich tue, dann wirst du nicht verstehen, was es mit den Dingen auf sich hat. Ich möchte, dass du verstehst. Glaube mir, die Gewissheit, schon einmal gelebt zu haben, wird dein Verständnis für das Leben unglaublich vergrößern. Wenn du diesen Kreislauf verstehst, dann wirst du erkennen, dass die Dinge des Lebens oft nur da sind, um uns zu beschäftigen; sei es um uns Freude zu bereiten oder Leid zu bescheren.«

Am folgenden Tag wiederholten wir die Übung erneut. Diesmal analysierte ich ihre Aufforderung nicht. Stattdessen ließ ich mich frei fließen und verdrängte alle Stimmen. Ich verweilte einige Zeit in diesem Zustand und zum ersten Mal, glaubte ich, auf etwas zu stoßen. Vor meinem geistigen Auge kristallisierte sich ein Bild eines Embryos. Bild um Bild sah ich, wie ich oder etwas von meinem Selbst in einen Fleisch-klumpen eingehüllt wurde und darin immer weiter heranwuchs. Es war, als ob ich in einem Wachzustand einen Traum sah und obwohl ich die Szene sah, war es doch eher ein Effekt, der mit dem gewöhnlichen Sehen nichts zu tun hatte. Es war mehr ein Erfahren oder Empfinden als eine gewöhnliche Erinnerung aus dem Gedächtnis und schien mir zunächst wie eine Vision, mutete allerdings bei näherer Betrachtung wie eine nacheinander gereihte Bilderszene an, die unabhängig von meinem Zutun entstand. Ich stellte fest, dass mit der Szene ein weiteres Gefühl einherging: ein Gefühl des Widerwillens. Ich oder mit anderen Worten ein Teil meines Selbst wollte nicht geboren werden. Es sträubte dagegen, musste sich aber aus einem mir unbekannten Grund zwangsläufig dieser Tatsache unterwerfen. Im Moment der Geburt bemerkte ich, wie dieses Gefühl sich in eine seltsame Geborgenheit umwandelte. Es war eine Geborgenheit, die meinen winzigen Fleischkörper mit unendlich anziehender Wärme durchströmte. Ich berichtete Anaqam meine Empfindung. Sie forderte mich auf, weiter in der Zeit voranzuschreiten, um in das Leben zu gehen, das

meinen Geist blockierte. Ich betrachtete weitere Szenen. Sie waren verschwommen. Mein erster Impuls war, dass diese Szenen tatsächlich nicht aus meinem jetzigen Leben stammten, da der Konsens zu meiner alltäglichen Erinnerung fehlte. Nach einer Weile holte Anaqam mich zurück in die Gegenwart. Sie nahm ihre Feldflasche hervor und spritze mir ein wenig Wasser ins Gesicht, den Rest gab sie mir zu trinken.
Die darauffolgenden Tage wiederholten wir den ganzen Vorgang erneut. Es war aber nicht so, dass ich zur Einstimmung immer den Geräuschen einer Grille zuhören musste. Manchmal ließ mich Anaqam anderen Geräuschen in der Natur, wie dem des Baches lauschen oder sie benutzte ihre Trommel, mit der sie ebenfalls monotone Töne erzeugte. Ich erinnerte mich immer mehr an Ereignisse aus anderen Leben, die mit jedem Mal lebhafter wurden. Nach jeder Sitzung gab Anaqam mir Wasser oder schickte mich an den Bach, um genügend Flüssigkeit zu mir zu nehmen.

»Sind das wirklich Szenen aus einem früheren Leben?« erkundigte ich mich.

»Gewiss. Das sind Ausschnitte aus vergangenen Leben.«

»Wie ist so etwas möglich, Anaqam?«, fragte ich, ohne dabei skeptisch zu wirken. »Wie kann ich ein Ereignis sehen, das außerhalb meiner Lebenserfahrung stattgefunden hat?«

»Das dir Zweifel aufkommen, ist natürlich. Du bist es nicht gewohnt, dich auf diese Art zu erinnern. Ich muss zugeben, für gewöhnlich bliebt uns diese Art der Erinnerungen ver-schlossen. Es ist sogar ein fast unüberwindbares Hindernis, aber wie du siehst, ist es trotzdem möglich.«

»Und was ist, wenn die Informationen falsch sind oder meiner Phantasie entspringen?«

»Darauf kommt es nicht an«, sagte sie. »Wenn du die Szenen in einem gehobenen Bewusstseinszustand erhältst, dann sind sie zweifelsohne wahr; wenn nicht, dann musst du auf deine Gefühle achten. Manchmal kommt es vor, dass dein Geist dir Szenen zeigt, die nicht seiner persönlichen Vergan-genheit entsprechen. Er zeigt sie dir, weil diese Szenen ihn auf die eine oder andere Art trotzdem beschäftigen. Darum ist es wichtig, dass du bei solchen Erinnerungen auf deine Gefühle achtest.«

Hierzu gab es ein besonderes Beispiel; in einer Erinnerung sah ich mich auf einem Dachboden verkrochen. Ich versteckte mich dort. Die Bilder waren verschwommen. Es war vermutlich eine Szene aus einem Krieg. Ich sage vermutlich, denn das war das Gefühl, welches die Szene begleitete. Aber ich konnte ausschließlich nur diese Szene zurückholen. Es gab weder Szenen davor noch danach. Erst später fand ich heraus, dass ich diese aus einer Geschichte mental rekonstruiert hatte und mich dabei so stark mit dem Charakter identifizierte, dass es mich latent beschäftigte.

»Vertraue einfach deinem Geist«, sagte Anaqam diesbezüglich. »Er wird dir die Bilder zeigen, die ihn belasten, aber er zeigt sie auf seine Weise. Manchmal kommt es vor, dass unser Geist die ursprünglichen Erinnerungen seiner eigenen Vorstellung anpasst und auf diese Weise wiedergibt. Das ist seine Art, um sich besser verständlich zu machen.«

»Und wie stelle ich fest, ob die Situation, die meinen Geist beeinträchtig, sich aufgelöst hat?«

»Du wirst es fühlen, es ist ein befreiendes Gefühl. Ich sagte dir bereits, unser Geist ist ein fühlendes Wesen und das Leben ist ein Gefühl für ihn.«

Sie versicherte, dass infolge jeder Auflösung die Person im Maße der beeinträchtigenden Erinnerung, Lebensenergie - Qut - zurückerhalten würde.

Auf diese Weise gruben wir unzählige Details längst vergessener Erinnerungen aus. Es waren unter anderem falsche Überzeugungen, wie die Meinung, nicht gut genug zu sein, versagt zu haben oder scheinbare Niederlagen, darunter meine jahrelange Zurückgezogenheit und andere verdrängte Taten. Nach einer Weile fiel mir etwas auf, es war ein Muster. Zunächst erkannte ich, dass ich andere Menschen ziemlich erfolgreich beratschlagen konnte, aber wenn ich meine Ratschläge und mein Wissen auf mein eigenes Leben anwenden wollte, hatte es nicht denselben Effekt. Als nächstes fiel mir auf, wie meine finanziellen Probleme mich in verschiedenen Formen wiederkehrend heimsuchten. Auch in Zeiten, in denen ich relativ viel Geld verdiente, geschah etwas Unerklärliches, wie etwa eine unerwartete Rechnung oder eine unberechtigte Forderung. Auch Privat entdeckte ich ähnliche Muster. Ich lernte oft Menschen mit ähnlichen Charakteren, Interessen, manchmal sogar mit gleichen Namen kennen. Und je häufiger wir die Methode anwand-ten, desto mehr Gegebenheiten, Situationen oder Ereignisse mit seltsamen Analogien entdeckte ich. Sie besaßen einen Zusammenhang, wenn auch nicht evident, so bestand der Zusammenhang in einem tieferen Sinne. Bis dahin hielt ich sie für merkwürdige Zufälle, eine Laune des Schicksals. Mir war nie bewusst, dass den Ereignissen eine kausale Gesetzmäßigkeit zugrunde lag.

Anaqam nannte diese eigenartig wiederkehrenden Muster Töngü. Es sei ähnlich wie ein Fluch, doch genau genommen sei es eine Schleife, die infolge eines Befehles, azun-yarluk genannt, verursacht wurde. Nach ihrer Erklärung zeigten die Töngü sich wie ein Muster und kämen wiederkehrend in ähnlichen Variationen vor, etwa wie eigenartige Begeben-heiten, schicksalsartige Erlebnisse, unmerkliche Zufälle und könnten physisch, finanziell, beruflich oder sogar in weiteren Formen auftreten. Es sei jedoch unmöglich zu wissen, um welche Ereignisse es sich im Einzelnen handelte, bis sie einem mehrmals begegneten. Anaqams Auffassung nach sei kaum ein Mensch davon befreit. Die meisten Menschen hätten allerdings keine Erklärung für solche Ereignisse. Da sich die Wirkungsweise der Töngü dem alltäglich arbeitenden, bewussten Verstand entzog, rechtfertigten gewöhnliche Menschen die Geschehnisse mit eigener Erklärung oder sie ignorierten oder leugneten sie gänzlich und taten so, als ob ihnen etwas in dieser Art nie widerfahre. Lediglich Menschen, die wachsam genug seien, würden solche Ereignisse erkennen, allerdings auch nur dann, wenn sie ihnen abermals widerfuhren. Anaqam sagte, eine Töngü weise auf ein ernstes Problem hin und wenn man sich nicht mit den jeweiligen Ereignissen oder Emotionen auseinan-dersetze, bestünde die ernste Gefahr, dass diese die Person immer wieder heimsuchten.

Zu Azun-Yarluk sagte sie, es sei ein Daseinsbefehl, etwa wie: »Ich bin«, welchen der Geist in einem höchst sensiblen Moment aussprach. Solch ein Postulat hätte eine ungeheure

Wirkung auf das Leben des Menschen und würde Lebensereignisse verursachen. Seine Wirkung könnte sogar über den Tod hinaus, bis in weitere Kontinuen des Geistes bestehen. Anaqam sagte, ein Geist, der einem solchen Befehl unterworfen sei, sei immer bestrebt, sich aus diesem wieder zu befreien.

Auch wenn es einige Zeit brauchte, um mich von dem mentalen Müll zu befreien, welchen ich ein Leben lang angesammelt hatte, so war ich mir über die tiefgreifende Veränderung, die ich während dem Praktizieren erlebte, völlig im Klaren. Nach einer gewissen Zeit begann eine Periode, in der ich selbst, ohne ihre Leitung, die Methode des Zurückerinnerns bewerkstelligen musste. Ich benötigte viele Sitzungen, bis mir dies gelang.

Unter den Vorleben gab es eines, welches mir bis dahin am aufschlussreichsten erschien und dessen Enthüllung tiefe Erkenntnisse in mir entfachte. Es war die Suche nach der Ursache meines immerwährenden Gefühls des Alleinseins. Nachdem es mir gelungen war, meinen Verstand zu er-müden, zeichnete sich ein Bild aus unbestimmbarer Höhe außerhalb der Erdkugel ab. Von dort aus schwebte ich auf die Welt hinab. Ich bewegte mich auf ein großes Lager zu, das in einer Prärie angesiedelt war. Mehrere hellfarbige, kegel-förmige Zelte standen beieinander und gaben der Siedlung den Anschein eines Indianerdorfes. Gedankenlos und ganz von selbst betrat ich eines der Zelte und wurde augen-blicklich Zeuge einer dramatischen Szene. Ein Kind wurde geboren, doch während der Geburt starb die Mutter des Säuglings. Ich konnte es nicht erkennen, und hatte keine Ahnung, woher ich es wusste, aber ich wusste, dass auch der Vater des Neugeborenen verstorben war. Es war eine traurige Szene, die in mir ein schwermütiges Gefühl verursachte. Die Emotion, welche die Szene hervorrief, hatte nichts mit psychischem Empfinden zu tun, es war mehr ein Seelenzustand. Ich verweilte einige Zeit in dieser Szene. Plötzlich verstand ich, dass der Säugling ich selbst war, was dazu führte, dass mich im selben Augenblick eine tiefe Weisheit ergriff. Ich verstand auf einmal, dass dieser Moment die Ursache meines gegenwärtigen Gefühls des Alleinseins war. Wobei dieses Verstehen kein gewöhnliches Verstehen durch rationales Denken war, sondern mehr ein Gefühl der Erkenntnis. Die Erkenntnis zeigte sich in einem Gefühl von Leichtigkeit, etwa so, als ob eine unsichtbare Bedrückung, ein Ballast von mir abfiel, der von jener Szene verursacht wurde. Doch da gab es noch etwas, das ich auffinden musste; es war eine weitere seelische Wunde. Ich stärkte meine Konzentration und langsam tauchten vor meinem inneren Auge plastische Bilder auf, die ohne eigene bewusste Steuerung wie von selbst abliefen. Ich betrachtete eine Szene, in der ich einen jungen Mann sah, der benommen und in tiefer Trauer vor einem frischen Grab stand. Er war großgewachsen, von schlanker Statur und von der Sonne gebräunt. Er hatte dunkle, schmale Augen. Ich schätzte ihn auf Mitte Dreißig. Die Person, die unter dem Hügel frischer Erde begraben lag, war ein Häuptling. Wieder ergriff die Situation mich, was unmit-telbar zur Folge hatte, dass vor meinem inneren Auge eine Abfolge von Bilderszenen auftauchte. Ich erkannte nun erneut den jungen Mann als mich selbst und den verstor-benen als meinen Ziehvater. Mit großer Trauer betrachtete ich sein

Grab, das ich selbst ausgehoben hatte und sang ihm in einer unbekannten Sprache ein Lied. Ich sang inbrünstig, voller Zuneigung und Demut und spürte, wie warme Tränen über mein Gesicht flossen. Ich hatte die erdrückende Empfindung, als würde alles Wichtige mir verlorengehen und gelangte zu der Schlussfolgerung, dass der Verlust des alten Mannes mir meinen letzten Lebenswillen geraubt hatte. Nie zuvor hatte ich mich derart enttäuscht gefühlt wie in diesem Moment. Dann geschah etwas Seltsames. Während ich diese Szene noch vor Augen hatte, wurde mir bewusst, dass meine seelische Traurigkeit im Zusammenhang mit dieser Szene stand. Diese Erkenntnis wurde mir erneut nicht als Gedanke klar, sondern wieder als eine intuitive Eingebung. Daraufhin folgten weitere Bilder an gemeinsame Erlebnisse mit dem alten Mann. Einige Male sah ich das Gesicht des alten Mannes. Etwas an ihm, das ich nicht näher beschreiben konnte, kam mir sehr bekannt vor. Ich erkannte beinahe, wer es war, aber sobald ich meine Aufmerksamkeit auf ihn richtete, verschwamm sein Gesicht. Gleichzeitig realisierte ich, dass mein damaliges Ich ihn als einzigen Halt im Leben wahrgenommen hatte, der mich bis zu seinem Tod vor der Schwelle der Einsamkeit bewahrte. Ich vernahm, wie ich mir selbst suggerierte, dass ein Leben ohne ihn sinnlos sei. Beruhend auf dieser Meinung bewirkte ich tief in mir eine unheilvolle Sehnsucht nach dem Tod. Plötzlich überlagerte eine furchtbare Szene meine Erinnerung und ich sah, wie ich tot an einem kahlen Felsbaum hing. Ein elendes Gefühl quoll aus meiner Brustregion und ergriff meinen ganzen Körper. Ich wusste, ich hatte mich selbst erhängt und unbekümmert um die Tatsache, ob dieses Bild nicht aus meinem mir bekannten Leben stammte, erdrückte es mich mit endloser Seelenqual. Ich hatte dabei die Erkenntnis, den Ursprung meiner immerwährenden Todessucht entdeckt zu haben, was mich fortwährend verfolgte. In diesem Augenblick erlangte ich einen erhöhten Zustand und plötzlich wurde mir klar, dass ich mich im gesamten Leben für das eine oder andere hätte entscheiden können, so wie auch in diesem Fall, doch mich aufgrund trügerischer Eigensuggestionen für den Tod entschieden hatte. Nach dieser Erkenntnis fiel von mir die größte Last ab, die ich bis dahin erlebt hatte. Es war eine unbeschreiblich magische Erleichterung.

Wie alle Ereignisse, die ich für wichtig hielt, berichtete ich Anaqam auch dieses. Als ich beim Erzählen die Szenen noch einmal Revue passieren ließ, hatte ich eine nachträgliche Erkenntnis. Ich war mir nicht hundertprozentig sicher, aber mir schien der alte Indianer meinem jetzigen Vater sehr ähnlich. Die Ähnlichkeit lag weniger in der äußeren Erscheinung als vielmehr im vertrauten Gefühl, welches ich empfand. Für Anaqam war es nichts Ungewöhnliches. Sie meinte, Seelen würden über Zyklen hinweg gemeinsam in menschliche Familienbande inkarnieren, um sich gegenseitig bei ihren Herausforderungen zu helfen. Für mich selbst jedoch war es wie eine Offenbarung, die mich tief überlegen ließ. Irgendwie fügte sich alles zusammen und mir wurde klar, dass die Methode des Zurückerinnerns keine mystische Offenbarung war, wie ich es angenommen hatte, sondern mehr eine Reminiszenz; ein Wiederentsinnen an vergangene Ereignisse aus dem Bereich des

Unterbewusstseins oder, mit den Worten Anaqams: aus dem Schattenverstand.

Ich wurde immer aufmerksamer und voller Tatendrang. Ich war mir der tiefgreifenden Veränderung, welche ich durchlebte, völlig bewusst. Ich fing an, bewusst und mit Liebe zu leben, voller Erfüllung und Verbundenheit zu den Dingen um mich. Ich konnte durchaus behaupten, dass Anaqam mich geheilt hatte.

Irgendwann während dieser Zeit geschah etwas Magisches. Ich befand mich auf der Bergspitze hinter dem Dorf. Das Wetter war angenehm. Die Nachmittagssonne sank allmählich hinter den Bergen und warf einen langen, schma-len Schatten quer über das Tal. Ich genoss die Wanderung, den Tag, mein Dasein, als mich auf dem Weg ein Glücks-gefühl überkam. Ganz ohne Grund entflammte auf einmal eine ungewöhnliche Freude in mir. Ich fühlte mich fröhlich und zufrieden. Ich fing an zu singen. Ich nahm meine Rassel in die Hand und stimmte ihre Bewegung regelmäßig in meinen Gesang ein. Ich fing an, lauter zu singen, so laut, bis ich heiser wurde. Auf meinem Weg kniete ich am Bach und schöpfte Wasser mit meinen Händen, um meinen Hals zu befeuchten. Ich dachte, wie herrlich und erfrischend das Wasser schmeckte. Mehr sogar, ich fühlte eine unbeschreib-liche Verbindung, so, dass ich es nicht nur schmeckte, sondern mit all meinen Zellen spürte, wie es mich belebte. In Gedanken segnete ich das Wasser, das Leben ermöglichte. Ich sah auf und segnete auch die Sonne, die Erde, die Luft – alles, was ebenfalls das Leben ermöglichte. Es war, als würde mich alles berühren, ja, als fühlte ich mich mit allem verbunden. Ich blickte umher. Am

Bett des Baches wuchsen unzählige Wildblumen, die in den Strahlen der Sonne einen besonderen Glanz aufzeigten. Eine Biene flog auf die Blume. Ich hatte Schuldgefühle gegenüber Bienen. Einmal, kurz nach meiner Ankunft bei Anaqam, tötete ich ein Dutzend Bienen grundlos. Sie hatten sich am Zucker angesammelt. Seitdem plagte mich die Tat. Anaqam riet mir, mich bei den Bienen zu entschuldigen und ihnen zu versprechen, dass ich von da an allen Bienen immer gut sein wolle. Es war eine geistige Handlung zur Wiedergutmachung. Seitdem half ich immer einer Biene, wenn es in meiner Macht lag. Deshalb bezog ich die Biene in mein Lied ein. Ich sang ihr zu und hatte das Gefühl, dass sie sich zu freuen schien. Nach einer Weile stand ich auf und ging singend weiter. Unterwegs kam mir der Hund von Dingling entgegen. Er sprang freudig um mich herum, während ich auch ihn in mein Lied einbezog. Auf meinem Weg hörte ich den Klang des rauschenden Windes und bezog den Wind ebenfalls in mein Lied ein. Eine noch stärkere, kraftvolle Welle der Freude ergriff mich. Ich hatte das Gefühl, dass alles um mich zu meinem Gesang tanzte: Dinglings Hund, die Vögel, die Bäume, die Wiesen, sogar die Berge. Es war unbeschreiblich, so, als ob ich die Welt in einem gänzlich anderen Blick wahrnahm – nicht mehr als ein gewöhnlicher Mensch, jemand, der ich noch vor einigen Monaten war, sondern ich war mehr, ich war weiter als ich es sonst je gewesen war. In diesem Moment vollzog sich etwas tief in mir. Man kann es mit Worten nur schwer beschreiben, aber es war, als erlebte ich einen Moment seelischer Erhe-bung. Ich fühlte mich ungewöhnlich beflügelt und spürte, wie kraftvolle Energiewellen durch mich hindurchströmten. Ich fing an zu tanzen und wehte noch fester und schneller mit meiner Rassel. Ich fing an herumzuwirbeln und wedelte mit meinen Armen wie ein Vogel. Es war wie ein ekstatischer Rausch. Ich tanzte eine Weile vor mich hin, dann ließ ich mich auf die Knie fallen. Mir war schwindelig. Ich legte mich auf den Rücken und fühlte mich benebelt. Meine Sinne hingegen waren höchst sensibel. Ich nahm alles um mich wahr. Das Gefühl, mit allem verbunden zu sein, war so echt, dass ich sogar die Beschaffenheit des Bodens fühlte. Ich fühlte jede Vibration auf ihr; jeden Klang, jeden Luftstrom, jedes noch so kleine Detail, als sei ich ein Teil von dem Fleck, auf dem ich lag. Plötzlich geschah etwas Unfassbares: Mir war, als ob ein Teil von mir sich von meinem Körper zu lösen begann und im wahrsten Sinne des emporstieg. Die Peripherie meines Sichtfeldes erstreckte sich binnen weniger Augenblicke über riesige Weiten des strahlenden Himmels. Als nächstes sah ich wie ein Lichtschatten sich zu mir gesellte und anfing mit mir zu tanzen. Wir kreisten einander und wirbelten mit den Armen bis wir ineinander verschmolzen. Im selben Augenblick vernahm ich eine Stimme:

»Ich bin du, aus Traum und Licht und du bist ich.
Die Dunkelheit kuscht vor dem Licht,
die Lüge vor der Wahrheit.
Die Sonne ist alleine, doch erhellt sie das All.
Weder fliegen wir wie Krähen in Scharen,
noch wie Kraniche in Schwärme.
Wir sind Adler, wir fliegen alleine.«

Mir kamen die Worte nicht als ein Gedanke in den Sinn, son-dern als eine Eingebung, und ich selbst war zugleich Quelle und Erkenner der Eingebung.

Daraufhin breitete ich meine Arme aus, oder das, was ich für meine Arme hielt und begann, über das Tal, die Hügel und die Wälder zu fliegen, ohne Anstrengung, ohne müde zu werden. Ich flog lange und spürte die Lebendigkeit meines Geistes. Sie war elektrisierend – stark, voller Kraft und Tatendrang. Und während ich mit ausgebreiteten Armen durch die Lüfte flog, erkannte ich am Boden den Umriss eines Mannes, der unweigerlich meine Blicke auf sich zog. Er war so nahe, dass ich den Mann sofort als mich selbst wieder-erkannte. Ich krächzte laut, um mich selbst zu grüßen. Das Geräusch hallte in den Bergen wider und schallte zu mir zurück. Ich umkreiste mich einige Zeit von der Luft aus und erkannte dabei den Schatten eines gleitenden Vogels. Es war ein Adler. Es war mein Schatten, den ich selbst abwarf. Ich war der Adler! Die scheinbaren Grenzen existierten nicht weiter.

Im nächsten Augenblick bemerkte ich, wie ich allmählich wieder hinab in meinen leiblichen Körper glitt.

Ich konnte nicht anders als Anaqam aufzusuchen, um ihr von meinem Erlebnis zu berichten. Ich fand sie vor ihrer Jurte und erzählte ihr hastig, was mir passiert war. Meine Eupho-rie fiel auf sie über. Sie wirkte glücklich und zufrieden.

»Die Kraft, die ich spürte… es war als würde mich eine fremde Kraft beseelen. Sie war unglaublich kraftvoll. Ich spürte es überall in meinem Körper.«

»Es war keine fremde Kraft«, wandte sie ein. »Es war dein eigener Geist. Es war dein Adlergeist. Als ich dir damals sagte, du besitzt einen Adlergeist, meinte ich das auch so.«

Mich überkam die Neugier. Ich wollte ihr nun alle Details meines Erlebnisses berichten, aber sie hinderte mich.

»Du musst mir nichts darüber berichten«, unterbrach sie, ohne mir die Möglichkeit zu geben, weiter darüber zu sprechen. »Ich verstehe dich, du bist ergriffen von dem Erlebnis und möchtest mir alles erzählen. Das brauchst du aber nicht. Es ist immer etwas Magisches, wenn man seinen eigenen Geist wahrnimmt. Doch alles Magische ist etwas Persönliches und deshalb nur für dich bestimmt.«

Nur wenige Tage nach meinem Erlebnis riss mich frühmorgens Anaqam aus dem Bett. Sie bat mich, sie in die Berge zu begleiten, um nach etwas Bestimmtem zu suchen. Die ersten Sonnenstrahlen stiegen hinter den Bergen empor. Wir gingen zu einer Stelle am Flussbett. Dort begann sie, etwas ausfindig zu machen, sie duckte sich, nahm etwas in die Hand, dann legte sie es wieder hin.

»Wonach suchst du, Anaqam?«, fragte ich.

»Es gibt besondere Arten von Gegenständen«, erklärte sie gedankenversunken. »Sie beinhalten besonderen Zauber oder besondere Macht. Qamanen können mit ihnen Dinge vollbringen oder herbeibeschwören, je nachdem, welchen Zauber sie beinhalten. Solche Gegenstände gibt es sehr selten und wenn ein Qamane in den Besitz solch eines Gegen-standes kommt, dann behütet er sie um jeden Preis, nicht unbedingt seinetwegen, sondern auch um zu verhindern, dass sie in falsche Hände geraten.«

»Suchst du gerade nach solch einem Gegenstand?«

»Genau«, sagte sie beiläufig, während sie mit ihrer Suche weiterfuhr. »Vor Jahren besaß ich eine besondere Art von Steinen. Ich habe sie hier ins Flussbett gelegt, weil ich sie nicht brauchte und auch nicht wollte, dass ein anderer sie findet. Ich dachte, hier in ihrer natürlichen Umgebung sind sie sicher. Diese Steine will ich dir geben, darum müssen wir sie suchen.«

»Ist es ein einzelner Stein, Anaqam?«

»Es sind zwei Steine.«

»Und wie sehen sie aus?«

»Das Männchen ist schwarz mit grünen Adern und das Weibchen ist völlig weiß. Beide sind ungefähr faustgroß.«

»Was macht diese Steine besonders?«

»Die Yätäi Qamanen nutzten diese Steine, um das Wetter zu ändern. Sie können mit ihnen Regen, Wind oder Schnee beschwören.«

Ich begann, mich umzuschauen.

»Es macht keinen Sinn, wenn wir beide an gleicher Stelle suchen«, sagte Anaqam und wollte, dass ich auf der anderen Seite des Flussbettes suche. »Wer weiß, vielleicht sind sie auf die andere Seite geschwommen. Sie sind keine gewöhnlichen Steine. Diese Steine haben ein eigenes Bewusstsein.«

Ich sprang auf das gegenüberliegende Ufer und suchte dort ihrer Beschreibung entsprechend nach geeigneten Steinen. Ich suchte zunächst die gegenwärtige Stelle ab, dann ging ich stromaufwärts und suchte dort. Ich suchte sehr lange und musterte jeden Stein, der irgendeine Ähnlichkeit auf-wies. Dann suchte ich stromabwärts. Mehrere Stunden suchten wir. Es war bereits tiefer Mittag, ich wurde hungrig und hatte keine Lust mehr zu suchen. Anaqam hatte ihre Suche unterbrochen und saß nachdenklich auf dem Boden.

»Anaqam«, rief ich ihr zu. »Weißt du denn nicht mehr, wo du die Steine hingelegt hast?«

Sie deutete auf die Gegend, wo wir anfänglich gesucht hatten. Ich ging noch einmal dorthin und schaute überall am Flussbett nach. Für einen kurzen Augenblick stach mir etwas ins Auge, das wie ein weißer Kieselstein aussah. Ich ging an die Stelle. Der Stein lag im seichten Wasser neben dutzend anderen. Ich griff nach dem Stein, und kaum, dass ich ihn in der Hand hielt, spürte ich eine unerklärliche Anziehung, die unzweifelhaft von ihm ausging. Augenblicklich wurde ich erregt und fing an, ihn zu mustern. Er war auffallend groß und hart, seine Oberfläche war glatt und zugleich wunderschön weiß. Ich rief Anaqam zu und hielt den Stein hoch. Ich fragte, ob es der gesuchte Stein sei. Gespannt kam sie rüber gesprungen. Sie nahm den Stein in Augenschein. Ihrer Mimik nach zu urteilen war es der richtige Stein.

»Sehr gut hast du das gemacht«, lobte sie erfreut. »Lass uns jetzt den anderen suchen. Er muss in der Nähe sein. Sie leben gerne beisammen.«

Gemeinsam durchsuchten wir die Stelle und tatsächlich fanden wir einen ähnlich großen Stein in Schwarz. Anaqam wirkte heiter. Sie deutete unseren Erfolg als gutes Zeichen. Wir machten uns auf den Rückweg.

»Diese Steine werden Yasch genannt«, erklärte sie beim Zurückgehen. »Eigentlich bezeichnet es nicht den Stein selbst, sondern den Vorgang, der mit den Steinen ausgeübt wird. Diese Steine besitzen Zauber, wenn auch nur begrenzten. Ich will dich damit vertraut machen.«

»Dann gibt es auch andere solcher Gegenstände?«

»Es gibt so einige. Ich habe zum Beispiel eine Totenmaske, wenn ich durch sie hindurchsehe, zeigen sich mir die Toten, die auf der Erde weilen. Mit ihr kann ich auch in die Welt der Geister blicken, ohne dabei reisen zu müssen. Solche Gegenstände haben allerdings nur eine begrenzte Macht. Wenn man sie zu oft benutzt, verlieren sie die Kraft, die sie besitzen.«

»Was ist, wenn jemand anderes die Steine gefunden hätte, Anaqam?«

»Ich sagte dir doch, diese Steine haben Bewusstsein. Es ist nicht so einfach, sie zu finden. Sie würden sich einem gewöhnlichen Menschen nicht zeigen. Und wenn doch, dann wüsste er nichts mit ihnen anzufangen. Ein Qam hingegen ehrt und respektiert sie. Er weiß um ihre Macht und um ihre Besitzer.«

Ich erzählte ihr, dass ich sie, obwohl ich beim ersten Mal die Gegend ebenfalls gründlich durchsucht hatte, nicht entdecken konnte, und erst beim zweiten Mal das Gefühl hatte, als springe mich an der Stelle ein Funken an.

»Das ist die Kraft, die Dinge, die du willst, anzieht. Das ist deine Kraft. Darüber möchte ich heute mit dir sprechen. Doch bevor wir beginnen, sollten wir uns stärken.«

Wir gingen in ihre Jurte und aßen etwas, um unseren Hunger zu stillen. Dann setzten wir uns auf den Kelim vor der Jurte.

»Ich will dir zeigen, wie du die Steine benutzen kannst«, sagte Anaqam. »Doch davor muss ich dir etwas erzählen. Wir beide waren uns uneins, was das Schicksal anging. Es ist Zeit, dir zu berichten, wie wir Qamanen es sehen. Es gibt Kräfte, die unabhängig von unserem Zutun und Willen auf uns einwirken. Sie sind nicht weltlicher Natur und lassen sich daher auch nicht mit weltlichen Mitteln lösen. Allerdings können wir uns eine Fähigkeit aneignen, die uns eine gewisse Macht über unser Leben ermöglicht. Zunächst hast du gelernt, wie du deine willkürlich auftretenden Denkprozesse kontrollierst. Die kontrollierten Gedanken helfen einem Qam nicht nur bei seinen Reisen. Sie dienen auch zum Beab-sichtigen. Ich glaube, es ist Zeit, dir nun mehr über diese geistigen Fähigkeiten zu berichten. Nun pass auf: Der Kern unseres Wesens ist die Wahrnehmung, sie wird von unserer Aufmerksamkeit gesteuert. Daneben besitzen wir die Willlenskraft, sie hingegen untersteht der Selbstkontrolle. Um es dir verständlicher zu machen, will ich dir ein Beispiel geben. Nehmen wir an, deine Aufmerksamkeit nimmt ein Insekt wahr, sagen wir eine Spinne. Dein Verstand analysiert diese Wahrnehmung und als nächstes verspürst du Ekel und möchtest die Spinne zertreten. Das ist dein Wille. Aber du tust es nicht, das ist Selbstkontrolle. Ohne Selbstkontrolle verursachen Emotionen Chaos in uns. Die alten Qamanen symbolisierten Selbstkontrolle mit einem angespannten Bogen und den Willen als einen an ein Seil angebundenen Pfeil. Wenn du den Pfeil auf ein Ziel fixierst und abschießt, hast du die Möglichkeit, das Objekt in deine eigene Realität zu holen. Dieser Vorgang ermöglicht einem Qam ein gewisses Maß Selbstermächtigung innerhalb der Grenzen seines Schicksals. Du verlangst etwas, beabsichtigst es zu haben und setzt die Kraft deines Willens ein. Das wird es sein, was ich dir jetzt genauer erklären möchte.«

Ich erinnerte mich, sie hatte wenige Male zuvor von einem solchen Vorgang gesprochen, allerdings lag das inzwischen viele Monate zurück.

»Warum hast du mir nicht vorher diese Fähigkeit erklärt, Anaqam?«

»Weil du bis jetzt nicht so weit warst. Dir fehlte die Bereitschaft, davon abgesehen ist deine Unterweisung nach einem Plan ausgerichtet. Vorher hätte es keinen Sinn gemacht, mit dir darüber zu reden. Es hätte also nichts gebracht, dir etwas zu erläutern, wofür du kein Verständnis hättest. Jetzt ist es anders. Jetzt besitzt du nicht nur das Verständnis, du hast auch die nötige Fähigkeit entwickelt.«

Ich stellte ihr diesbezüglich sämtliche Fragen, die mir einfielen. Sie antwortete ruhig und sachlich, sodass ich alles gut verstand. Ihrer Erklärung nach war dieses Vorgehen ein bewusstes Wirken auf das persönliche Leben, indem man seine konzentrierte Absicht auf einen Gegenstand oder eine bestimmte Situation lenkte, welche man verwirklichen wollte. Durch die Kraft der fokussierten Gedanken, der ein entschlossener Wille vorausging, wurden ein Ereignis, eine Situation oder ein Gegenstand in der physischen Welt manifestiert. Anaqam meinte, je öfter das Erwünschte im Geiste vorgestellt wurde, desto größer sei die Wahrscheinlichkeit, das gewünschte Ereignis herbeizuholen. Um mir das Prinzip besser erklären zu können, erläuterte sie, dass der ganze Kosmos durch zwei analoge Kräfte durchdrungen sei. Die eine war eine belebende Schöpferkraft, die sich ihrer selbst bewusst war, sozusagen die Essenz und Quelle des Lebens. Nach ihrer Charakteristik wirke sie auf die Dinge ein. Sie war eine aktive Kraft. Die zweite Kraft nannte sie Tös und bezeichnete sie als kosmischen Staub, der seit jeher existiere. Es war weniger eine Kraft, sondern mehr eine Substanz, die ebenfalls den ganzen Kosmos durchdrang. Diese Substanz war starr, leblos und passiv sowie ohne Bewusstsein. Anaqam meinte, dass sie keine präzisere Definition dieser beiden Kräfte wiedergeben könne, da Genaueres selbst jenseits ihres Verstehens liege.

»Was wir jedoch wissen, ist, diese Kräfte sind gegensätzlich und doch ergänzen sie sich zugleich«, fuhr sie mit ihrer Erklärung fort. »Die Kraft kann ohne den Staub nicht wirken, ebenso kann der Staub ohne die Kraft nicht existieren. Die Kraft belebt alles, was ihn aufnehmen kann.«

Nach ihrer Erklärung könne ein fähiger Mensch infolge einer bewussten Absicht die Tös nach seiner Vorstellung formen. Auf diese Weise würde die geistige Intelligenz ein physikalisches Wirken erzeugen.

»Wie kann ich das lernen, Anaqam?«, fragte ich äußerst interessiert.

»Alles fängt mit einer Absicht an«, entgegnete sie. »Wenn wir etwas beabsichtigen und es uns vorstellen, beginnt unser Geist, die Vorstellung an uns zu ziehen. Die mentalen Bilder unserer Vorstellung sind Energie. Jede Energie wirkt auf die Tös und je nach Fähigkeit und Kraft der Person festigt sich der kosmische Staub. Das ist der Vorgang einer bewussten Absicht. Wenn du dich auf etwas so stark konzentrierst und dabei das Geschwätz in deinem Kopf verdrängst oder zumindest verebben lässt, dann gibt es keinen Unterschied zwischen dem, was du dir vorstellst und dem, was dir widerfahren wird. Du wirst zur Kraft, du wirst zur Ursache. Wie ich dir schon einmal sagte, der Geist formt sein mensch-liches Leben und jemand, der in der Lage ist, die Kraft seines Geists zu nutzen, kann ebenfalls sein Leben formen. Das ist das Besondere und zugleich Unerklärliche an unserem Geist. Wir sind ihm unterworfen und doch können wir ihn dazu bringen, dass er das tut, was wir wollen. Schließlich sind wir ein und dasselbe Wesen. Der Erfolg der Beabsichtigung liegt in ein paar speziellen Faktoren, die du beachten solltest.«

»Welche Faktoren wären das, Anaqam?«

»Das will ich dir jetzt erklären. Es sind Vorstellungskraft, Wohlgefühl und Erwartungshaltung sowie Willenskraft. Diese fließen ineinander und sollten erfüllt sein, damit dein Anliegen Erfolg hat.«

Ich fragte, ob sie mir diese Punkte ausführlicher erklären könne. Sie erläuterte wie folgt:

»Die erste und grundlegendste ist deine Vorstellungskraft. Allerdings spreche ich von keinem gewöhnlichen vor-sich-hin-träumen oder bloßem Fantasieren. Ich spreche von einer bestimmten Vorstellung, auf die du deine ganze Aufmerk-samkeit richtest und sie nicht aus dem Sinn verlierst. Jede Vorstellung, die du im Zustand der gedanklichen Stille denkst, ist eine kraftvolle Aufforderung an deinen Geist. In dem Augenblick, in dem du das Bild in Gedanken festhältst, beginnt das Wirken. Wenn du dich in deine Vorstellung hineinfühlst und dich hinsichtlich deines Anliegens befriedigt fühlst, wirst du infolge der hervorgebrachten Gefühle den Prozess beschleunigen. Du solltest wissen: Gefühle, die stark sind, sind immer ein Verstärker. Du musst nur darauf achten, dass du die Sache nicht aus einem Gefühl des Mangels oder der Notwenigkeit angehst, sonst verur-sachst du ein negierendes Gefühl. Darum ist es wichtig, dass du dich wohlfühlst. Wenn du dich wohlfühlst, erschaffst du dir eine Welt, die mit deinem Gefühl übereinstimmt. Am besten ist, du versuchst dich so zu verhalten, als sei es bereits geschehen oder dabei, zu passieren.«

»Wie soll ich etwas fühlen, das nicht existiert, Anaqam?«, wandte ich aufmerksam ein.

Sie antwortete nicht unmittelbar. Sie stand auf, ging in die Jurte und brachte Süßgebäck. Sie überreichte mir eines davon.

»Darin liegt die erste Schwierigkeit«, meinte sie sachlich, während sie von dem Gebäck naschte. »Aber sie ist nicht unüberwindbar. Wie ich dir schon oft sagte, unser Geist ist ein fühlendes Wesen. Lass es mich dir vorführen: Ich möchte, dass du deine Augen schließt.«

Ich befolgte ihre Aufforderung und schloss meine Augen.

»Ich möchte, dass du dir vorstellst, das Gebäck in deiner Hand sei eine Zitrone. Eine große, saftige Zitrone. Sie ist in ihrer Mitte geteilt, so dass du ihr Fruchtfleisch siehst. Kannst du es sehen? Jetzt stell dir vor, wie du sie in deinen Mund führst und hineinbeißt. Schmecke die Zitrone! Merkst du, wie das Wasser in deinem Mund sich ansammelt?«

Sie hatte völlig recht, allein die Vorstellung, in eine saure Zitrone zu beißen, führte dazu, dass sich Speichel in meinem Mund bildete. Durch diesen Vergleich wirkte ihre Erklärung einleuchtend.

»Du solltest wissen, unser Verstand kann auch hierbei nützlich oder schädlich sein. Wenn du deinen Verstand nicht überzeugen kannst, dann wird es dein Vorhaben sabotieren. Wie du weißt, ist es nun mal seine Aufgabe, alles erklären zu wollen oder erklärt zu bekommen. Deshalb sollte man ihn nicht zum Feind machen. Die Argumentation deines Anlie-gens ist das nächste, worauf du achten solltest. Du solltest möglichst das, was du willst, dir, damit meine ich deinem Verstand, erklären können, um mögliche Zweifel zu zer-streuen. Hierfür gibt es einen Trick: Gib deiner Sache eine Eventualität, und zwar indem du dich überzeugst, dass es möglich ist. Ich weiß, all das klingt jetzt etwas kompliziert. Lass es mich dir wie folgt erklären: Falls es deine Absicht ist, auf einem fliegenden Pferd durch die Lüfte zu schweben, wird dein Verstand zurecht widersprechen und sagen, dass so etwas nicht möglich ist. Aber das schnellste und zugleich schönste Pferd zu reiten oder zu besitzen, wäre durchaus möglich. Wenn du also erfolgreich sein willst, solltest du deiner Beabsichtigung eine Wahrscheinlichkeit einräumen. Setz dich mit deinem Anliegen auseinander und überzeuge deinen Verstand, dass dein Anliegen möglich ist. So wirst du die Zweifel ausmerzen. Umso stärker du bestrebt bist, umso wahrscheinlicher wirst du Erfolg haben.«

Dann ging sie zum nächsten Punkt über.

»In der Erwartungshaltung liegt ein weiteres Maß des Erfolges«, fuhr sie mit ihrer Erklärung fort. »Dein Anliegen muss deiner Erwartung entsprechen, auf die gleiche Weise, wie du täglich erwartest, dass ein neuer Tag anbricht. Es ist eine gelassene, selbstsichere innere Haltung, fern von Zwangsgefühl oder Besessenheit. Zwei Dinge sind hier von Bedeutung. Zum einen ist es dein Selbstvertrauen. Wie Vieles im Leben ist auch das hier eine Frage des Vertrauens in sich selbst. Dieser muss stark sein, so dass du fest an dich und deine Absicht glaubst. Wenn du dir oder deinem Anliegen keinen Glauben schenkst und nicht das nötige Selbst-vertrauen hervorbringst, dann wirst du scheitern. Das zweite ist die Geduld. Mit Geduld meine ich nicht das gespannte Warten, sondern mehr ein gelassenes Erwarten. Du erwartest die Wirkung deiner Beabsichtigung.«

»Du meinst, ich solle die Verwirklichung meiner Beabsich-tigung erwarten?«

»Ich meine, du sollst loslassen und deiner täglichen Routine nachgehen. Auf diese Weise wartest du auf den Reifeprozess deines Anliegens, wenn auch du selbst schon bereit bist.«

Sie blickte mich kurz an, bevor sie weitersprach.

»Das nächste und wichtigste von allen ist dein Wille«, fuhr sie fort. »Erinnerst du dich, wie ich dir erklärte, dass sich die Gedanken des Geistes unmittelbar offenbaren? Dieser Vorgang ist der Wille. Wille ist eine Eigenschaft unseres Geistes, es ist eine Kraftquelle, die es zu aktivieren gilt. Sie ist es, die unserer Vorstellung Wirkung verleitet. Es ist aber nicht damit getan, dass du etwas haben möchtest. Es muss ein echter Wille sein und keine vage Absicht.«

Ich bat sie, mir den Unterschied genauer zu erklären.

»Der Wille verwirklicht die Absicht. Es ist die treibende Kraft. Eine Absicht allein ist keine Kraft. Hinter einer Absicht verbergen sich Überlegungen. Solche Gedankengänge sind zwar kalkuliert, sie sind aber auch voll von Mutmaßungen. Erst wenn du deine Absicht mit wirkungsvoller Aufmerk-samkeit stärkst, wird sie zu einem Willen. Ein echter Wille ist die Gewissheit, dass du dein Anliegen mit Bestimmtheit haben willst. Wille ist eine Flamme in dir, die du entzünden musst. Du willst etwas und es gibt nichts, was dich daran hindern kann. Von solch einem Willen rede ich; das intensive Verlangen, das aus deinem Inneren aufflammt und dir eine mächtige Entschlossenheit verleiht. Diesen Willen musst du gezielt einsetzen, um dein beabsichtigtes Ziel zu erlangen. Wenn du das erlernst, dann kannst du bis zu einem Grad das Schicksal zu einem von dir gewählten Leben ändern. Denn unser wahrer Wille steht über dem Schicksal.«

Was Anaqam mir offenbarte, fesselte mich sehr, doch umso mehr schwirrten mir die Gedanken zwischen Unverständnis und Unglaube. Es lag nicht an ihrer Erklärung. Ich hatte eher Skepsis an der tatsächlichen Wirkung.

»Ist das alles wirklich möglich, Anaqam?«, fragte ich, ohne meine Skepsis offen kundzutun.

»Glaubst du mir etwa nicht?«, entgegnete sie mit strenger Überzeugung. »Was ich dir erkläre, ist kein Hokuspokus.«

»Doch, natürlich glaube ich dir, Anaqam. Es hört sich einfach an. Aber vielleicht, weil es für dich einfach ist. Ich weiß nur nicht, wie mir das gelingen soll.«

»Es ist auch recht einfach. Die Schwierigkeit liegt, wie du siehst, an der Überzeugung. Du bist skeptisch, weil dir eine solche Möglichkeit unmöglich erscheint. Aber diese Fähigkeit ist so real wie das Denken selbst. Für unseren Geist ist das Ganze nicht mehr als eine Kleinigkeit. Es hat lediglich etwas mit Aneignung von Fähigkeiten und Selbstbewusstsein zu tun. Du solltest inzwischen erkannt haben, welch unermessliche Kraftquelle unser Geist ist. Man muss nur wissen, wie man ihn für sich selbst nutzen kann.«

»Ist vielleicht ein anderer Bewusstseinszustand nötig, Anaqam?«, fragte ich.

»Nein, ist es nicht.«

Ich hatte wohl mein Gesicht zu argwöhnisch verzogen, denn sie fragte, was mit mir los sei. Ich war gerade dabei, sachlich meine Zweifel vorzutragen, als plötzlich ihr Gemüt umschlug. Sie machte ein ernstes Gesicht und warf mir einen starren Blick zu. Ihre Pupillen weiteten sich. Ich erkannte einen pulsierenden Funken in ihren Augen.

»Was machst du da?«, rief ich aufgeregt.

Mit einem Handzeichen gebot sie mir zu schweigen, aber ich hielt mich nicht zurück.

»Du hast doch etwas vor, Anaqam«, drängte ich. »Ich sehe es doch an deinen Augen. Was hast du vor?«

»Sei still...!«

Noch bevor ich weiter sprechen konnte, krachte es urplötz-lich neben mir und wie von nichts spaltete sich alles

Holz, welches ich vor Tagen aufgestapelt hatte. Augenblicklich schreckte ich zurück. Es war unheimlich und ich brauchte einen kurzen Moment, bis meine Verwunderung sich legte.

»Wie hast du das gemacht?«, rief ich verdutzt und wandte mich zu Anaqam.

Sie blickte auf mich herauf. Anscheinend war ich aufgesprungen. Ich setzte mich wieder hin. Ihre Miene schien sich wieder zu besänftigten.

»Ich denke, ich habe dir genug erklärt« erwiderte sie ungerührt meiner Aufregung. »Nun bist du dran.«

»Womit bin ich dran?«

Sie antwortete mir nicht unmittelbar, stattdessen schaute sie zum Horizont. Die Sonne sank allmählich hinter den Bergen und warf einen langen Schatten über das Tal. Der Himmel war wolkenlos und die Luft angenehm mild. Ich wollte meine Frage wiederholen, als Anaqam weitersprach.

»Ein wunderschöner Sonnenuntergang, nicht wahr?«, bemerkte sie heiter. »Alles sieht friedlich aus. Wahrer Frieden gleicht der Vollkommenheit. Das ist ein gutes Omen. Bevor ich dich in der nächsten Pforte unterweise, musst du etwas tun, genauer gesagt, musst du beschwören. Es wird deine Prüfung für die nächste Pforte sein. Ohne sie kann ich dich nicht weiter unterweisen. Es ist also nötig, dass du etwas beschwörst.«

»Und was soll ich beschwören?«

»Du wirst Regen hervorbringen. Das wird deine Aufgabe sein.«

»Regen?«, echote ich. »Aber Anaqam, es ist Hochsommer«, protestierte ich diesmal und versuchte, ihre Aufmerksamkeit auf den Himmel zu lenken. »Schau dir den

Himmel doch mal an, es gibt keine einzige Wolke im Himmel. Wie soll es möglich sein, es regnen zu lassen?«

»Umso besser«, sagte sie unbekümmert um diese Tatsache. »Jetzt ist der Zeitpunkt, wo wir sehen, ob du meine Erklärung nicht nur verstanden hast, sondern sie auch umsetzen kannst. Ich werde dir die Steine geben und du wirst mit ihnen Regen beschwören. Das ist eine gute Übung, um das Beabsichtigen zu lernen. Ich werde dir es zeigen, aber wir müssen uns beeilen. Es muss vor dem Sonnenuntergang erbracht sein.«

Sie stand auf und ging in die Jurte. Ich folgte ihr. Sie nahm eine Wasserschüssel zur Hand.

»Dies wird eine besondere Form der Beschwörung sein. Ich möchte, dass du dir diese Technik aneignest.«

Wir gingen an den Bach. Unzählige Vogelgezwitscher durchschnitten am Bach den abendlichen Himmel. Dort verlangte Anaqam von mir, nach länglichen Zweigen zu suchen. Sie selbst ging den Flusslauf hoch und hinunter und schien nach etwas zu graben. Ich suchte in den naheliegenden Büschen und pflückte einige Zweige. Als ich mehrere gesammelt hatte, wies sie mich an, diese zu stutzen. Dann kam sie zurück. Sie hielt einen fingerlangen Wurm in der Hand. Als nächstes forderte sie mich auf, die Schüssel bis an den Rand mit Wasser zu füllen. Sie selbst steckte die Zweige in einem Dreieck geordnet in den weichen Boden. Die volle Schüssel platzierte ich zwischen die Stäbe, ohne dass sie dabei den Boden berührte. Anaqam band geschickt am Schwanzende des Wurmes einen Faden an und verband ihn mit einem weiteren Stock und legte ihn über die Schüssel, so, dass der Wurm kopfüber ins Wasser getränkt wurde.

»Der Wille des Wurmes begünstigt den Regen«, meinte sie.

»Er will sich aus seiner Situation befreien. Und glaube mir, auch sein Wille findet Gehör.«

»Muss es ein Wurm sein oder kann es auch etwas anderes sein, Anaqam?«

»Nur besondere Würmer wie diese«, sagte sie. »Sie haben eine besondere Verbindung zum Regen. Es gibt auch eine besondere Art von Schlangen, aber davon gibt es hier keine. Doch vergiss niemals, die eigentliche Macht liegt immer beim Beschwörer selbst. All das dient lediglich zur Verstärkung der Beschwörung. Ohne einen Eingeweihten sind die Würmer oder Steine wirkungslos. Wenn du beginnst, sprich zunächst zum Wurm; entschuldige dich bei ihm, dafür, dass du ihn gegen seinen Willen festhältst; bitte ihn, dich bei deinem Vorhaben zu unterstützen und versprich ihm, dass du ihn wieder freilässt, sobald dein Wunsch erfüllt wird. Wenn du fertig bist, musst du ihn wieder da hinlegen, wo ich ihn gefunden habe. Dann sprich zu den Steinen.«

Sie gab mir ausführliche Anweisung, wie ich die Steine zu benutzen hatte.

»Lege zunächst die Steine in die Schüssel«, wies sie mich an. »Fang mit dem schwarzen an, dann den weißen. Lege sie hinein, dann hole sie wieder heraus, warte einen Augenblick, dann reibe sie aneinander. Sie müssen sich sanft berühren, als würden sie sich liebkosen, dann wirf sie weg. Nicht weit, es genügt, wenn du sie vor dich hinwirfst. Sie dürfen aber nicht beieinanderliegen, das ist wichtig. Das musst du sieben Mal wiederholen. Den Wurm darfst du unter keinen Umständen verletzen oder töten. Das wäre ein schlechtes Zeichen und der Zauber würde gegen dich wirken. Wenn das geschehen sollte, darfst du dieses Ritual solange nicht mehr anwenden, bis es von selbst regnet. Setzt dich hier hin, vor die Schüssel und fang damit an, dir vorzustellen, wie sich über dir Regenwolken zusammenziehen und dann, wie es zu regnen beginnt. Nutze die Kraft deiner Vorstellung, aber vergiss nicht, die Vorstellung allein genügt nicht. Du musst es tief in dir wollen und auch spüren, wie Regentropfen deine Haut befeuchten.«

Ich setzte mich davor und begann, ihre Anweisung zu befolgen, weniger um es wirklich regnen zu lassen, als vielmehr ihretwillen. Ich nahm die Steine aus der Schüssel, rieb sie für einen Augenblick aneinander und warf sie vor mich hin. Ich wiederholte sieben Mal die einzelnen Schritte der ganzen Prozedur. Als ich fertig war, blickte ich zum Himmel. Nichts hatte sich verändert. Anaqam beobachtete mich mit prüfenden Blicken. Ich begann die Prozedur noch einmal von vorne, aber auch danach ergab sich am Himmel keine Veränderung. Ungefähr eine halbe Stunde hatte ich damit verbracht. Ich wollte es ein drittes Mal versuchen, aber Anaqam hielt mich ab. Ich war entmutigt.

»Lass es«, sagte sie in einem verzweifelten Ton. Sie warf mir einen unzufriedenen Blick zu. »Es bringt nichts, wenn du es erzwingen willst. Wenn du es wirklich willst, musst du dich stärker konzentrieren und dich von nichts ablenken lassen.«

Sie verlangte von mir, ihr ehrlich zu sagen, woran es läge. Ich gestand ihr, dass meine Zweifel wohl doch stärker waren als meine Zuversicht.

»Erinnere dich, was die Törü über Zweifel sagt«, meinte sie nachsichtig. »Zweifel schmälert deine Kraft. Du vertraust dir selbst nicht. Das kommt davon, weil du dich zu sehr von der Schlange beeinflussen lässt. Höre nicht auf sie. Wenn du auf ihre Einflüsterungen hörst, dann wundere dich nicht, wenn es nicht funktioniert.«

Sie wandte sich von mir ab und sprach nicht weiter. Es entstand eine Stille. Ich sagte, dass ich aufrichtig die Hoffnung hätte, ihre Anleitung umsetzen zu können.

»Ich sprach nicht davon, dass du hoffen solltest,« bemerkte sie barsch.

»Soll ich nicht hoffen, Anaqam?«

»Genau. Hoffnung zeugt nicht von Selbstvertrauen, wenn-gleich Hoffnung eine eigene, aber andere Kraft besitzt. Was wir hier machen, ist mehr eine Sache des Vertrauens.«

Sie setzte sich zu mir.

»Lass mich es dir zeigen. Vielleicht hilft es dir.«

Sie tat genau das, was ich zuvor bereits getan hatte, mit dem einzigen Unterschied, dass ihre Augen geschlossen waren und sie etwas Unverständliches murmelte. Ich beobachtete sie aufmerksam. Ihre Bewegungen waren kraftvoll. Sie schien ganz in ihr Vorhaben versunken zu sein. Als sie die ganze Prozedur sieben Mal wiederholt hatte, schüttete sie das ganze Wasser ringsum. Die Stäbe begrub sie an Ort und Stelle und den Wurm brachte sie wieder dorthin, wo sie ihn ausgegraben hatte. Ich blickte gen Himmel, es zeigte sich keine Veränderung.

»Lass uns gehen, bald wird es regnen«, sagte Anaqam selbstsicher. Wir gingen schweigsam zurück. Plötzlich bemerkte ich, wie ein Wind zu wehen anfing. Ich blickte zum Himmel und traute meinen Augen nicht; Regenwolken zogen sich über uns zusammen. Im selben Augenblick flog ein Rabe über uns und krächzte laut. Binnen einer Viertelstunde fing es an, über uns zu regnen. Es war ein warmer Regen. Ich war fassungslos. Zu meiner weiteren Überraschung blieb der restliche Himmel sonnig und wolkenlos. Ich bestürmte sie mit Fragen, vor allem, wie genau sie das hinbekommen hatte.

»Das sagte ich dir doch bereits«, sagte sie. »Ich habe nichts anderes getan, als meiner Vorstellung Willenskraft zu geben. Mehr musst du nicht machen. Den Rest übernehmen andere Kräfte. Wie ich dir bereits so oft schon sagte, die Welt ist ein magischer Ort und die Kraft unseres Geistes ist unermesslich. Man muss nur wissen, wie man sich diese zu Nutze machen kann.«

Nach ungefähr einer Stunde ließ der Regen nach und die Wolken lösten sich wieder auf. Anaqams Enttäuschung über meinen Misserfolg war groß. Lange Zeit redete sie nicht mit mir. Zu diesem Zeitpunkt war ich mir der Tragweite meines Fehlschlages nicht bewusst.

»Anaqam, ich wünschte, ich könnte so wie du die Dinge beschwören«, sagte ich nach gewisser Zeit. »Aber ich glaube, mein Verstand widerspricht mir zu stark.«

»Diesmal ist es nicht dein Verstand, der widerspricht«, sagte sie und deutete dabei auf eine graue Echse unmittelbar vor uns, die sich fast unbemerkt davonschlich. »Es ist die Schlange, die dir Zweifel einredet. Du hörst auf ihr Geflüster. Das ist bedauerlich. Wenn du in die dritte Pforte gelangen willst, dann musst du deine Zweifel bezwingen, sonst kann ich dich nicht weiter lehren. Für Zweifler gibt es keinen Platz in der dritten Pforte. Das ist die

Regel. Unter diesen Umstän-den ist es mir nicht erlaubt, dich weiter zu unterrichten. Ich kann dich erst wieder lehren, wenn dir die Beschwörung gelingt.«

Es war eine Bemerkung, die mich zutiefst traf. Ich spürte eine Beklemmung im Hals. Anaqam blickte mich an und ich sah die Enttäuschung in ihren Augen. Sie stand auf und ging weg. Eine tiefe Trauer überkam mich. Allmählich dämmerte mir, dass die Schlange nicht lediglich sinnbildlich gemeint war, so, wie ich es die ganze Zeit angenommen hatte.

Unbekümmert um die Tatsache, dass dies das Letzte war, was mich Anaqam gelehrt hatte, wusste ich, dass sie nach zwei Jahren Unterweisung aus mir einen neuen Menschen gemacht hatte, auch wenn ich in diesem Augenblick meinen Zweifeln oder, mit den Worten Anaqams, den Einflüsterungen der schwarzen Schlange unterlag.

»Dein Geist ist das einzig Wirkliche und zugleich das Einzige, was du wirklich besitzt.«

A

B

Printed in Poland
by Amazon Fulfillment
Poland Sp. z o.o., Wrocław

10422931R00174